JN258525

1　平泉寺白山神社拝殿と苔の境内

2　発掘された中世の石畳道（南谷三千六百坊跡）

3　巨石によって築かれた大石垣（平泉寺白山神社境内）

4　白山山頂付近から平泉寺方面を望む

5　九頭竜川からみた白山

6　中宮白山平泉寺境内図（平泉寺白山神社蔵）

白山平泉寺

吉川弘文館

白山平泉寺、奥州平泉、洛陽平泉——刊行にあたって——

福井県勝山市の白山平泉寺（はくさんへいせんじ）で発掘が開始されたのは、平成元年（一九八九）のことでした。中世の石畳道、石垣などが見つかり、日本最大級の宗教都市であったことがわかってきました。

平泉寺は養老（ようろう）元年（七一七）に泰澄（たいちょう）大師によって開かれ、戦国時代頃には四八社、三六堂、六〇〇〇坊とうたわれる繁栄を極めていました。しかし、天正（てんしょう）二年（一五七四）に一向一揆（いっこういっき）によって焼き討ちにあい、大きく衰退したのです。このとき、文書や仏像などはほとんど失われました。しかし、発掘調査によって、眠っていた歴史が明らかになりつつあります。

平成九年、広大な範囲が国史跡として拡大指定され、平成二〇年からは来訪者を迎えるための史跡整備を行ってきました。平成二四年には、白山平泉寺歴史探遊館まほろばがオープンし、白山や平泉寺の歴史、文化、自然を紹介しています。まさに、いま、かつての平泉寺の姿がよみがえりつつあります。

勝山市では、平泉寺を含む、白山と周辺の歴史遺産を世界遺産にする取り組みを、平成一八年より進めてきました。それによって、白山麓の自治体が共同して、歴史や文化遺産を保護し、また活用していこうという大きな機運が生まれています。長い道のりになるとは思いますが、発掘調査と同じように着実に進めていくことが大切だと考えています。

さて、平泉寺と関わる世界は、白山や禅定道、道元禅師の足跡と白山信仰で結ばれる永平寺、九頭竜川を介してつながる東尋坊、朝倉氏により整備された安波賀街道で通じる一乗谷など周辺に広がっています。

さらに、世界文化遺産、岩手県の奥州平泉は、白山平泉寺からその名をつけられたともいわれます。白山信仰の広がりや義経伝説など、平泉寺と奥州平泉を結ぶ歴史が背後にあるのかもしれません。

また、洛陽（中華人民共和国河南省洛陽市）にある平泉は、唐の貴族たちの別荘地として、多くの文人墨客の詩文に詠まれ、唐代晩期から宋代になると、人々の心を惹きつける伝説の理想郷となっていきました。奥州平泉、洛陽平泉をも視野に入れて、平泉寺の調査・研究を進めることが必要です。

このように非常に大きな歴史を秘めた平泉寺の姿とその背景を明らかにすることで、点であった平泉寺の歴史を線や面として発信し、多くの来訪者を呼び込むきっかけにしたいと思います。

平泉寺の魅力をさらに高めていくためにも、勝山市として、国内外から多くの方々に訪れてもらい、白山神社、発掘現場、さらには勝山城下町などへと足を運んでもらえるような取り組みを加速していきたいと考えています。

本書によって、これまで明らかになっている貴重な研究成果を知っていただき、これからも、平泉寺の魅力を発信していくため、多くの方々のご協力とご理解をいただければ幸いです。

平成二九年三月　　白山平泉寺　開山一三〇〇年　春

勝山市長　山岸　正裕

白山平泉寺　よみがえる宗教都市 ——◉目　次

第Ⅱ部　白山の信仰と禅定道

第Ⅲ部　白山平泉寺の世界史

ようこそ、白山平泉寺の歴史へ

阿部　来

白山平泉寺（はくさんへいせんじ）は白山信仰の拠点で、今から一三〇〇年前に開かれたと伝わります。その後、大きく発展した平泉寺は、四五〇年ほど前の戦国時代に最盛期を迎えました。当時の繁栄ぶりは、四八社、三六堂、六〇〇〇坊、寺領は九万石・九万貫、僧兵八〇〇〇という数字からもわかります。ところが、天正（てんしょう）二年（一五七四）、一向一揆との戦いで全山焼亡し、往時の姿はほとんど失われました。江戸時代には復興がすすめられ、現在は平泉寺白山神社となっています。

白山の登り口

白山は、『古今和歌集』に「越路（こしじ）なる　白山（しらやま）の名は　雪にぞありける」と詠まれています。雪をいただく白い山は、フランス・イタリア国境のモンブラン（モンテビアンコ）、アフリカ大陸の最高峰キリマンジャロなど、おなじみのケーキやコーヒー豆のブランドとしても、世界中で身近に親しまれています。おそらく、

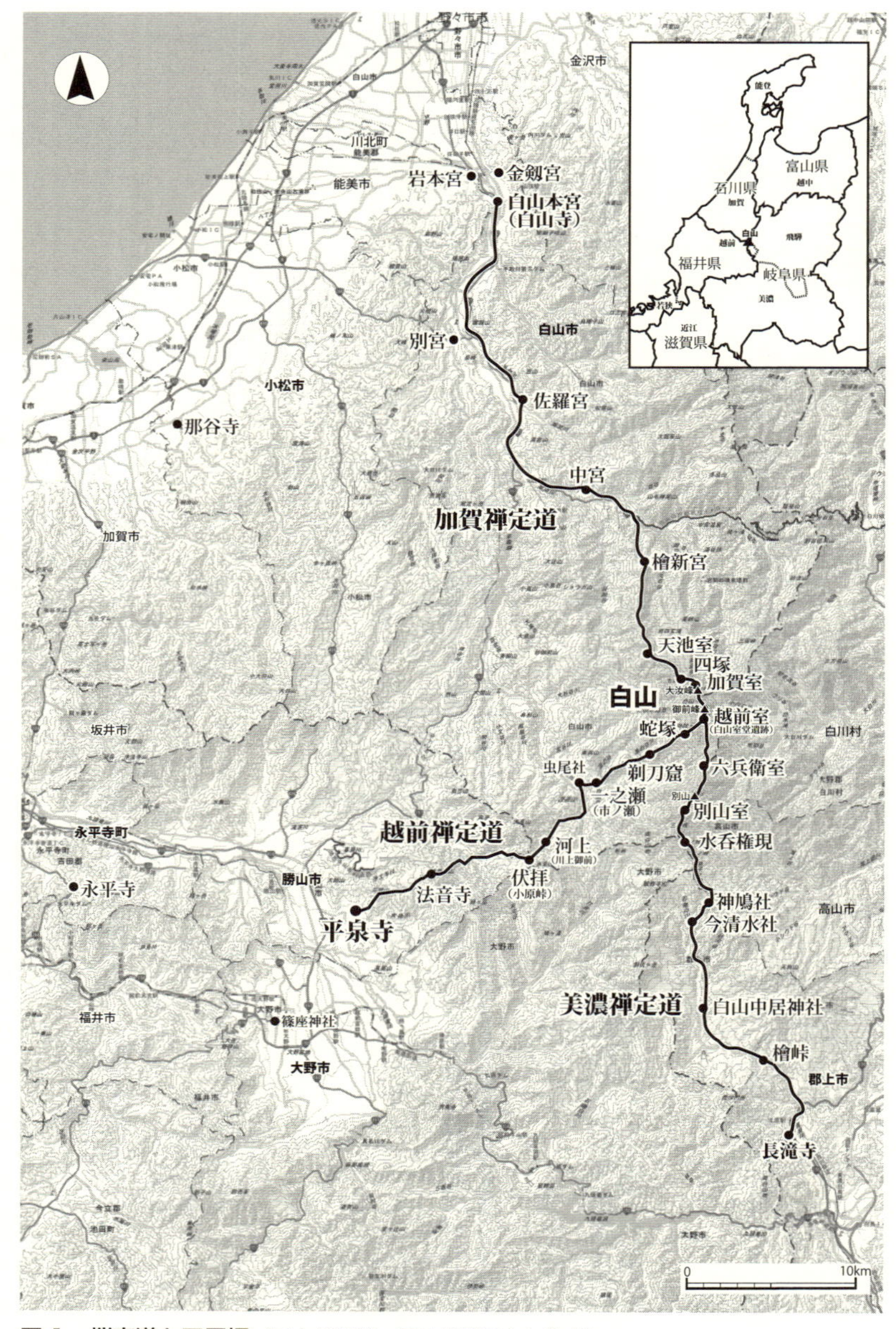

図１　禅定道と三馬場（国土地理院の電子地形図より作成）

その背景には古くからの信仰の歴史があったのでしょう。白山は、人類に共通する財産なのです。

日本の白山信仰をはじめたのは、奈良時代の僧、泰澄だといわれます。彼は、養老元年（七一七）、林泉（平泉寺白山神社の御手洗池）で女神から白山へ登るようお告げを受けました。白山の頂上に赴いた泰澄は、さまざまな神仏と出会い、悟りを得たのです。

こうして平泉寺は、女神の降り立った白山信仰の源として、人々のよりどころとなってきました（図1）。同じように石川県白山市の白山本宮、岐阜県郡上市の長滝寺も白山への代表的な登拝口として栄え、これらをあわせて三馬場とよんでいます。三馬場から白山への道のりにあたる、禅定道は修行の道でした。泰澄が歩いた平泉寺からの越前禅定道、白山本宮からの加賀禅定道、長滝寺からの美濃禅定道があり、修験者は浄めの滝や結界としての岩場などに立ち寄りながら、霊力を高めていたと考えられます。

宗教都市、平泉寺

平泉寺は、戦国時代頃まで地域の中心地で、都市として大きな発展を遂げていきました。当時の平泉寺を知る貴重な資料が白山神社に残された「中宮白山平泉寺境内図」（口絵6）です。全山焼亡からおおよそ一〇〇年後の元禄期（一六八八～一七〇四）の作といわれ、失われた景観を推測する重要な手掛かりとなっています。

平成元年（一九八九）からはじまった発掘調査によって、戦国時代頃の石垣や石畳道などがみつかりました。白山へと連なる尾根の起点に主要な伽藍があり、その両側の谷には多数の坊院跡、周囲の尾根や地形の

堀
堀
明王院
西蓮院
砦
賢聖院
若宮八幡
玉泉坊
地蔵院
砦
花王院
大宝院
神明
鬼ヶ市
女
北
弁財天
天神堂
大師堂
池尾明神
(小白山)
神
谷
妙光院
東尋坊
朝倉景鏡館
今宮拝殿
川
川
観音堂
堀
構口門
堀
松尾三昧
徳市
安ヶ市
坊院・施設
市地名
100m

図２　中世平泉寺の復元

変わり目には呰や堀が確認されています（図2）。苔むした白山神社境内の大石垣や社殿の柱を据えた礎石、発掘された石畳道や石垣などの遺構は、経済力や技術力の強大さをあらわしています。平泉寺は日本中世の大寺社、宗教都市を象徴する遺跡といえるでしょう。栄華をきわめた平泉寺の姿が、いま、少しずつ明らかになりつつあります。

史跡整備、世界遺産

平成九年、中世の境内全域、約二〇〇ヘクタールもの範囲が国史跡に指定されました。その後も調査や研究がすすめられ、坊院の門・土塀の復元や発掘地の整備、ガイダンス施設（白山平泉寺歴史探遊館まほろば）の開館など、来訪者を迎える準備を行っています。また、白山麓の自治体が連携して、白山の世界遺産登録をめざす活動も継続中です。

このような取り組みが実を結びつつあるのは、平泉寺が遺跡として広域に保存されてきたからです。また、それは、地元平泉寺区をはじめとした多くの人々の理解と協力によるものでしょう。

白山や平泉寺の歴史的な価値やその意義を知っていただくために、都市、信仰、経済など多様な側面をみなさんといっしょに考えてみたいと思います。それでは、ようこそ、白山平泉寺の歴史へ！

第Ⅰ部　宗教都市の栄華

白山平泉寺の繁栄と富

阿部　来

はじめに

白山平泉寺(はくさんへいせんじ)を案内すると、「平泉寺はお寺ですか？　神社ですか？」と聞かれます。平泉寺という名前の場所にいるのに、目の前にあるのは白山神社ですから、みなさん混乱してしまいます。寺院と神社がはっきりわかれたのは明治の神仏分離から後の話。むしろ、仏教が伝わって以来、神と仏を一体とみなすのが日本社会の特徴でした。

現代人の感覚で、さらに理解しにくいのが中世の寺社です。多くの人は初詣や墓参りといった場面で寺社に接しますが、中世寺社のもっていた宗教、政治、経済、技術などの側面は、なかなかイメージがわいてきません。かつて司馬遼太郎は、平泉寺の歴史に鋭い洞察を展開し、「里人にとっては、いわば魔物の巣窟のようなもの」と評しました。しかし、平泉寺だけが魔物といえるでしょうか。民衆にとって、領主は皆このような側面を持っています。司馬が平泉寺を訪れたのは昭和五五年（一九八〇）。平泉寺の発掘がはじまる一〇年ほど前のことです。発掘された豊富な出土品や独特の石垣、石畳道などの新しい成果から、再考のきっかけを探してみましょう（図3）。

(1) 白山平泉寺の景観

白山平泉寺を知る　白山の麓には、三馬場（さんばんば）と呼ばれる三つの大きな寺社があります。福井県側の登り口である平泉寺は、養老（ようろう）元年（七一七）泰澄（たいちょう）により開かれたといわれます。泰澄は林泉（平泉寺白山神社の御手洗池（みたらしのいけ））で白山の女神のお告げを受けて白山へと歩みを進めました。つまり、平泉寺は、白山信仰の出発点として、信仰の中核を担っているのです。

平安時代の終わりになると、平泉寺は比叡山延暦寺の末寺となり、発展していきました。戦国時代頃の景観を描いた絵図（制作は元禄（げんろく）頃）には、中央に白山の神々をまつる社殿や仏教に関わる大塔（だいとう）、講堂などがみられます（口絵6）。その両側にある無数の屋根。これは平泉寺に住む人々の屋敷であった坊院群を表現したものです。絵図に貼られた付箋によると、その数「南谷三千六百坊」「北谷二千四百坊」。平泉寺の繁栄ぶりは、四八社、三六堂、六〇〇〇坊、僧兵八〇〇〇人、寺領九万石・九

図3　発掘された石畳道と坊院の石垣

万貫といわれます。

しかし、天正二年（一五七四）に一向一揆によって全山が焼かれ、中世平泉寺は終焉を迎えたのです。一向一揆勢は勝利を祝して、この合戦で立てこもった山（現在の村岡山）を「勝ち山」と名付けました。これが、現在の「勝山市」の地名の由来といわれます。

中世平泉寺の復元　中世平泉寺の姿は、どのようなものだったのか。絵図や地籍図、現地に残る遺構、発掘の成果などから復元してみましょう（図2）。

絵図の中央の伽藍は、尾根上の白山神社境内にあたり、建物の礎石や平坦面などの遺構から当時の繁栄を偲ぶことができます。いっぽう、坊院群が描かれた両側の谷は、山林や水田、現在の集落と重なります。このエリアで発掘をすると、中世の道路や坊院の区画を引きついでいることが判明してきました。

明治時代につくられた地籍図には、坊院跡とみられる区画を読み取ることができます。その範囲は、南谷は女神川までの全域、北谷は北谷川との境まで。尾根から広がる地形の大きな変わり目で、絵図に無数の屋根が描かれた範囲ともほぼ同じです。

坊院群の周囲には徳市、安ヶ市、鬼ヶ市などの市、女神川の対岸には墓地があります。商業空間や葬送の場が外部に接して存在するのは、中世都市の典型的なあり方といえるでしょう。

また、絵図には構口門のあたりに堀と石垣が描かれています（図4）。今も現地には堀跡が残り、地形をみても大きな段差があります。北谷の地蔵院の背後には砦、中心伽藍から白山へつながる禅定道にも堀切がみつかっています。これらの砦、堀切、自然地形の境界をつないでいくと、平泉寺を取り囲む惣構となるのです。惣構は、戦国時代以降の城下町や寺内町に多くみられ、防御や境界としての機能をもっています。平泉寺も同じように寺域を明確にして、防御を整えていたのでしょう。

次に、坊院や堂社の位置を地形からみていきます。まず注目したいのは、中心伽藍よりも標高が高い場所に有力坊院があることです。とくに、南谷の西蓮院（さいれんいん）、北谷の明王院（みょうおういん）、地蔵院などは絵図にも大きく描かれ、道路の基点となっていました。もちろん、中心伽監の周辺にも堂社は集まっています。しかし、谷を挟んで相対する尾根や山際にも有力坊院や堂社は位置していました。景観としては、中心伽藍を仰ぎ見るのではなく、見下ろす位置になるのです。平泉寺としてまとまってはいるけれども、単純な一極集中ではありません。つかず離れずの距離を保ち、中心伽藍を避けるような配置といえるでしょう。

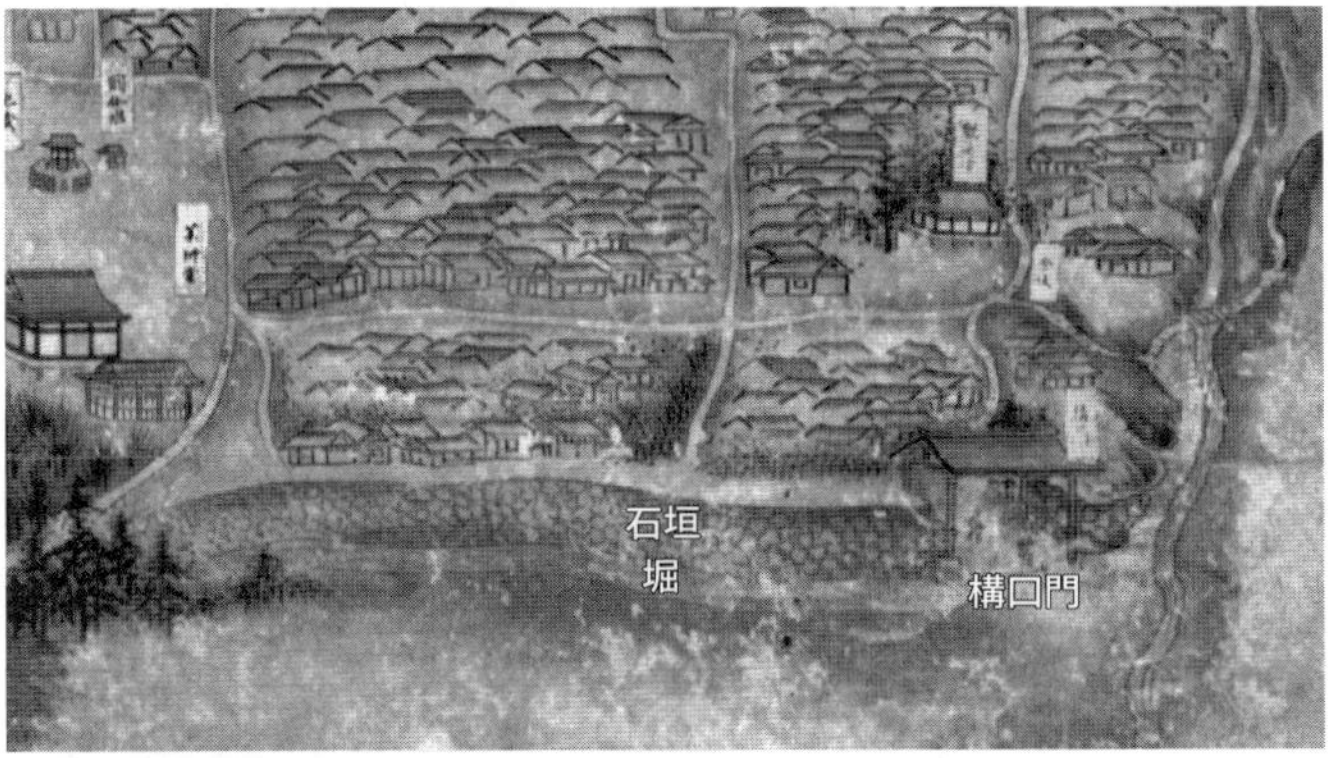

図４　構口門付近の堀と石垣（「中宮白山平泉寺境内図」平泉寺白山神社蔵）

一見ばらばらになりそうな坊院群を結びつけていたのは、石畳道です。道路の交差点や坊院の出入口は、八〇尺や一〇〇尺、一五〇尺など一定の間隔で設けられています。都市計画といえる、いくつかの基準尺があったのです。基準尺が統一されていないことは、時期や発注者の異なる土木工事を示すものでしょう。また、谷底や尾根上など地形を問わず、交差点には食い違いが随所にみられます。継ぎはぎのような都市建設は、小さな谷や尾根の複雑な地形ともあいまって、区間ごとのズレを生み出します。これを交差点で吸収するために、食い違いができたのではないでしょうか。

領主の居館や城郭を中心に整理、集約されていく戦国時代以降の城下町

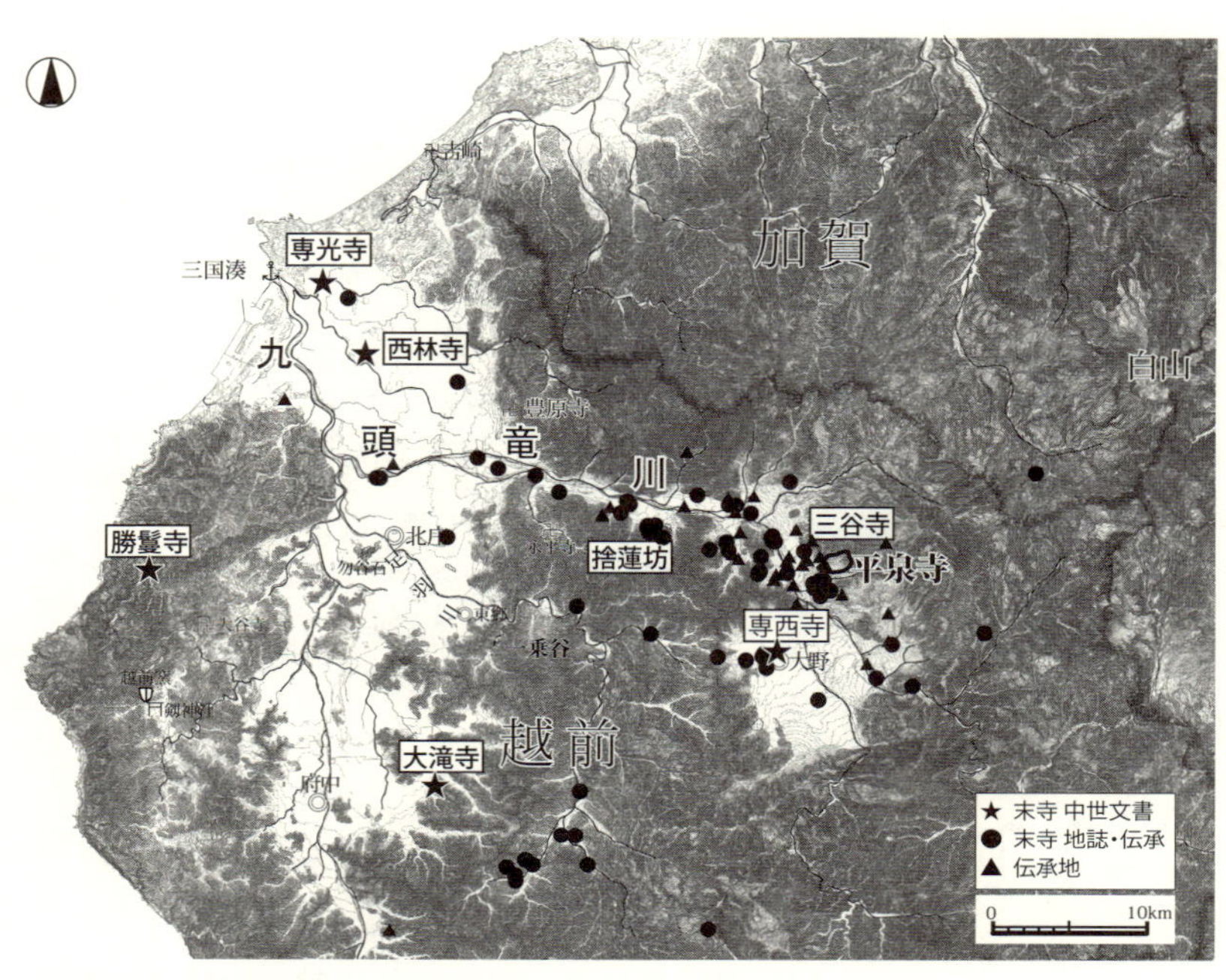

図５　中世平泉寺の末寺（基盤地図情報 1/25000 より作成）

に比べると、平泉寺の都市構造は雑然としています。有力坊院や堂社を核にした複数のまとまりが、統一されきらずに何とかくっついている状況です。このような関係は、ひとつの大きな権力による支配よりも、多くの小さな権力の連合といったほうがよいでしょう。では、平泉寺がそのような都市構造となった背景は何だったのでしょうか。それは、越前という地域との関係から読み解くことができると思います。

(2)　白山平泉寺と地域のつながり

平泉寺の末寺　中世平泉寺の末寺や伝承地は、平泉寺と三国湊（みくにみなと）をつなぐ九頭竜川（くずりゅうがわ）の流域と平泉寺から府中方面への交通路である大野郡、今立（いまだて）郡の山間部に広がっています（図５）。人や物資の動きに即して、平泉寺の影響力は三国湊、府中方面へと浸透していました。

一六世紀中頃の文書にも平泉寺末寺に関することが出てきます。永禄（えいろく）年間（一五五八〜七〇）に真宗高田派（浄土真宗の一派で当時は本願寺派とは対抗関係にあった）のなかで争いがあり、越前の勝曼寺・専西寺・専光寺・西林寺は平泉寺の末寺となりました。また、朝倉氏滅亡直後の天正元年（一五七三）九月には、平泉寺宿老中の証明によって、今立郡大滝寺（大滝神社、中世には四八坊を擁し、大滝神郷には紙座があった）が寺領を安堵されています。そして、平泉寺からは、これまで通り寺領、末寺として従うことを命令しています。越前国内が混乱するなかでも、平泉寺は公権力として健在でした。

平泉寺末寺の発掘事例もあります。平泉寺から北西に約三キロの三谷遺跡からは、「大聖院」の文字と花押（サイン）の書かれた鑑札と思われる木簡が出土しました。大聖院が何らかの権利を保証していたのです。三谷遺跡の付近には、寺屋敷や元堂といった地名や平泉寺の砦といわれる三谷城があり、文書に現れる「三谷寺」に関連すると考えられます。

「捨蓮坊」の伝承地、永平寺町大月の大月前山遺跡からは石垣や門、箱庭をもつ坊院と本堂、墓地がみつかりました。石垣は、一メートル程度の大石を貼り付けるように据えたもので、平泉寺とよく似ています。また、寺跡に隣接して、堀と土塁をもつ館跡もあり、寺と館が一体となっていました。大月前山遺跡の周辺には、多珍坊、辰の坊、宗玄坊、安堂寺など平泉寺末寺の伝承地と、藤巻館、西の館、東の館、新衛門館、大月館などの朝倉氏家臣の館群が混在しています。ここで重要なことは、平泉寺末寺と武士の居館が共存することです。越前の有力者は、平泉寺と一乗谷の両方と関係を結んでいました。

平泉寺末寺のほとんどは、天正二年の一向一揆で廃絶しています。しかし、その前後に転派を遂げて生き残った寺院もありました。本願寺系寺院の由緒には、平泉寺末寺から真宗に鞍替えしたとか、いったん廃絶した平泉寺末寺が真宗寺院として復興したという事例も多いのです。一種の権威付けという面もあるかもしれませんが、中世には平泉

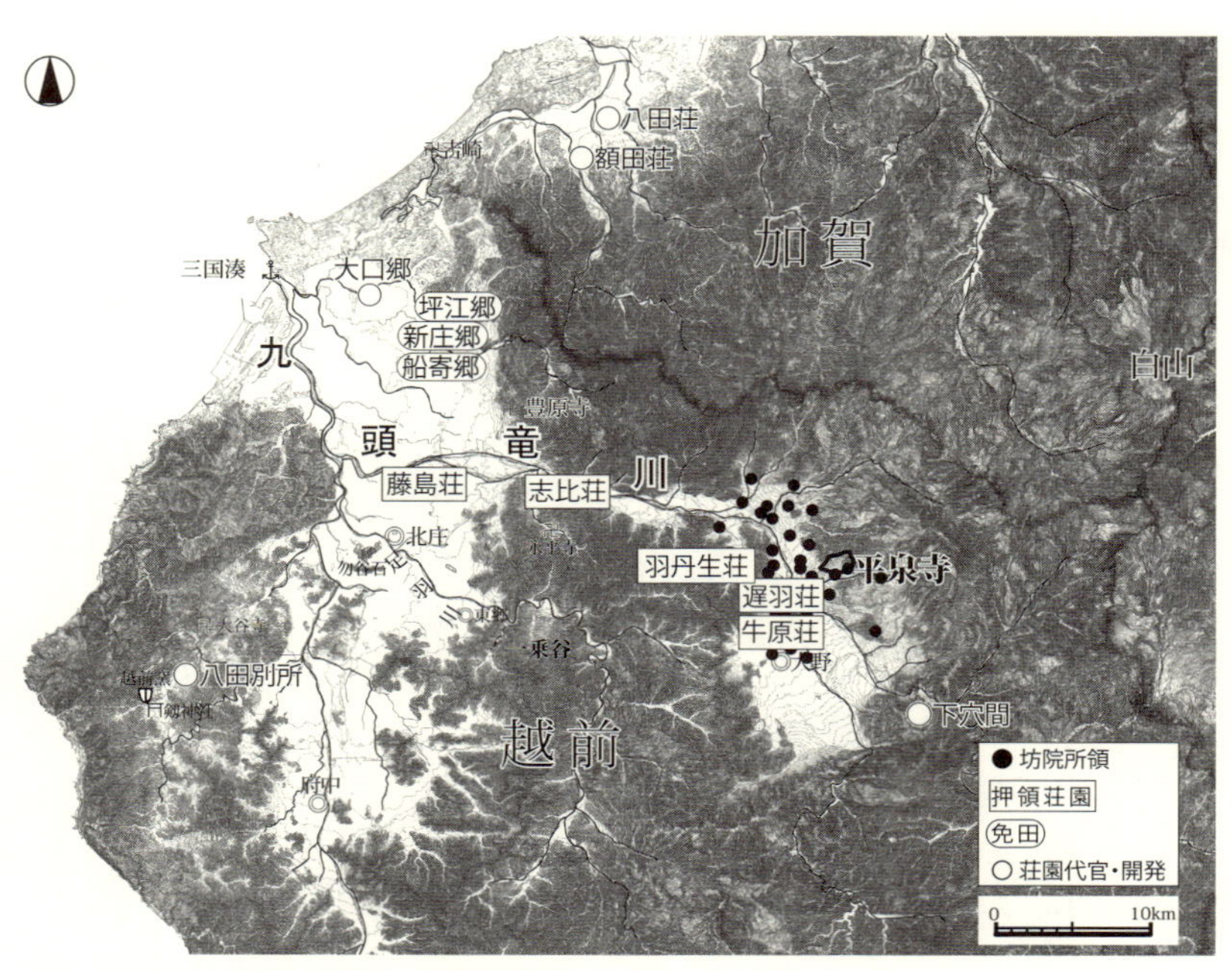

図６　中世平泉寺の領地（基盤地図情報 1/25000 より作成）

寺、近世以降は本願寺というモデルコースがあったのでしょう。

中世平泉寺の領地

中世平泉寺の領地は、鎌倉時代に源頼朝から寄進されたという藤島荘、室町時代に平泉寺が押領したという志比荘など、九頭竜川流域に広がっていました（図６）。また、平安時代に平泉寺僧により開発された丹生郡八田別所、室町時代に平泉寺僧が代官となっている大野郡下穴間、加賀国額田荘など、僧侶の活動はさらに広範囲にみることができます。

平泉寺の有力坊院のひとつ、賢聖院の領地を書き記した天文八年（一五三九）の所領目録が残っています。所領は大野盆地から勝山市域に広がり、米約五〇〇石、銭約五〇〇貫文の収入がありました。米一石あたりおおよそ五〇〇文とみると、銭換算での総収入は三〇〇〇貫文です。当時の大工の日当が約一〇〇文といわれていますから、少なくみても年間三〇〇〇万円以上の収入があったと推計できます。富裕な坊院の集合体である平泉寺は、強大な経済力を有していました。

坊院と地域社会の有力者　坊院跡からは、塀や門、礎石建物が発掘されています。坊院の敷地面積は、一〇〇〇平方メートル前後のものが中心で、大きな坊院になると三〇〇〇〜四〇〇〇平方メートルほどです。坊院の塀、門、礎石建物といった施設や敷地面積は、一乗谷の武家屋敷と類似しています。つまり、平泉寺の坊院主と一乗谷の武家屋敷の主がほぼ同じような階層だったといえるでしょう。

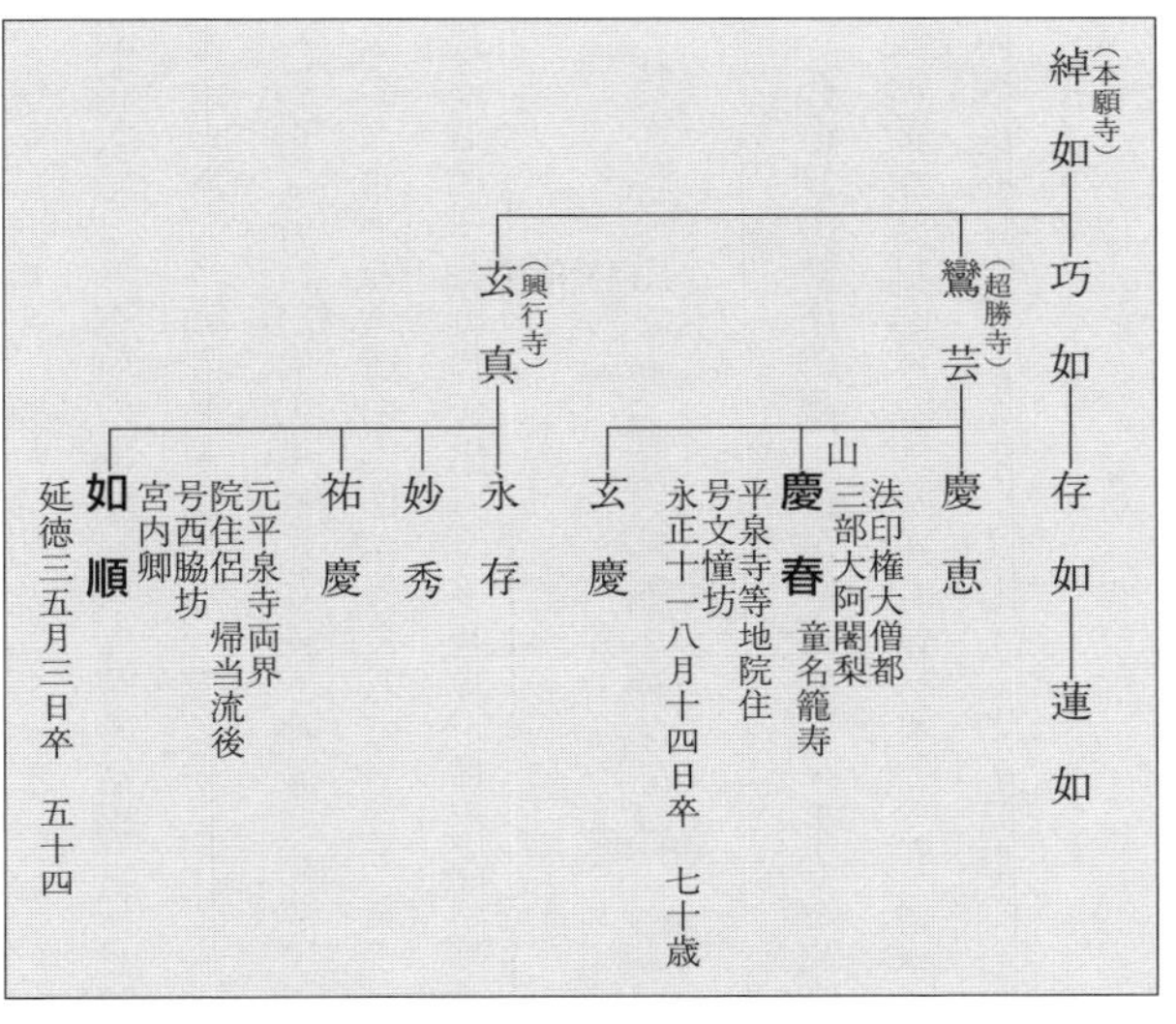

図7　本願寺・超勝寺・興行寺略系図（日野一流系図より作成）

　平泉寺の有力な坊院主には、波多野玉泉坊、小河聞浄坊、佐藤福寿坊、三段崎宝蔵坊、中村増智坊などがいました。彼らは越前地域の有力者層の姓を名乗っています。たとえば、波多野氏は鎌倉時代に志比荘の地頭として越前に入り、道元を招いて永平寺を建立し、戦国時代には朝倉氏の家臣となっていたようです。三段崎氏は朝倉氏の一族で本拠地は一乗谷近郊にありました。中村氏は藤島荘の下司で、大永四年（一五二四）に平泉寺で催された臨時稚児流鏑馬の費用約四五八貫文を負担しています。

　また、平泉寺には周辺の寺院からも子弟が入ってきました（図7）。平泉寺の勢力下にあった藤島荘、志比荘には、本願寺一族が開いた真宗寺院の超勝寺、興行寺があります。超勝寺開基である鸞芸の子、慶春。彼は延暦寺でも修業し、平泉寺等地院に住んで文憧坊と名乗り、永正一一年（一五一四）に七〇歳で没しています。興行寺開基である玄真（げんしん）の子、如順（にょじゅん）は平泉寺両界院の住侶で、後に真宗に帰参しています。永正三年、朝倉氏により越前の本願寺系寺院は道場破却・門徒追放を受け、加賀へと逃亡したので、その後の入寺記録はみられませんが、本願寺系寺院にとっても平泉寺との共存が必要だったのでしょう。

このように、有力者層の子弟が平泉寺に入り連合、共生することで、求心力をそなえる都市が繁栄し、武家や他の宗派も含めた地域の均衡が保たれていました。では、平泉寺の繁栄とはどのようなものだったのでしょうか。現地に残る遺構や発掘の成果は、平泉寺が最先端の都市であったことを教えてくれます。

(3) 平泉寺の富と権力

石造りの都市の富　遺跡としての平泉寺を象徴するのは、独特の石垣や石畳道です。石垣は、織田信長の安土城の築城前後に城郭へと本格的に導入されていきます。しかし、平泉寺ではそれよりも五〇年から一〇〇年ほど古い室町時代に石垣が普及していました。この時期の石畳道や石垣は、とても珍しいものです。都市全体に施工していたのは、平泉寺が唯一でした。

使われている石に注目すると、石畳道は丸くて平たい川石、石垣はごつごつした大きな山石です。川石は付近の女神川などから運び上げ、山石は造成時に出てきたものを利用したのでしょう。

二〇〇ヘクタールに及ぶ中世平泉寺のどこを掘っても、石垣や石畳道がないところはありません。山を切りひらくだけでなく、石を駆使して町並みを安定させる工夫がしてあるのです。全域に石を運び、施工するには途方もない労力や費用が投入されたことでしょう。このような都市建設を可能にした経済力にくわえて、技術力にも目を配る必要があります。

石垣のほとんどは、坊院の間や石畳道に沿ってつくられた土塀の基礎です。一メートル大の山石を坊院の出入口や交差点の角などに目印のように据え、その間に約〇・五メートル前後の石をほぼ垂直に二、三段積みあげています。石垣の裏を掘ると、排水機能を高めるための裏込め石はなく、土の上に直接石を据えています。このような工法は、高く石を積み上げることにはあまり向きません。しかし、土塀の基礎や段差の斜面が崩れないようにする役目は十分に果たせたでしょう。

これまでのところ、石垣の裏から出土した遺物の時期は、一五世紀中頃までに限られます。永享一二年（一四四〇）八月に平泉寺が炎上し、一〇月四日に室町幕府から平泉寺復興のために北陸道七か国に棟別銭（家屋の棟ごとに課される税）一〇文を徴収することが認められました。北陸全域から造営費用を集めて、復興が進められたのです。この後、平泉寺は石造りの都市として、本格的に整備されていったと考えられます。

図8　白山神社拝殿裏の大石垣

巨石の権力　白山神社の拝殿裏には、高さ約三メートルの巨石を用いた大石垣があります（図8）。司馬遼太郎が「京都の苔寺の苔など、この境内に広がる苔の規模と質からみれば、笑止なほど」と絶賛した苔の境内。その苔とのコントラストが非常に美しい石垣です。

この大石垣には、平泉寺僧が石の大きさを競ったというエピソードがあります。三〇〇〇石を有した波多野玉泉坊、八〇〇〇石を知行した飛鳥井宝光院(あすかいほうこういん)は「日本国一番ノ法師大名」といわれました。ともに平泉寺を代表する有力者で、兄弟とも伝わります。両者は弘治(こうじ)年間（一五五五〜五八）の諸堂造営に際して、石の大きさをめぐり争いとなりました。宝光院が二間（約四メートル）四方の石を据えたところ、玉泉坊は三間（約五メートル）四方の大石を据えます。これを見た寺内の若い僧たちは、宝光院は玉泉坊に劣っている、と嘲笑したのです。そこで、宝光院は八間（約一四メートル）四方の巨石を掘り出して、石の大きさで玉泉坊を打ち負かそうとします。この話を聞いた一乗谷の朝倉義景が「このような大きな石はあまりに贅沢だ」として、中止を命じました。そのため、宝光院は八間四方の巨石を使うことをあきらめたといわれます。

大石垣は、巨石を立てて、壁面に貼り付けるようにつくられています。このような積み方は、石を大きく見せるという視覚的な効果を高めるものでしょう。平泉寺と巨石のイメージは当時の人々にも強く意識されていたようです。戦国時代に越前を訪れた連歌師の谷宗養(たにそうよう)は、永禄三年（一五六〇）に平泉寺の宝光院で「宝光院庭先の石、秘蔵の心を所望ニテ」という詞書をつけて「露ををも　ミおけや千引きの　石の竹」と詠みました。宝光院の庭先にあった石を大切にしている心を歌に詠むよう求められて、千人で引くような巨石であると讃えたのです。

また、室町時代末期に成立した『弁慶物語』には、比叡山で修行していた弁慶が平泉寺にやってきて、老僧に大石を投げつけ、圧死させたという逸話が載せられています。このような物語の構成は、比叡山との関係や平泉寺を象徴する巨石という発想をもとに創作されたのでしょう。

平泉寺の大石垣は、自然石を立てる、貼り付ける、大きく見せることに重点があります。おそらく、庭園に関する技術から発展したものでしょう。石の大きさで権力を誇示する意識や技術は、平泉寺だけではなく、一乗谷の下城戸(しもきど)

などにもみられ、朝倉氏が平泉寺の技術を採用したといわれます。さらに、同じような石垣は、白山信仰の拠点であった豊原寺（坂井市）にもあり、寺社で育まれている最先端の技術でした。もし、平泉寺など越前の寺社に石垣がなければ、一乗谷はまったく異なる景観になっていたことでしょう。

坊院の職人　坊院からは、生産活動を示す遺物もみつかっています（図9）。金属や木製品、水晶などを磨くための多種の砥石、漆塗りに用いたパレット、金属加工に関わる鞴の羽口や坩堝などです。中世の職人を描いた「七十一番職人歌合」には、硯作り、玉すり、鞍つくり、念珠ひきなど僧侶の姿をした職人が描かれています。坊院内に職人を抱える平泉寺は、地域における生産拠点でした。

図９　坊院から出土した水晶片と玉砥石

平泉寺周辺には、徳市、安ヶ市、鬼ヶ市といった市とみられる地名があります。また、芥川龍之介の小説にもなった説話、「芋粥」で有名な藤原利仁の寄進による法華八講会という法要にあわせて、平泉寺門前で夜市が開かれたとも伝わっています。三国湊や小浜のような湊町に及ばないとしても、平泉寺は地域において生産や流通など経済的な中心地でもありました。

遺物からみた富と盛衰　平泉寺からは、多種、多量の焼物が出土します。そして、そのような状況が数百年も継続するというのが、特徴です。たとえば、一乗谷は、ほぼ一五世紀中頃から一六世紀の短期に急成長し、消滅していった都市ですが、平泉寺は一〇世紀から一六世紀の長期間、繁栄を続けていました。

焼物の産地は、平泉寺周辺から国内外までさまざまです。そのなかで、中国や朝鮮などの海外からもたらされた貿易陶磁は、ある程度どのような遺跡でも出土するので、遺跡の消費力を考える指標になります。その出土量に注目してみると、中世後期の平泉寺では一平方メートル当たり〇・七〇点出土しています。越前の村落では〇・〇一点未満、一乗谷は〇・六八点です。平泉寺と一乗谷は、ほぼ同じ消費力を持つ都市といえるでしょう。

貿易陶磁のほとんどを占めるのは、中国製の碗皿類です。これらの年代を分析すると、平泉寺では天正二年（一五七四）の全山焼亡まで、最新のものが流入していました。文献史学では天台宗など旧仏教系の寺社勢力は、一六世紀前半以降衰退しているともいわれます。しかし、貿易陶磁、越前焼、瀬戸美濃といった焼物の年代と出土量を分析すると、平泉寺と一乗谷は非常によく似ています。つまり、都市としての平泉寺は、一乗谷と同じく一六世紀中頃まで繁栄していたのです。

玉泉坊の筒と信長の朱印　平泉寺からは、青白磁観音像、元青花器台、華南緑釉陶器筆架、黒釉陶器天目茶碗、黒釉陶器茶入、青磁酒会壺、翡翠釉酒会壺などの特殊品が出土しています。これらの多くは、座敷の床飾りや茶道具として用いられた品々で、所有者の富や権力をあらわすものです。

茶道具の名物を列挙した『松屋名物集』には「平泉寺玉泉　芙蓉　朱屋肩衝　青磁筒」が挙げられています。平泉寺の波多野玉泉坊が芙蓉の掛軸、朱屋の銘を持つ茶入（『清玩名物記』では天目）、青磁の花生けといった名物を所有していたのです。天正一〇年六月二日、本能寺の変で織田信長は明智光秀に討たれました。このとき失われた信長秘蔵の名物茶器。そのひとつが「つゝへいせんじ玉泉所持」でした（『仙茶集』）。

玉泉坊の持っていた青磁筒は、天正三年頃までには信長の所有となっています（『茶道具之記』）。その背景を探ってみましょう。この時期に平泉寺が発行した文書には、寺家政所、大聖院、宝光院の署名はありますが、玉泉坊の立場は不明です。しかし、知行三〇〇〇石の玉泉坊は、平泉寺内で屈指の実力者といえます。

玉泉坊と信長の接点は、平泉寺焼亡までの間に三度ありました。一つめは、天正元年八月一二日、玉泉坊は浅井長政を支援するため朝倉方の援軍として近江の丁野山城跡に立て籠もりますが、信長に降参して退却しています（『越州軍記』）。二つめは、八月一八日、平泉寺は信長に「御忠節」を誓って、朝倉攻めに加勢しました（『信長公記』）。三つめは、はっきりした時期はわかりませんが、「玉泉坊密ニ信長殿ヨリ一山惣務ノ一行朱印ヲ取テ」と玉泉坊は密かに信長から一山総務の朱印を得ていたようです（『越州軍記』）。八月二四日の朝倉義景滅亡前後に越前の国衆がそれぞれの縁を頼って信長に帰参したとき（『信長公記』）や、一一月に越前衆が多数上洛し、信長に金銀・絵賛・巻物・絹綿・太刀等を献上しているので（『越州軍記』）、その頃かもしれません。

おそらく玉泉坊は、信長に青磁筒を献上することで一山総務の地位を手に入れ、自らをトップとする平泉寺の新しい体制をつくりだしたのではないでしょうか。信長の力を背景として、玉泉坊は社領・神物を自由に差配し、平泉寺の諸院諸坊から黄金を徴収しました。これに不満を持った宝光院や寺衆は、天正二年一月二三日、玉泉坊父子を討ったのです。その後、宝光院は、朝倉景鏡（かげあきら）（義景の従兄弟、信長につき義景を自害に追い込んだ）を引き入れて平泉寺を維持しようとします。しかし、景鏡は一向一揆にとっては「大敵」でした（『越州軍記』）。その結果、一向一揆と対峙することになった平泉寺は、四月一五日に全山を焼かれたのです。

おわりに

平泉寺が一向一揆に敗れたことは、果たして必然だったのでしょうか。これは歴史上の事実ではあります。しかし、新しい成果によって、平泉寺の繁栄した時代に生きた人々の使った品、歩いた道、目に映った景観を知ることができるようになりました。

平泉寺は、戦国大名の城下町と同等の消費力をもち、生産を担う職人を抱え、惣構をもつ都市でした。石垣や石畳の道路網は、権力、経済力、技術力の強大さを示すものです。都市建設の複雑さは、平泉寺が長い時間をかけて成長し続けた、多核複合の都市であったことをあらわしています。

戦国時代の越前では、伝統的な巨大寺社である平泉寺と新興の戦国城下町である一乗谷が、ともに繁栄していました。平泉寺の末寺と武士の居館の共存は、二つの都市を拠点とする権力がもつ求心力によるものでしょう。在地有力者が結集する平泉寺の体制は、朝倉氏の滅亡により転機を迎えました。玉泉坊の行動は、見方によっては新しい時代に対応した素早い動きともいえます。しかし、それは否定され、全山焼亡へと向かったのです。

平泉寺が発展し続けた五〇〇年間以上、白山信仰は多様な宗派と共生し、地域の宗教的な調和をもたらす要となっていました。平泉寺が焼けおちて、真宗地帯となった現在でも各村には白山神社がまつられています。白山への憧憬や感動に根ざした信仰は、生き続けているのです。その意味で、白山信仰が滅びることはないでしょう。

これまでの発掘面積は、中世平泉寺のおよそ一％。残り九九％はまだ謎です。発掘はもちろんのこと、平泉寺が持っていたはずの厖大な文書や仏像、工芸品、芸能、民俗などさまざまな情報を総合的に調査、研究することで、その価値を多くの方に知っていただきたいと思います。

【参考文献】

阿部来「史跡白山平泉寺旧境内における歴史的建造物の復元」『月刊文化財』Ｎｏ．６２８、二〇一六年

伊藤正敏『寺社勢力の中世』ちくま新書、二〇〇八年
勝山市『勝山市史　第二巻　原始〜近世』二〇〇六年
司馬遼太郎『街道をゆく18　越前の諸道』朝日文庫、一九八七年
竹本千鶴『織豊期の茶会と政治』思文閣出版、二〇〇六年
徳田和夫校注「弁慶物語」『新日本古典文学大系55』岩波書店、一九九二年
平松令三編『真宗史料集成第七巻　伝記・系図』同朋舎、一九七五年
藤井学『本能寺と信長』思文閣出版、二〇〇三年
米原正義『戦国武士と文芸の研究』桜楓社、一九七八年

東尋坊と白山平泉寺

藤本康司

はじめに

福井県で東尋坊と言えば、何を思い描くでしょうか。きっと、福井県北部の坂井市三国町にある越前加賀海岸国定公園内の岩壁を想像することでしょう（図10）。東尋坊と呼ばれる岩壁は、国の名勝・天然記念物に指定されており、県内屈指の観光地となっています。実は、この岩壁を東尋坊と呼称するようになったのには、白山平泉寺と関わりがあるといわれています。では、どういった関係なのでしょうか。それについては、郷土の地誌書である『帰雁記』や『越前名勝志』の写本に記述があります。前者については諸説ありますが、著者は不明で、正徳二年（一七一二）から享保五年（一七二〇）の間に成立したといわれています。また、後者は、著者が竹内寿菴で、一説によれば元文三年（一七三八）頃に執筆したのではないかと推測されています。そして、これらの写本をはじめ、様々な越前の旧記をまとめあげたのが、文化一三年（一八一六）に福井藩士の井上翼章によって成立した『越前国名蹟考』であり、この書物には東尋坊に関する詳細な記述がみられます。この他、『朝倉始末記』という越前の戦国大名朝倉氏の興亡を記した軍記物にも、朝倉義景に由来の説明をする形式で東尋坊の記述がみられます。『朝倉始末記』は、『賀越闘諍記』と『越州軍記』を合本したものが祖型とみられ、天正五年（一五七七）頃に成立したと推測されています。『朝倉始末記』の原本は発見されていませんが、原本に加筆増補して寛文一二年（一六七二）に成立した心月寺本を、文久三年（一八六三）に加賀藩士朝倉（日下部）集義が書写した横浜本など、数多くの写本が伝来しています。ただ、このうち東尋坊の記述が確認できるものは、心月寺本、横浜本、春日社本、小出本などに限られます。

これらの書物の内容はほぼ共通しており、東尋坊とは平泉寺にいた僧で、この人物が岩壁の由来となったとされています。このほかに東尋坊の名が確認できるのは、国史跡白山平泉寺旧境内に残る東尋坊が住んでいたという屋敷の伝承地です。また、江戸時代の元禄年間（一六八八～一七〇四）頃に描かれた「中宮白山平泉寺境内図」（平泉寺白山神社蔵）にも坊院名として「東尋坊」が登場します（口絵6参照）。

図 10　越前海岸の東尋坊

(1)　東尋坊のいわれ

白山平泉寺の僧である東尋坊が、どうして岩壁の名前の由来になったのでし

図11　東尋坊屋敷内に今も残る井戸

ょうか。そのいわれについては、前述した文献に記載があり、それをわかりやすく要約すると次のようになります。

京都に都があった平安時代、荒々しく力が強い東尋坊は、何かというと喧嘩に訴えるので、周囲の僧仲間から「悪僧」と呼ばれていました。三国にある岩壁の崖上で催された白山平泉寺の僧たちよる宴会に、東尋坊が参加した時のことです（『朝倉始末記』の横浜本などには記載はありませんが、春日社本には、「寿永（じゅえい）元年（一一八二）四月五日」と開催した時期が示されています）。東尋坊が酒に酔って横になると、周辺にいた僧らは、東尋坊を崖上より海の底へと突き落としてしまいました（『越前名勝志』には、真柄覚念（まがらかくねん）という侍が突き落としたと記述されています）。東尋坊が波間に沈むと、海は荒れ、雷が落ち、豪雨となって、多くの死傷者が出ました。以来、毎年四月五日に執り行われる白山平泉寺の祭礼の際には、必ず暴風が吹いて、雷雨となり、海は荒れて、舟を出すことができなかったといわれています。

また、平泉寺地区内の伝承では、東尋坊の屋敷地内にある井戸（図11）は、彼が突き落とされてから七日間、真っ赤な血の色で染まったといわれており、現在もこの井戸に米糠を入れると、三国の海に浮かび上がると伝えられています。

東尋坊の死亡時期を記したものは、『朝倉始末記』の春日社本しかありませんが、東尋坊の由来については、各々の文献で異なる部分はあるものの、ほぼ同様の内容ということができます。以上のことから、少なくとも『朝倉始末記』が成立したとされる一六世紀後半には、東尋坊と名付けられた岩壁は、白山平泉寺に由来しているといわれていたと考えられます。

(2) 東尋坊跡の発掘調査

勝山市教育委員会は、平成二六年(二〇一四)に東尋坊跡の伝承地を発掘調査しました。調査地は、伝承地の西側付近で、長さ三一・二メートル、幅三・六メートル前後と細長い範囲です(図12)。限られた範囲にもかかわらず、川原石を敷き詰めた石畳道と屋敷地の周囲にあった土塀の基礎になる石垣を発見しました(図13)。石畳道は、発掘調査する前にあった現代の石垣の下から、長さ約一八メートル分が見つかり、その幅員は最大で二メートルを測ります。見つかった石畳道は、北端がアスファルト舗装された現在の道路下に埋もれていき、若干異なる部分はあるものの、現在の道路と同じく南北方向に延びていることがわかりました。つまり、現代のアスファルトで舗装した道路下には、中世の頃に造られた石畳道が埋もれていることが改めて確認できたのです。

図12　発掘調査の全景

平泉寺地区の現在の道路は、中世の道路をかさ上げして使用したといえることから、今もなお使われている道路は、当時の道の名残を残していると考えられます。

北側の石畳道の上層では、おそらく敷地の拡幅造成に伴い積まれたとみられる江戸時代の石垣を発見しています(図14)。南側でも、同様の目的によると想定される明治時代の石垣が見つかっており、江戸、明治そして昭和の各々の時代に、土地区画が変化してきたことが確認できました。石畳道の南端は、明治期の拡張工事に伴って破壊されていましたが、石畳道の北側

図 13　石畳道と土塀の基礎の石垣

図 14　発掘された江戸時代の石垣

に関しては、江戸時代の造成では破壊されておらず、石垣の石を積むために盛られた土で覆われていたので、残存していました。この造成土は、同敷地内を削平して準備したのか、発見される遺物は江戸時代のもの以外に、室町時代のかわらけなども出土しました。

また、調査前からあった現在の石垣より一メートル程奥から、土塀の基礎と考えられる石垣が見つかりました。残存する石垣の高さは〇・六メートル前後ですが、本来はもう少し高く石が積まれていたと想定されます。石は、石畳道に使われているような丸みを帯びた川原石の他に、角ばった地山の石も用いていました。一つの石の大きさは、最大径で約〇・五メートルを測ります。この石垣も、後の時代による拡張工事によって、本来、積まれていたであろう部分が、石畳道側へと落されていました。この状況からも東側に広がる敷地側から石畳道側へと拡張されたことが窺えます。

この調査で発見した遺物は、土器・陶磁器や石製品など約七〇〇〇点あまりです。鎌倉時代から江戸時代にかけてのものが中心で、種類は多岐にわたりますが、特にかわらけの破片の多さが特徴的です。このうち、特筆すべき資料は二点あります。一点目は、東海または近江産とみられる緑釉陶器の碗で、一〇世紀のものと考えられます。二点目は、朝鮮半島で作られたと考えられる高麗青磁の八角鉢で、時期は一二世紀頃と推定されます。

　また、平成二四年に同敷地内で行った範囲確認調査では柱穴二基を確認し、このうちの一基の穴から、かわらけ数点が見つかりました。これらは、お酒を飲む際に使用した使い捨ての杯と考えられるものであり、東尋坊が存命していたといわれる平安時代後半頃の時期のものと考えられます。

(3) 東尋坊は存在したのか?

　平成二六年(二〇一四)に行った東尋坊跡の発掘調査では、坊院跡と石畳道の一部を確認しました。また、平成二四年の調査では、東尋坊がいたとされる一二世紀後半ごろのかわらけが見つかっています。この他にも東尋坊と同時期の遺物が発見されていることをふまえますと、東尋坊が実際に住んでいたかどうかはもちろん不明ですが、彼が活躍していた時期に、僧の住まいである坊院がこの地にあったことは確実であると考えられます。

　発掘調査で見つかる土器などの中には、墨書されたものが含まれていることがあります。それには、持ち主などの名前が記されていることがありますが、東尋坊と記載されたものは未だに見つかっていません。東尋坊の伝承地の未発掘部分からこうした墨書を発見することが出来れば、具体的に存在を示す証拠となることでしょう。

　今日において、東尋坊という人物が実在していたかどうかについては、証明するものは何もありません。しかし、それよりも重要なことは、三国湊(みくにみなと)の地に白山平泉寺にいた僧の名前に由来しているといわれる岩壁があることです。

それは、白山平泉寺の足跡が三国湊にあること、つまり、九頭竜川(くずりゅうがわ)を通じて結ばれている白山平泉寺と三国湊が、何らかの関係を持っていた可能性があることを示していると考えられます。三国湊は、昔、海を介した交易の港として栄えており、上流にあった白山平泉寺は九頭竜川を利用して、下流にある三国湊から日本海に抜け、様々な地域の文物と交わっていたのかもしれません。

これまで中世の石畳道は、参道や、南谷の発掘調査地で発見されてきました。東尋坊の伝承地は、現在の平泉寺地区の集落内にあり、ここからも石畳道が発見されたことは、集落内にある現在の道路下にも、中世の石畳道が保存されていることを示すものとなりました。中世の頃に張り巡らされた道路の大半は、石畳道と考えられており、このように石畳道が縦横に敷き詰められた中世寺院跡は、全国的にみても例がなく、白山平泉寺の大きな特徴でもあります。

ちなみに、東尋坊跡の伝承地は、国史跡白山平泉寺旧境内の総合案内施設である「白山平泉寺歴史探遊館まほろば」の近くで、同館には発見した土器なども展示してあります。また、数々のいわれが残る、東尋坊が使用したかもしれない井戸は、現在も残っていて見学することができます。なお、東尋坊跡で発見された遺構はすべて埋め戻し、地中に保存しています。

【参考文献】

笠松重雄「松平家本　帰雁記」『福井県立勝山高等学校研究紀要』第四号、一九五八年
杉原丈夫編『新訂　越前國名蹟考』松見文庫、一九八〇年
竹内寿菴『東京大学本　越前名勝志』
永岡義一『小出本　朝倉始末記』一九九七年
福井市『福井市史　資料編二　古代・中世』一九八九年

③ 一乗谷と平泉寺の建物・都市計画

吉岡泰英

はじめに

都市は、面積の広大さ、人口の多さ、居住者の多様さといった特性を備えています。それらを効率的に調整し、都市を成り立たせるための、共通の単位や寸法による都市計画が存在するのではないでしょうか。

歴史時代の都市遺跡には、絵図や指図等の遺構に直接関係する多種の情報があり、それ以前の時代よりも詳細な検証ができます。幸いにも平泉寺（へいせんじ）、一乗谷（いちじょうだに）ともに古絵図や明治期の地籍図（ちせきず）が残されているので、これらと発掘遺構、建物や都市計画の基本となる単位や寸法を照らし合わせることによって、そこから都市の全体像を推測することも可能となります。一乗谷では町割（まちわり）の骨格となる道路の多くが地籍図の示す字境（あざ）で検出されています。この地籍図と地形の違い、寸法などを総合的にとらえることによって、未発見の道路の位置を想定できるようになりました。

大規模な都市遺跡の全体を発掘調査することは不可能ですし、残念ながら発掘調査は大なり小なり遺跡の破壊も伴います。研究の成果から都市全体の在り方を推測することによって、できる限り遺跡を保存し、発掘調査は最小限に留めておくことが重要です。

こうした点を念頭に、私が調査に長年かかわってきた中世後期を代表する二つの都市遺跡、一乗谷朝倉氏遺跡と白山平泉寺旧境内の建物や都市計画の基本となった寸法について検討します。

(1) 一乗谷の建物と都市計画

朝倉氏と一乗谷 一乗谷は、戦国大名朝倉氏が領国支配の拠点とした都市がそっくり残されている極めて貴重な遺跡で、主要部を中心に二七八㌶という広大な地域が国の特別史跡に指定され、昭和四二年(一九六七)以来、現在も保存と活用のための調査研究が続けられています。さらに、まだ指定を受けてはいませんが、一乗谷の周囲には、本城の外にも多くの城郭群や足羽川に面する流通拠点である阿波賀などがあり、これらも含めて都市として理解をしていく必要があります。

南北朝の動乱期に斯波氏の被官として越前に入国し、その勢力を拡大していった朝倉氏は、孝景の代、応仁の乱を機にして越前の在地支配の主導権を確立し、戦国大名として歩みを始めました。この頃、本拠を黒丸から一乗谷へ移したとされ、以後、氏景・貞景・孝景・義景と五代続いた戦国大名朝倉氏の領国支配の拠点都市、それが「一乗谷」です。

天正元年(一五七三)八月、天下統一を目指す織田信長軍によって焼き尽くされ、表舞台から消え、長い眠りについていましたが、一乗谷に農地改良の話がもちあがり、谷の奥から上城戸にブルドーザーが入る直前、ストップをかけました。関係者の協議の結果、事業を中止し、城戸ノ内と周囲の山の稜線を結ぶ二七八ヘクタールの範囲を特別史跡として指定し、保存することとなりました。昭和四六年のことです。

福井県は朝倉氏遺跡調査研究所を設置して、調査、整備を開始しました。以来、約半世紀に及ぶ史跡公園化を目指した学際的・組織的取り組みの結果、計画的に造られたこの一乗谷には多数の家臣団や寺院、町屋などの建物が立ち並び、そこには多くの庭園も造られていたという、都市としての様子が判明し、検出遺構を用いた町並みが再現されています。

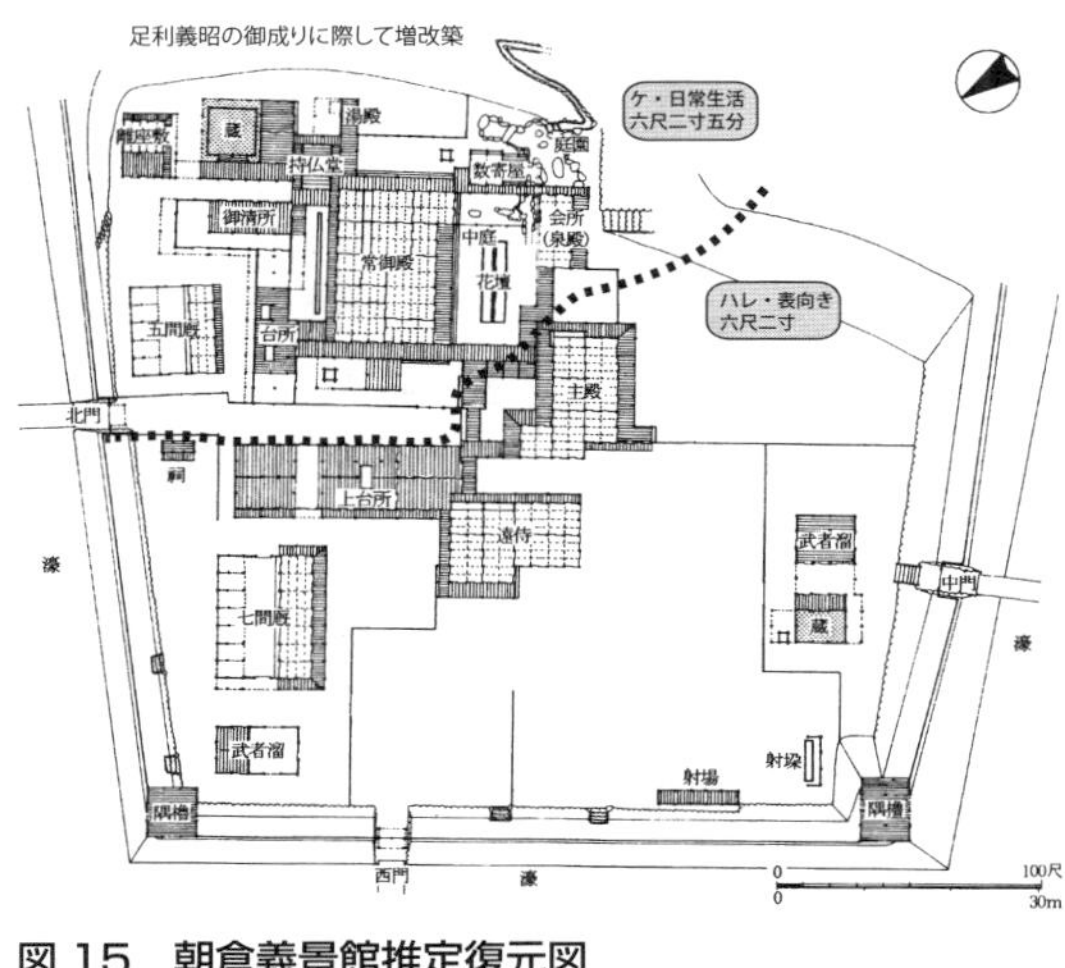

図15　朝倉義景館推定復元図

屋敷の構成と建物

一乗谷の主であった朝倉義景の館は、東の城山を背に他の三方を濠と土塁によって区画する方一町、屋敷内平坦地約五八〇〇平方メートルの規模を持ち、そこには礎石（柱を据える土台となる石）を用いた十数棟の建物跡や庭園等が存在します（図15）。三方に門を開き、西を正面、南は隣接する屋敷（南殿）と連絡する中門、北は通用門と想定されます。建物の礎石群は極めて良好に残されており、その構成から、西・前寄りに儀式等を行う表向の中心となる主殿や遠侍等を、山側・奥寄りに日常生活の中心となる常御殿や台所等を配置しています。

さて、建物の柱間をさす「一間」の長さは、時代や地域で異なります。朝倉館においては、建物群に使われている柱間は二種類あり、主殿などの西よりの部分は六尺二寸（一八七・九センチ）、会所や常御殿など東寄りの建物

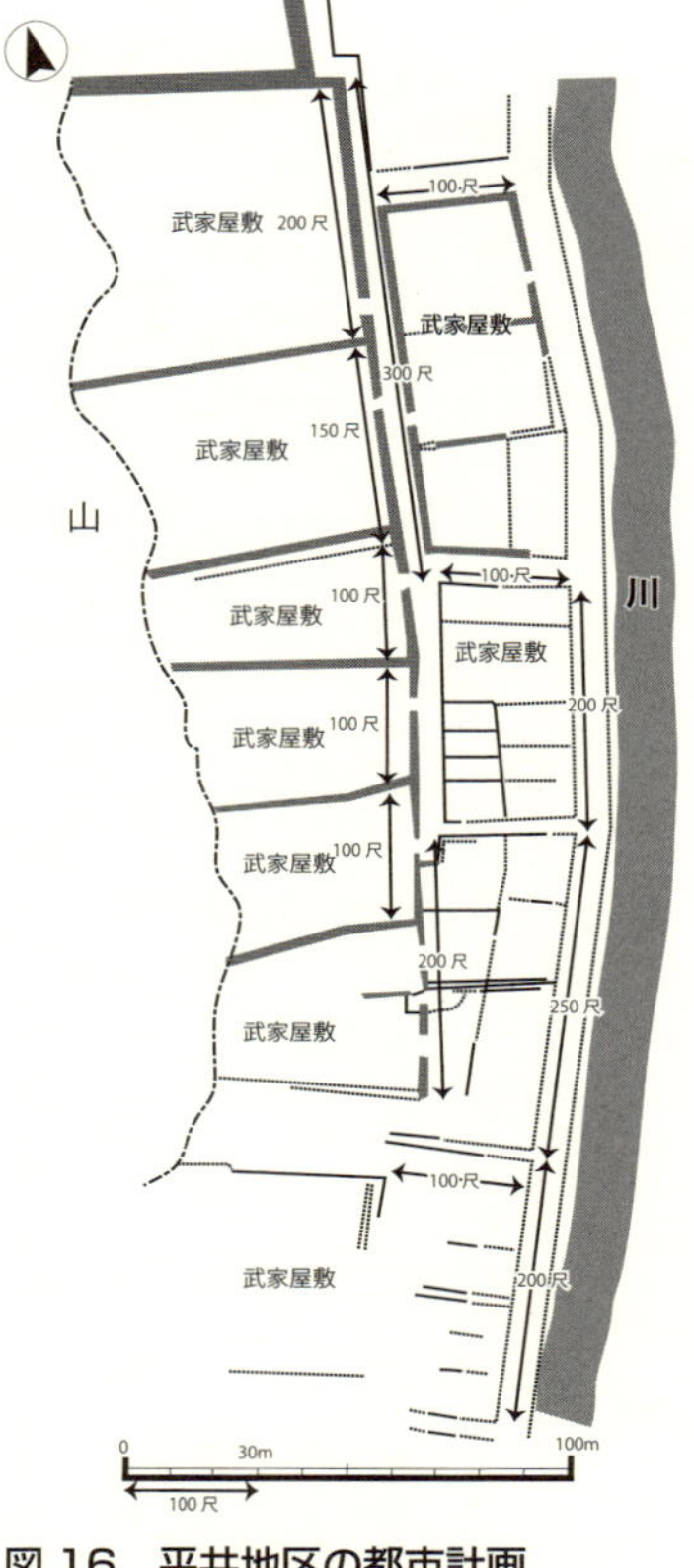

図16　平井地区の都市計画

は六尺二寸五分（一八九・四センチ）で、方位もごくわずかにずれています。これは永禄一一年（一五六八）の足利義昭の御成りに際して会所や常御殿などの奥半部を増改築した結果と考えています。また、山裾の斜面を利用して精緻な庭園が築かれ、建物群のある中庭には方形の花壇も検出されています。洛中洛外図屏風に描かれた管領邸と良く似た姿といえます。

館の対岸には周囲に塀を廻す上級武家屋敷があります。門に注目すると、山裾の屋敷は礎石四個を用いた薬医門形式、川寄りの屋敷は掘立柱二本の棟門形式と異なっています。敷地内は正面寄りに比較的規模が大きく整った建物、奥寄りに小規模な礎石建物や掘立柱の建物等が多い傾向があります。前者は主人の生活や接客等の場、後者は台所や従者等の場と考えています。なお、石を敷き詰めた蔵と推定される建物や庭園などもあります。礎石建物の柱間寸法は六尺二寸で共通しています。

幹線道路に面して広がる町屋は、敷地の間口一杯に主屋を建て、裏庭には便所、主屋内や裏庭に井戸を設けるのが通例です。屋敷境に溝があることなどから、妻入り構造の主屋とする例が多く、屋内は二～三室に分かれています。柱間は、武家屋敷と同じ六尺二寸を用いています。また、出土した特殊な遺物から、紺屋や数珠師、檜物師、鍛冶師等、住人の職業が特定できることもあります。

図17　赤渕・奥間野地区の都市計画

一乗谷の都市計画　一乗谷の中核である城戸ノ内の都市計画について検討します（図16）。

これまで行われてきた一・六ヘクタールに及ぶ発掘調査によると、上級武家屋敷の集中する平井地区では、道路に面して、敷地間口は三〇メートルを基本としています。山裾側の奥行きは七〇～八〇メートル、川側は間口と同じ三〇メートルとなっています。町屋は、敷地間口六メートル、奥行一五メートル程度が基本です。山裾側は地形の制約を受けていますが、道路に面した町割は、一五メートル、三〇メートルを基本としたといえるでしょう。

従来、一乗谷の町割は、六尺五寸（一九六・九センチ）の京間を用いたと考えられてきました。この場合、屋敷割の三〇メートル、六〇メートル、九〇メートルを京間に換算し、それぞれ一五間、三一間、四六間となります。しかし、「三一」・「四六」は整数値とはみなしがたいと考えています。〇・三〇三メートル＝一尺で換算すると、それぞれ一〇〇尺、二〇〇尺、三〇〇尺といった整数値となります。よって、一乗谷においては、尺（もしくは一〇倍の丈）を基本単位として町割が行われたと考えるべきだと思います。

さらに、谷中央部の赤渕・奥間野地区では、幅二五尺の三条の東西方向道路がみつかっています（図17）。その間隔は一〇六メートル（三五〇尺）です。地籍図から未発掘の部分も含めて検討すると、谷内にはこの二倍の約二一二メートル（七〇〇尺）の町割をみつけることができます。この町割に上下の城戸、朝倉館、主要な検出道路が重なります。そして上下の城戸の間は二一二メートルの八倍、約一・七キロ（五六〇〇尺）となります。以上のように、一乗谷では一〇〇尺（一〇丈）の倍数による町割が行われていたと考えています。

道路の幅も尺で設計されており、七・六メートル（二五尺）・四・五〜六メートル（一五〜二〇尺）・三メートル（一〇尺）・一・二〜二・一メートル（四〜七尺）の四グループに分類できます。

永禄一一年に足利義昭が朝倉館を訪れた時の記録『朝倉亭御成記（あさくらていおなりき）』には警護のための「辻固め」の配置が記してあります。ここには「通」と「小路」の二種の道路名がみえ、通には「一ノ橋ノ通」と橋が付されています。義昭は、滞在していた上城戸近くの御所から朝倉館へと南北道路を進んでいますので、交差する東西方向の道路名が列挙されていると考えられます。つまり、通とは谷を南北に流れる一乗谷川を渡る橋により両岸を結ぶ道路、小路は橋を持たない片岸のみの道路です。道路の位置、幅員からみると、二五尺のグループを通に、一〇尺・一五〜二〇尺の二グループを小路と考えることができます。

なお、一乗谷には近世城下町にある寺町、職人町などの機能に基づいた明確なブロック割は確認できません。ただし、朝倉館周辺には一族の居館が集中し、刀装具やガラス玉製作など高度な技術を要する特殊な工房も存在しています。また、川を隔てた対岸には重臣クラスの大規模な屋敷が整然と配され、山裾には寺院が点在します。寺院の周辺や谷内の南北道路に沿って、町屋と推定される小規模な区画が連続してみられます。屋敷の規模、配置、出土遺物等の諸点から考えて、城戸ノ内は有力武家等の占有空間ではなく、都市としての開放的な町空間が存在したことが重要と考えています。

（2）平泉寺の建物と都市計画

平泉寺の景観　白山信仰の拠点として大きな勢力を持っていた平泉寺は、天正二年（一五七四）、一向一揆による襲撃によって全山が消失しました。その後、現在の白山神社としての建物群や一部の坊院は復興されましたが、大半は集落や田畑の下に埋もれていました。昭和一〇年（一九三五）には、白山神社境内に大規模な建物礎石などが良好に残されていたことから、杉木立の参道などとともに一四・六ヘクタールが国史跡に指定されています。なお、現社務所（旧玄成院）には庭園や建物跡も残されており、名勝に指定されています。平成元年に始まった確認調査で、この指定地に加え、「南谷」・「北谷」の山中や集落部にも良好に遺跡が残されていることがわかってきたことから、平成九年（一九九七）、約二〇〇ヘクタールという広大な範囲が国史跡として保存されることとなりました。

平泉寺の建物　白山神社境内となっている中心部には多くの礎石群が残されています。詳細な実測を行っていないため規模や平面などの検討はできませんが、平泉寺滅亡後、元禄頃の作とされる「中宮白山平泉寺境内図」（口絵6参照、平泉寺白山神社蔵）には、中央部に本社・三十三間拝殿などの社殿群や大講堂・大塔などからなる伽藍が描かれています。

平成元年から始まった発掘調査では、石畳の道路跡や坊院を区画する石垣、門、建物礎石、井戸などがみつかっています。坊院内の全体構成はまだはっきりしていませんが、北谷の地蔵院では良好な遺構が確認されています。地蔵院は、絵図にも描かれた平泉寺屈指の大坊院で、背後に砦を備え、敷地は正面（東西）一〇〇メートル×奥行（南北）三六メートルの広大な敷地を持っていました。山裾の斜面を造成した区画の西半分が発掘され、正面を整える石垣や二つの門跡、

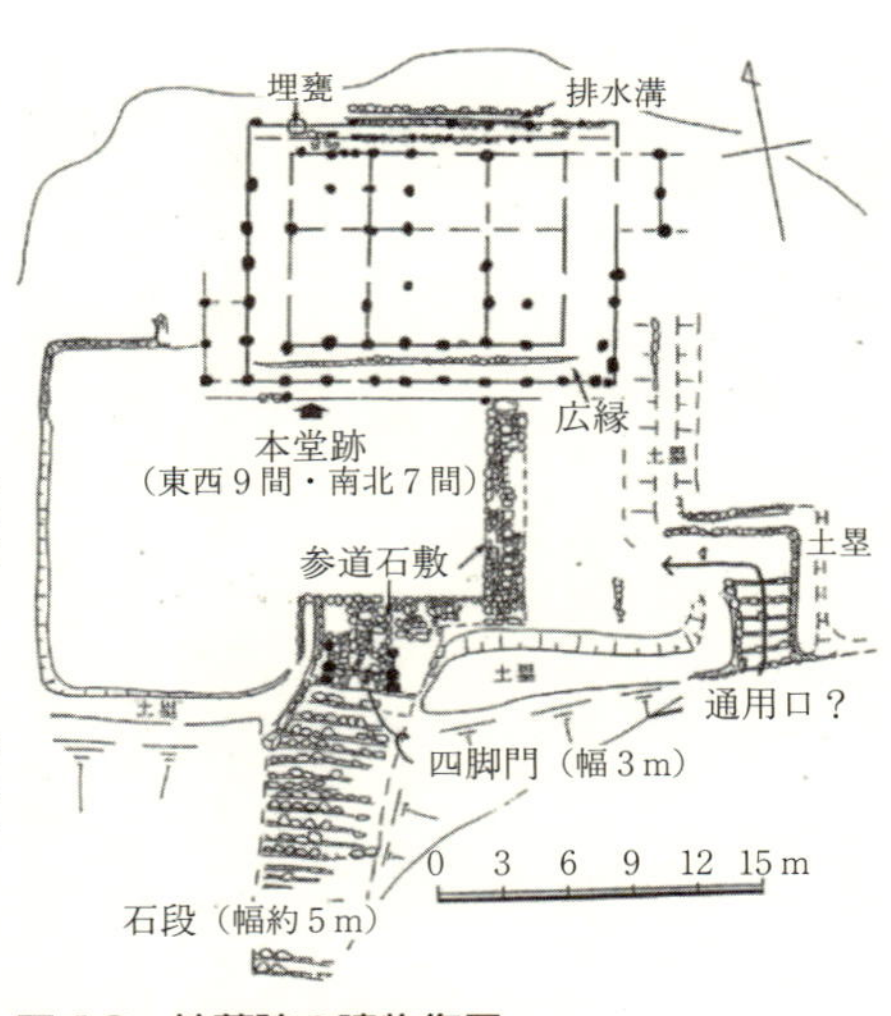

図18　地蔵院の建物復元

大規模な建物礎石などがみつかっています。

これらの遺構から地蔵院を復元してみます（図18）。まず、急斜面に設けられた長い石段を登りきると門があります。礎石は六個みつかっており、中央の二個はひときわ大きな門柱を立て、前後の四個は控柱を立てる四脚門と考えられます。間口三メートル（一〇尺）、奥行一・八メートル（六尺）で、門柱から前面へは二尺、後の控えまでを四尺とする少し変則的なかたちです。足元には石が敷き詰められ、奥の建物に向かってL字状の折れを持つ幅一・八メートルの石敷通路があります。建物跡は、東西一八・五メートル、南北一二・六メートルの大規模なもので、東西七間×南北五間の身舎の三方に広縁、正面には広縁にくわえて落縁を配した方丈的な建物と考えられます。柱間は六尺二寸となっています。調査区の東端には屋敷を二分する塀の基礎部の石列や小規模な門もみつかっています。よって、西に本堂、東に庫裏が設けられていたと推測できます。

南谷坊院群では、いくつかの門跡、袖塀、石敷がみつかっています。その一例をみると、門は礎石から間口二・七メートル（九尺）、奥行一・八メートル（六尺）の薬医門と考えられます。この門から奥にはL字型に曲がる石敷が続き、袖壁も配されています。

門の規模や形式は坊院により異なるようですが、現時点では、門と奥の建物を結ぶ屈曲する石敷通路をもつことが、坊院の一つの形式と考えられます。なお、これらの坊院内で断片的に検出している建物の礎石間隔から、柱間は六尺二寸と推定しています。

平泉寺の都市計画　都市としての平泉寺境内を考える際にも、絵図が参考になります。ここには中心伽藍や有力坊院に加えて「南谷三千六百坊」・「北谷二千四百坊」も描かれています。

注目したいのは、南谷に直線的な道路による区画割りが明瞭に示されているのに対して、北谷にはこうした直線的な道路は描かれていないことです。南谷の発掘調査でも東西方向・南北方向の石畳道が確認されており、絵図の正確さを知ることができます。計画的な開発が行われた南谷と、その様子が明瞭でない北谷では、その成立の背景や性格に違いがあったのではないでしょうか。南谷は妻帯、北谷は清僧が居住したとの伝承もあります。

発掘調査では、南谷で約一三〇メートルにわたって幅三メートルの石畳道とこれに面する坊院群が検出されました（図19）。各坊院は塀の基礎部となる石垣で区画され、道路に面して門が設けられています。門は七か所検出されており、その間隔は、二四・三メートル（八〇尺）もしくは四九メートル（一六〇尺）となっています。計画の基礎として、この八〇尺もしくは一六〇尺という数値が意味を持っていたと考えます。なお、石畳道路の幅は、四・二メートル（一四尺）、三メートル（一〇尺）、二・一メートル（七尺）、一・八メートル（六尺）、一・五メートル（五尺）、など多様ですが、尺を採用しています。

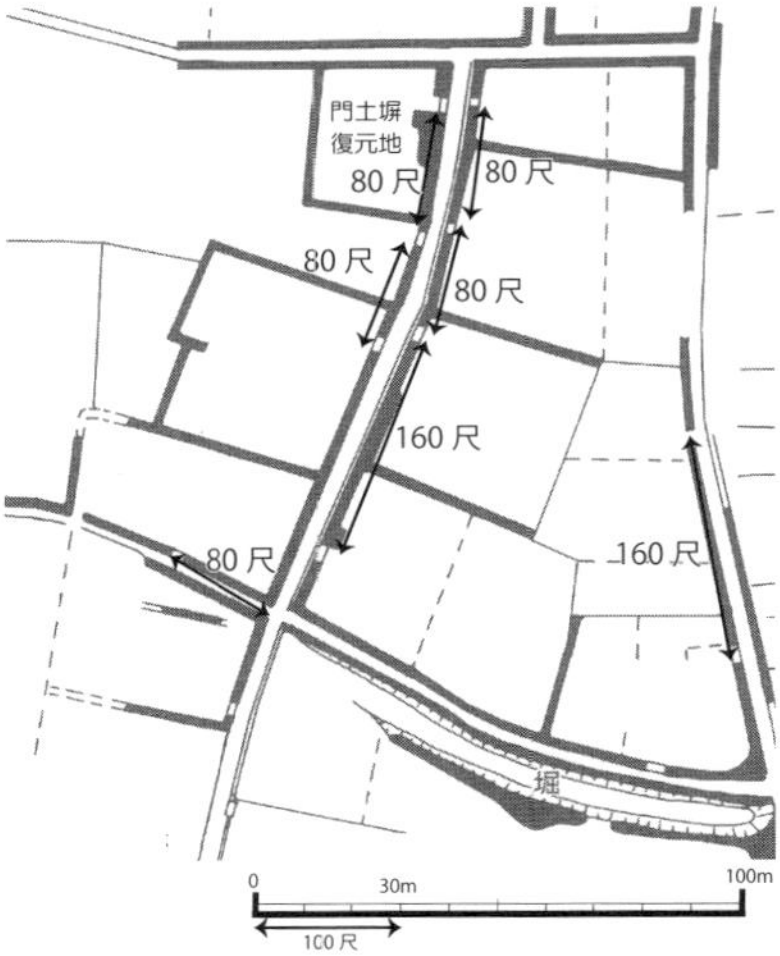

図19　南谷の都市計画

まだ調査は始まったばかりで限定的ですが、広大な境内を有する平泉寺全体が短期間にできあがったとは考えられません。坊院の成立の背景も異なる可能性があります。おそらく、ゆるやかな尾根上に展開する中心伽藍を挟んで、信仰上の重要施設や有力坊院が南谷・北谷の山裾や要所に存在し、これに向かう道路を基点に坊院群が形成されていったことが想定できます。

まとめ

一乗谷と平泉寺では、礎石建物が主流でした。同時代の一般集落の建物は、地面に穴を掘り、柱を建てる掘立柱です。礎石建物は柱に荷重を分散させて、貫（ぬき）を用いて構造を固めていたと考えられ、正確な寸法を採らないと成り立ちません。礎石建物は、専門職人による都市の建物といえます。

平泉寺と一乗谷における柱間は、屋敷の門は切りのよい整数尺、建物は半端な六尺二寸を用いていました。近世民家の柱間寸法は、京間（六尺五寸）、越前（中京）間（六尺二寸）、江戸間（六尺）など地域によって違いがあったことが知られていますが、その成立時期や理由についてはわかっていません。徳川家康の次男結城秀康（ゆうきひでやす）によって慶長（けいちょう）六年（一六〇一）から築城が始まり同一一年に完成したとされる北ノ庄城（きたのしょうじょう）（福井城）の天守指図（てんしゅさしず）では、規模を示す際に「京間六尺五寸にて」と特記し、他の六尺二寸間（越前間）と区別しています。わざわざこのような区別をしたのは、越前においては平泉寺や一乗谷でみられた「越前間」が定着していたためと考えられます。

日本における町割の単位としては、尺と間があり、古代の条坊制では尺（丈（じょう））が近世の城下町では間（京間六尺五寸あるいは江戸間六尺）が用いられていたと考えられています。その端境期ともいえる中世後期の平泉寺旧境内は、八〇尺・一六〇尺の単位が想定され、一乗谷でも一〇〇尺が基本でした。つまり、中世後期の越前における町割の基本単位は尺（丈）であったと考えられます。

一乗谷と平泉寺の建物や都市計画をあわせて検討した結果、建物の柱間寸法として越前間が採用されたこと、都市計画には尺（丈）を基本単位としたことがわかりました。このような共通性は、平泉寺の技術者が一乗谷の建設に重要な役割を果たしたことを示しているのかもしれません。都市の建設において、中世後期に高い技術を持っていた宗教勢力から新興の武家への技術が提供されたと考えることもできるでしょう。

【参考文献】

小野正敏「越前一乗谷の町割と若干の問題」『日本海域地域史研究』第3輯、一九八一年

小野正敏「越前一乗谷における町屋について」『論集 日本原史』吉川弘文館、一九八五年

小野正敏『戦国城下町の考古学』講談社メチエ、一九九七年

吉岡泰英「朝倉館の建築的考察」『朝倉氏遺跡資料館紀要1983』一九八四年

吉岡泰英「朝倉館と武家住宅」『よみがえる中世 6 実像の戦国城下町越前一乗谷』平凡社、一九九〇年

吉岡泰英「平井地区の空間構造」『一乗谷朝倉氏遺跡発掘調査報告Ⅵ』福井県立一乗谷朝倉氏遺跡資料館、一九九七年

吉岡泰英「一乗谷の都市構造」『戦国大名朝倉氏と一乗谷』高志書院、二〇〇二年

平泉寺、村岡山城と白山麓地域の再編

松浦義則

はじめに

天正二年（一五七四）四月一五日に村岡山城において平泉寺と一向一揆との合戦があり、これに敗北した平泉寺は寺を焼かれて壊滅しました。この村岡山合戦は、どのような歴史的な経緯や背景で起こったのかを考えて見たいと思います。この点を考えていくために、ここでは白山麓という地域の歴史のなかで捉えるという視点を設定します。それは越前・加賀・美濃の三馬場を中心とした白山の麓を一つの地域と見る視点で、平泉寺の焼亡を引き起こした村岡山合戦はこの地域の歴史のひとつの帰結、象徴的な事件でした。

それともう一つ平泉寺の焼亡が決定づけた、それまで平泉寺が中心となっていたこの地域の変化を、新しい地域とその中心地という点から考えて見たいと思います。したがって、本稿では白山麓地域と現在の勝山市域という二つの地域を問題とします。

(1) 白山麓地域の変動

室町期の白山麓と真宗の浸透 室町時代には、白山麓において白山の支配権をめぐって争ったことは今のところ記録上出てきません。「康正三年白山禅頂遷宮霊異記」という記録に、康正三年(一四五七)に白山禅頂(頂上)の遷宮をめぐって加賀馬場と越前馬場が対立したことが書かれています。しかし、その時加賀馬場が証拠として持ち出した「神書鏡巻」というのは元禄一一年(一六九八)ころに作成されたものなので、この記事は信用できません。ただこの記録のなかに白山禅頂は「三ケ国の衢」という表現が見えており、これは近世に確認できる表現ですが、白山禅頂は三か国の寄り合う共有の地だという観念は中世に遡るかも知れません。室町期の白山麓においては三か国は平和的に棲み分けていたと考えていいでしょう。

そのなかで、徐々に活動を活発化していったのが浄土真宗の本願寺派です。越前でこの本願寺派の教えが比較的古くから浸透していたのが、平泉寺、村岡山のある大野郡です。各地に伝わっている浄土真宗の本尊や画像の裏書を集めてみると(表1参照)、大野郡の石堂代(石徹白:岐阜県郡上市)、穴馬(福井県大野市)、飛田庄(富田荘)などが見られ、美濃からおそらく国境を越えて石徹白から大野にかけて広まりつつあったことがわかります。勝山にも浄土真宗本願寺派の拠点として野津俣の長勝寺があります。

戦国期白山麓の流動化 室町時代に平和的に棲み分けていた白山麓地域が、不安定な流動化した状況になった理由はどこにあったのでしょうか。

表1　大野郡の本願寺派寺院の裏書・画像

明応5（1496）　7.18	方便法身尊像	実如	飛州白川照蓮寺門徒　越前大野郡石堂代　願主釈道幸　＼釈浄通　*1
明応7（1498）10.18	方便法身尊像	実如	野津俣長勝寺門徒　越前国大野郡穴馬一野　願主釈法善　*2
明応7（1498）10.24	蓮如画像	蓮如	越前国大野郡飛田庄　田野最勝寺常住也　願主釈専誓　*3
文亀3（1503）　8.28	親鸞画像	実如	越前国大野郡富田庄　唯野南専寺常住物也　願主釈賢誓　*4
永正2（1505）12.　1	方便法身尊像	実如（カ）	大町専修寺門□　大野□町村　願主釈浄西　*5

*1　道幸宛＝石徹白威徳寺蔵，浄通宛＝同円周寺蔵，千葉乗隆『中部山村社会の真宗』74頁，*2　穴馬市布道場本尊，千葉前掲書127頁，*3　『大野市史』寺社文書編，上据最勝寺文書1号，*4　大野市下唯野南専寺蔵，『越前・若狭一向一揆資料集成』822頁，*5　『大野市史』寺社文書編，真乗寺文書1号

その発端となった事件が天文九年（一五四〇）に起こります。当時、朝倉氏のもとで大野郡の郡司であった一族の朝倉景高が、本家である一乗谷の朝倉孝景（宗淳）と争い、京都に逃亡しました。すると、孝景は大野郡を直接支配するようになり、美濃との国境に近い石徹白の把握に乗り出します。

石徹白は、白山信仰の拠点である白山中居神社を祀り、白山への参詣者を案内した御師の住む集落です（図20）。石徹白の十人社家衆は、天文九年九月に太郎左衛門様（朝倉宗滴、朝倉英林孝景八男、当主三代を後見、朝倉家の軍奉行）を頼って、朝倉氏の被官になりました（「石徹白文書」）。三人の年番神主も石徹白長澄一人に定められたと伝えられています。これ以前に石徹白において朝倉氏の支配を示す文書はありません。朝倉氏の支配がこの時点で初めて美濃との国境に近い山間部まで及んだのです。

さらに、朝倉氏は国境を越えて、美濃へと進出していきます。美濃馬場の長滝寺の記録「荘厳講執事帳」によると、「天文九年八月二十五日、越前衆当郡へ乱入候」とあり、朝倉勢が長滝寺のあった美濃国の郡上郡へ乱入しました。このとき、郡上郡を支配していた東常慶は、本拠地の山田篠脇城に立てこもります。朝倉

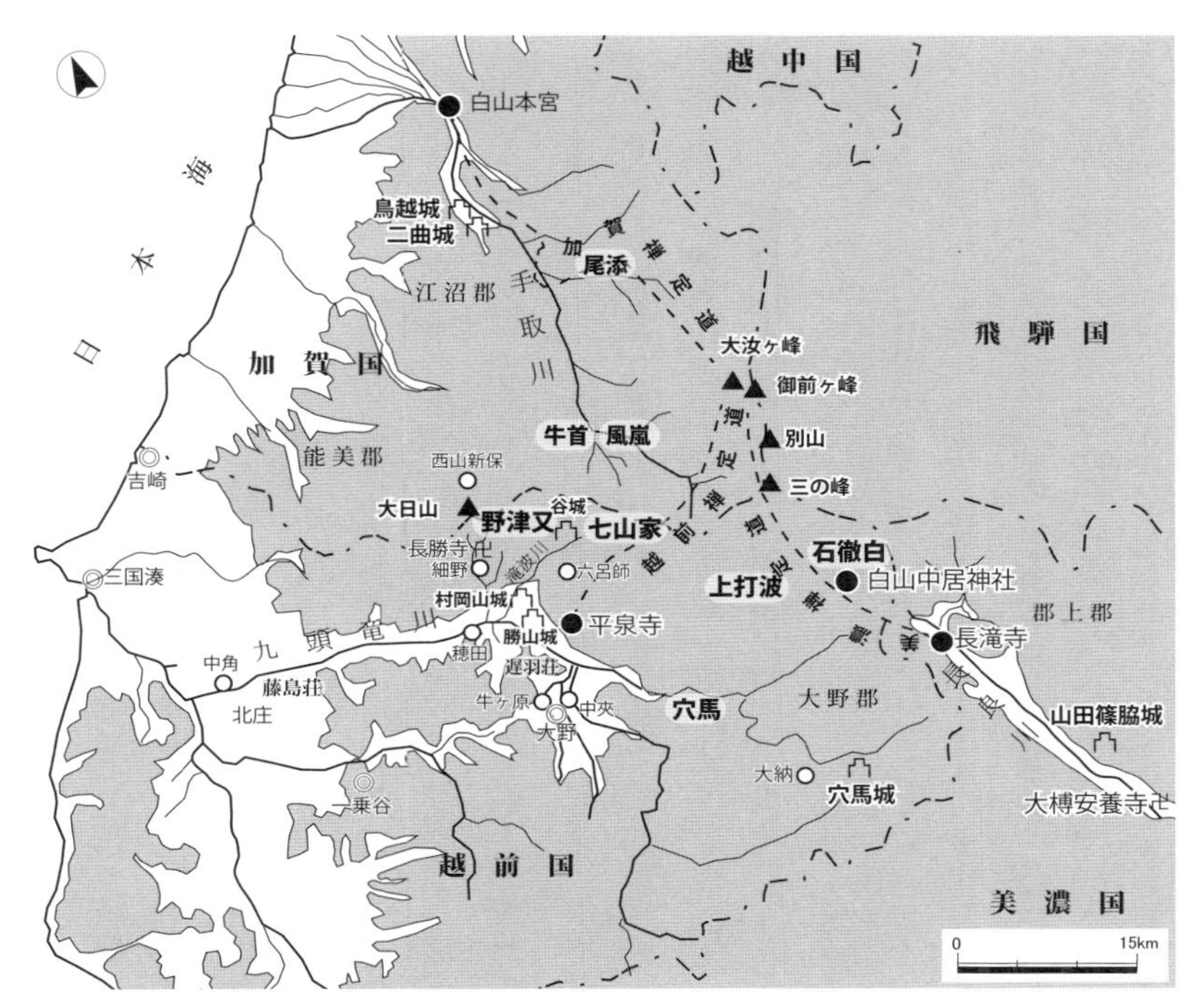

図 20　白山麓とその周辺の関係地位置図

勢は山田篠脇城に攻撃を加えましたが反撃にあい、九月二三日に退散しました。朝倉氏による美濃郡上郡攻略は失敗したわけです。

朝倉氏が郡上の東常慶を攻撃した目的は、石徹白をはじめとする白山麓地域での朝倉氏の優位を確保するためには、美濃からの影響力を断つ必要があったからでしょう。あるいは大野郡司であった朝倉景高の背後に美濃東氏の力があると考えたのかもしれません。朝倉氏の権力と美濃の権力が直接境界を接することによって、白山麓にそれらの武士の支配力が浸透して来ました。それが白山麓地域の秩序を流動化することになり、この地域も本格的な戦国時代に突入したのです。

白山麓の杣取り紛争　このような動向を受けて、加賀側の白山麓にも動きができます。

加賀の尾添は加賀禅定道の重要な拠点ですが、天文一二年（一五四三）に加賀の牛首、風嵐の人々が越前の平泉寺と結んで、尾添の持っている白山の権利を奪おうとしました。これが杣取りをめぐる争いです。白山麓から木を切り出して禅頂白山社を造営すると、その白山社への参詣者から案内料や手数料を徴収する権利がその造営者のものとなるという決まりがあり、これを杣取りと言いました。だから牛首・風嵐は木を切り出して白山社を造営したのです。これに対して、加賀馬場を支配する白山長吏であった澄辰は、加賀一向一揆の総支配者本願寺の力を頼り、本願寺より加賀一向一揆へ命じて、この白山社を打ち壊してもらうように依頼しています（『証如上人日記』天文一二年一二月二四日条）。

そして、天文一四年（一五四五）六月にはこの争いが室町幕府のもとで裁判になっています。牛首・風嵐・平泉寺は以前から加賀馬場と対立していたこの地の武士結城宗俊を表に立てて裁判に臨み、貞観二年（八六〇）の『泰澄記』などを証拠書類として提出しました。しかし幕府の裁判官は、これは「墨筆料紙」とも当時のものとは考えられず、偽物だと判断します（「伺事記録」）。こうして、牛首・風嵐・平泉寺は敗訴しました。由緒を誇る加賀馬場による白山の支配権、禅頂白山社の造営権などの既得権益に対して、それを脅かす牛首・風嵐・平泉寺という国境を越えた動きが現れてきました。

白山登山と関所をめぐる紛争　白山は天文二三年（一五五四）四月に噴火し、鎮火したのは弘治二年（一五五六）年のことであったといいます。そうすると物珍しさもあって、噴火の跡を見にいこうという一種の白山登山ブームがおこります。別山の史料しか伝わっていないのですが、別山の登り口にいくつもの関所を作って、参詣者から通行料を徴収するという動きが活発化してきます。登山ブームが関所の乱立をもたらしたのです（図21）。

永禄一〇年（一五六七）には別山に「岡ひろのぶ」という人が作った新しい関所をはじめ、四つもの新しい関所ができました。本来の関所を設置していたのは、別山を管理していた石徹白長澄です。ところが、越前国大野郡の上打波の人たちが、別山に到る美濃禅定道の三の峰（標高二一二八メートル）に新関をすえて通行料を取るようになりました。

しかも上打波の人たちはかなり強引で、別山の拝殿を打ち破り関所をすえたとあります。国境を超えて既得の権限を脅かそうという、いかにも戦国時代らしい振る舞いが活発化しているのです。権利を侵害された石徹白長澄は、上打波を抑えるために大野郡司の朝倉景鏡（かげあきら）（景高の子）を通じて、朝倉義景を頼っています。

また、年次ははっきりしませんが、別山の関所を加賀牛首、風嵐の者が乗っ取ったので、石徹白長澄は彼らを追い払うために朝倉義景の奉行人に訴えました。そこで、牛首、風嵐の衆は、朝倉氏に追い払われる前に、上打波の山本又太郎、天池（あまいけ）の助左衛門に後を託して退散しました。加賀の人々との間には白山麓における焼畑農業などを通じて交流があったとみられています。ここでも彼らは白山麓地域における国を超えた連携によって、美濃馬場、石徹白氏の持っていた別山の既得権益に割り込もうという大胆な動きをみせました。

室町時代には平和的に棲み分けてきた白山麓において、天文九年大野郡司朝倉景高が没落したことにより、朝倉氏による白山麓への圧力が強まりました。その結果、朝倉氏による郡上郡攻撃が起こりました。そうした戦国大名の活動に刺激を受けたのでしょう、牛首、風嵐、上打波という白山麓の山の民たちも杣取りや関所の設置などについて、やや強引に既得権を脅かし始めました。白山信仰の基礎には、白山に神秘的な神と仏が住まいしたまい、その神仏を不思議な超能力を持つ

図21　別山の遠景（室堂から）

泰澄が我々に説き明かしてくださるという素朴な信仰がありました。しかし、噴火後の登山ブームに目を付け、白山登拝の禅定道に関所が乱立するというのは、白山信仰を利得の一つの手段とみるもので、白山麓における信仰にも一つの転機がおとずれていたのかも知れません。

白山麓と一向一揆　それぞれの世界に棲み分けていた白山麓の地域が流動化していくなかで、ふたたびこの地域を強力にまとめる力が成長しました。戦国大名である朝倉氏の力は越前を大きくは越えません。国をたやすく越えて、しかも強力で統一的な支配権を持っていたのが本願寺でした。白山麓をまとめていく本願寺一向一揆の出番ということです。

越前における最初の一向宗の目立った動きが、永正三年（一五〇六）八月に加賀一向一揆の越前侵攻に呼応した越前の本願寺派寺院と門徒の蜂起でした。朝倉氏は九頭竜川の各所（藤島中郷、鳴鹿表、高木口、中角の渡）に防衛線を敷き、一大合戦により、撃退しました。中角に近い九頭竜川の堤防にはこの時討ち取られた一揆方の首を供養したという首塚があります（図22）。

図22　中角付近の一向一揆首塚（中角区所有）

朝倉宗滴の合戦を記録した「当国御陣之次第」によると、九頭竜川合戦に先立つ七月一四日「大野より一揆蜂起」とあり、そもそもこの一揆は大野郡から起こったことがわかります。一揆方の門徒として「細野ノ悪源次・穂田ノ田処」が出てきます（『朝倉始末記』）。穂田（保田）と細野は勝山市内の地名です。悪源次とは悪者というよりも、やり手という意味合いで使われる中世の呼び方です。そのように名前をとどろかせていた人物が一揆方に参加していたことがわかります。平泉寺の力の強いこの地域にも本願寺派の一向一揆に馳せ参じる人が現れたのです。

朝倉氏はこの後本願寺派を「御成敗」したため、藤島超勝寺や和田本覚寺など越前の指導的寺院の僧は加賀国に逃げなければなりませんでした。越前で本願寺派の僧による布教活動はできなくなったと見られますが、門徒は村の指導者を中心に信仰を保持していました。それが七〇年近くも後になって、天正二年（一五七四）の越前一向一揆として力を発揮します。また享禄五年（一五三二）一月には、大野郡穴馬城で合戦があったという文書があります（「宇都宮文書」）。これも一向一揆の動きと関連していると思います。というのは、同じ享禄五年四月一四日「平泉寺衆・岡田殿・小嶋新保十郎殿、ガキカノトへ遣わされ候」とあります（「当国御陳之次第」）。「ガキカノト」とは、白山の中腹の「餓鬼が喉」という地名のことだと思います。おそらくこれは加賀の一向宗が白山を超えて、平泉寺か大野郡になだれ込もうとしているのを阻止せよという朝倉氏の命令で、平泉寺などが出兵したと考えられます。加賀の一向一揆が越前に侵入するにあたって、まずは大野郡に狙いを付けていました。

弘治元年（一五五五）七月に朝倉氏の軍勢は加賀に攻め込み江沼郡のあちこちで加賀一向一揆と戦っています（「当国御陣之次第」）。その翌年の弘治二年二月に朝倉氏の軍勢が細野と野津俣を攻撃したとあります（同）。これに関連する史料が伝えられていませんが、細野は先述の悪源次の本拠地であり、野津俣はこの地域の本願寺派の有力寺院である長勝寺のあるところです。このように見るとこの時、この本願寺派の拠点において加賀一向一揆に呼応し、朝倉氏に反抗するような動きがあったと考えられます。まさにこの地域は越前のなかでも注目すべき地域でした。

(2) 白山麓の再編

平泉寺焼亡前後　元亀年間以後（一五七〇年代）になると、石徹白あたりに織田信長の力が浸透してきます。元亀二年（一五七一）六月、石徹白大師堂に奉納された鰐口（寺社の軒先に掛ける銅製の鳴らし物）に「信心大施主平信長」（施主は平信長＝織田信長）とあり、祈願していたのは「白山社家石徹白源三郎胤弘」であるとの銘文があります。石徹白の白山中居神社の指導者であった石徹白氏が信長方になったことがわかります。石徹白集落の社家すべてが信長方になったわけではありませんが、信長の勢力が南から浸透してきたのです。

信長の勢力拡大に対抗して本願寺は朝倉氏と和睦し、近江の浅井氏と結んで対抗しますが、天正元年（一五七三）八月には朝倉・浅井の両氏が信長によって滅ぼされます。こうして大坂石山の本願寺を守るためにも、越前の本願寺門徒は信長勢と戦うという課題を背負うことになりました。

朝倉氏滅亡後の越前は信長の支配するところとなり、大野郡は土橋信鏡が支配することになりました。信鏡は朝倉景高の子で、朝倉氏時代の末に大野郡司になっていました。最後に義景を裏切って自刃に追い込んだことから、大野郡の支配を認められ、名前も朝倉景鏡から土橋信鏡と改めていました。しかし天正二年二月に越前一向一揆が蜂起し、敦賀郡を除く越前を制圧すると、信鏡は身の安全のために平泉寺の飛鳥井宝光院の招きで平泉寺に入ったと伝えられています。こうして越前一向一揆の最後の課題は平泉寺・信鏡勢との戦いになりました。信鏡も石徹白の桜井氏に知行地や検注銭（検地を免除する代わりに徴収する銭）を与えて勢力を強化しています。越前一向一揆と平泉寺は二月二八日に滝波川あたりで激突しますが、一揆側は散々の敗北を喫しました。

しかし、この後も大野郡においては信長方と一向一揆方の対立は続いていました。三月中ごろに石徹白の信長方の桜井平右衛門の子の平四郎が信長の朱印状を土橋信鏡方に届けようとして、六呂師まで来たところ、石徹白内で敵対していた杉本勘解由などによって殺害されています。この杉本勘解由などの行動は石徹白内部の対立に基づくものかも知れませんので、単純に一向一揆方と考えることはできないかも知れません。しかし信長方と一向一揆の決戦は近

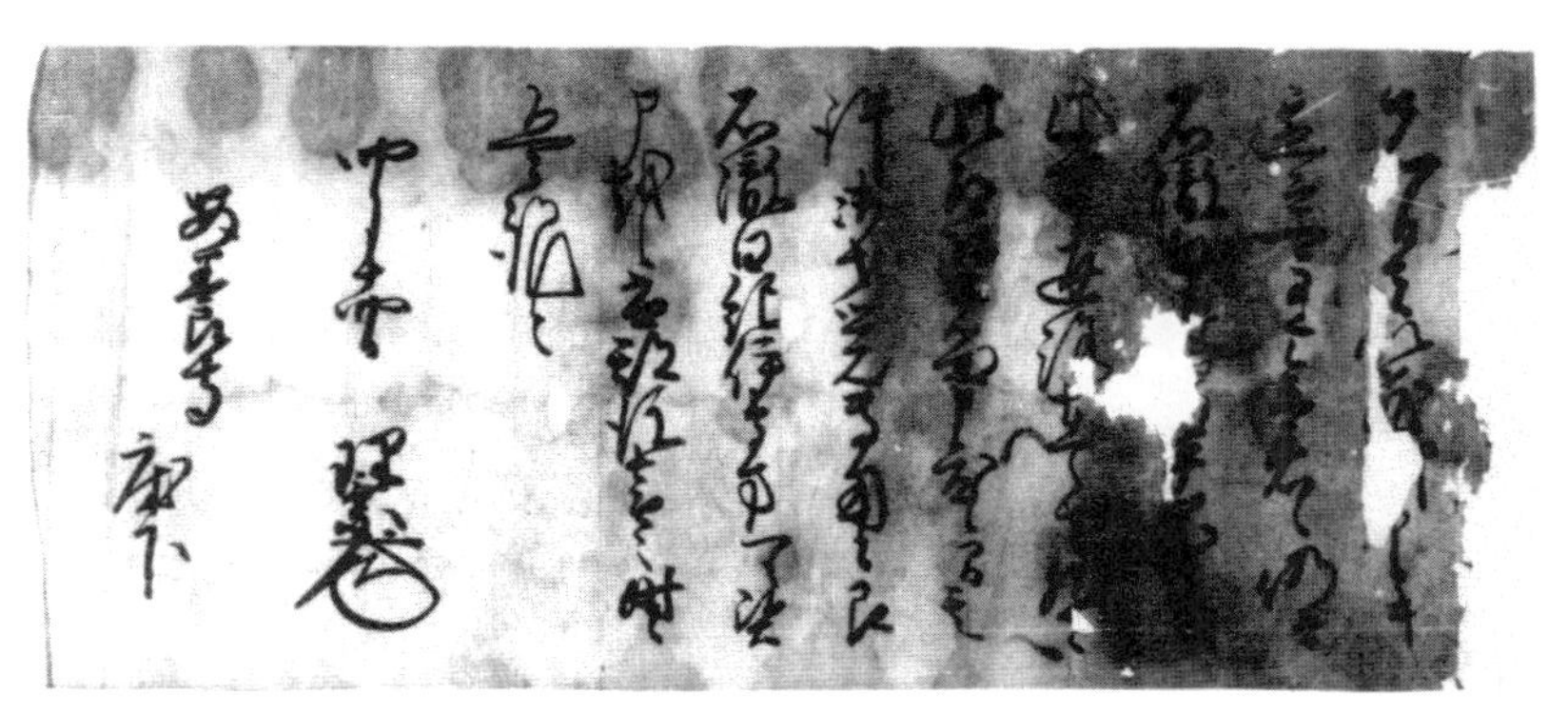

図23　下間理乗書状（岐阜県郡上市石徹白忠氏蔵，福井県文書館写真提供）

づいていました。平泉寺が村岡山合戦とそれに続く焼き討ちによって滅ぶのは四月一五日のことですが、その前日に当たる四月一四日の日付を持つ二通の文書が伝わっています。

一通は信長が桜井平右衛門に宛てたもので、信鏡よりの報告により平四郎を殺害したのが杉本たちであることが判明したので、信鏡のもとで結束して敵に当たれと命令しています（「桜井家文書」）。桜井氏など石徹白の信長方が信鏡のもとで戦うためにも、まずは一向一揆と対峙している信鏡を支援する必要が感じられたのでしょう。もう一通の文書もこれと関連します。それは一揆方の総大将の下間理乗（頼照）が郡上の本願寺派寺院の指導者大榑安養寺へ宛てて出したものです（図23）。まずは「石徹白通□平泉寺へ、此の中通路これ在る由に候」とあります。石徹白から平泉寺に通う道があるそうであると伝聞の書き方になっていますので、誰でも知っている通常の道でなく、別山を経由するような山の道と判断されます。続いて「然らば此の道堅く留め申したく候間、そこ許御才覚専用に候」、安養寺の力でこの道を閉鎖してほしいということを頼んでいます。総大将の下間理乗は門徒からの情報で、石徹白から信長方の桜井氏などが信鏡や平泉寺の援軍として山道を越えてやってくる可能性があると考え、大榑安養寺の力でそれを阻止しようとしています。理乗も決戦が近いことを感じていたのでしょう。

村岡山合戦　ところが戦いは村岡山という場所で起こるのですが、これはおそらく下間理乗も平泉寺も予想外であったと思われます。村岡山合戦に到る経過を述べたものは『朝倉始末記』しかないので、それによって見ておきたいと思います。

同じ四月一四日に決戦の近いことを知った大野・南袋・北袋（南袋・北袋については後述）・七山家（北谷の村々）の人々が集まりました。そこでは村岡山に平泉寺より城を築かれては「この山中の田畠、悉くかり田（平泉寺により稲などが切り払われること）となるべし」との判断から、その夜の内に七山家の人々が塀柵・乱杙・逆茂木を構え、堀を少し掘って立て籠もったといいます。これによって村岡山に城を築いたのは、一揆の総大将の指示ではなく、七山家の人々が自分たちの作物を守るための自発的行動であり、しかも一夜作りの城であったと考えられるのです。『朝倉始末記』は立て籠もった七山家の人々の名前を「亀毛のアゼチ兵衛尉、菟角の西の六左衛門」などと奇抜な名を冠し、その出で立ちを「蜘蝥の網」（蜘蛛や穀喰虫の網）の甲、「蚊虻の羽」（蚊や虻の羽根）の旗などをまとっていると記しています。これは七山家の人々を「異形異類」として描こうという底意によるものですが、村岡山に立て籠もった人々は一揆本隊とは違うということを強調したかったのでしょう。こうした村岡山城の備えを軽く見た平泉寺勢は城を攻撃しますが、その間に一揆勢の指導者の和田本覚寺の率いる別働隊が平泉寺に乱入し、焼き討ちを行ったので、平泉寺は壊滅するのです。

戦国期末に白山麓地域に勢力を伸ばしてきた一向一揆と白山麓地域の信長方は、それぞれの勢力を動員して、決戦の準備を進めていましたが、その決戦の前に予想外の形で決着が付けられました。予想外であったのは特に七山家の人々の動きであり、そこには平泉寺対一向一揆という対立軸とは少し別の、自分たちの村を守るという動きがあり、平泉寺はどうやらそれを軽く見たようです。はじめに村岡山合戦はこの地域の歴史のひとつの帰結であると述べましたが、平泉寺対一向一揆の対立という基本的な枠に収まりきれない、住民の動きにも注目しておきたいと思います。

一向一揆、最後の抵抗　村岡山合戦により一向一揆は敦賀郡を除き越前を制圧します。この一向一揆の越前支配や天正三年（一五七五）八月の越前一向一揆の壊滅は本題でないので触れません。しかし白山麓地域のこの後の姿については簡単に触れておきたいと思います。

白山麓の越前側ではその後も抵抗が続いていました。某年（天正三〜七年）の本願寺顕如の書状によると、野津俣に一向衆が立て籠もって、柴田勝家などに抵抗していることがわかります。そして、夜討ちにより一〇〇人も討ち取ったという「勝利」を賞して、「名号・籏・太刀」が顕如から一向宗の大将、嶋田将監に贈られました（「西念寺文書」）。また天正五年一一月には、柴田勝家の甥で勝山地域を任されていた柴田義宣が一向一揆方の谷城を攻めますが、討死しています。

このほかにも年未詳ですが、天正三年に大野に入る金森長近が配下の岩佐重介の戦功を称えた文書に「今度正月三日山中五ヶ村の一揆等相催し、大納へ取懸り」とあり、美濃国境付近の人々が大納（九頭竜川最上流の村）を攻撃しています（「小嶋吉右衛門家文書」）。

このように白山麓の一向一揆は抵抗を続けていました。これに対し柴田勝家は天正七年に加賀に侵入して江沼郡・能美郡を焼き払います。江戸時代の記録によると、この作戦行動の一環として、加賀の大日山麓の一揆退治のため、柴田勝家の甥の佐久間盛政が手取川を遡って攻撃し、越前からは勝山にいた柴田勝安が加勢して、挟み撃ちにしたのです。これにより白山麓越前側の抵抗も終わったとみられます。

しかし天正八年の加賀一向一揆の壊滅の後も、白山麓一向一揆は大坂石山合戦で信長と和睦した父顕如に反対して抵抗を試みる教如を迎え入れて匿ったと伝えられています。そして教如の指令を受けて加賀の一揆は鳥越城や二曲城を拠点に天正一〇年三月まで戦うのです。江戸時代の伝承では牛首・尾添の二三か村は柴田に抵抗していましたが、「牛首組」が柴田に味方したため、尾添が負けて三〇〇人が磔の刑に処せられ、村も三年間荒れ地になるという過酷な運命をたどっています。

白山麓一六か村の再編　この柴田勢による攻撃の中で注目すべき策が取られました。この戦いのなかで柴田勝安は濁澄川(にごりすみかわ)までの村々を制圧していたので、佐久間盛政は勝安にこれらの村々一六か村を越前大野郡内として支配することを認めたのです。どうしてそのような策が取られたのかを考えて見たいと思います。この越前と加賀の人たちは白山麓一向宗として国を超えたつながりを持っていました。それに対し支配者の方が越前と加賀で別々に支配していたのでは、支配がまちまちになる可能性があります。だからこの際この地域をすべて越前大野郡として、統一的に支配しようということだと思います。慶長(けいちょう)三年（一五九八）には越前において長束正家(なつかまさいえ)などによる太閤検地が行われますが、六月に朽木河内守(くつきかわちのかみ)が行った大日山麓の能美郡西山新保（小松市新保町）の検地帳は「越前国北袋之内西山新保村御検地帳」としるされており（『加能古文書』所収）、一六か村は北袋の拡大した地として位置づけられていました。

大野郡に編入された範囲は、江戸時代に二か村ふえて、計一八か村になり、それは明治五年（一八七二）一一月まで続きました。したがって少なくとも形式上は、白山麓の一向宗門徒はそれだけ警戒すべきものという考えを、江戸時代になっても改めていないわけです。そして、明治になってようやく一八か村はもと加賀国だったということで、石川県に戻されました。

以上のように、天文九年（一五四〇）をひとつの画期として一六世紀前半から白山麓は加賀・越前の一向一揆、朝倉氏・平泉寺、信長勢、さらに山の民たちが入り乱れての勢力争いの場となっていました。村岡山合戦はこの中での平泉寺・朝倉氏勢力の最終的敗退を示しています。その後天正一〇年（一五八二）に一向一揆勢力も姿を消し、白山麓も近世を迎えて行くことになります。

(3) 平泉寺から北袋へ

平泉寺寺内・準寺内と市場　天正二年（一五七四）の平泉寺の焼亡と関連してもう一つ取りあげて見たいのが、現在の勝山市域の戦国時代の様相です。戦国期になりこの地域にも変化が起こりつつありましたが、平泉寺の焼亡という事件はそれを決定的に変化させたと思われます。この点に関しましては、すでに山田雄造氏の『平泉寺から「北袋」そして勝山へ』という論考があり、その題名に示されているようにこの変化を平泉寺から北袋へと捉えられています。それに学びながら、この地域の変化の視点から振り返って見たいと思います。

中世になると九頭竜川左岸（南側）には遅羽荘という荘園が形成されていますが、右岸（北側）には荘園は見えません。またこの右岸の地域を何と称したかもはっきりせず、そもそもこの地域を総称する地名があったかどうかも疑問です。鎌倉期の建暦三年（一二一三）の延暦寺無動寺領目録には遅羽荘や藤島荘（福井市）と並んで「平泉寺」と記されています（『門葉記』）。また文明一二年（一四八〇）八月三日の越前北部の略図にも「平泉寺」と見えています（『大乗院寺社雑事記』同日条）。この「平泉寺」というのは地名ではないが、この地を支配しているのが平泉寺なのでその寺名をもってこの地域を表そうとしているのだと思われます。このように中世においてこの地域は圧倒的に平泉寺を中心とした地域でした。

それでは地域のなかで平泉寺が占めていた様相を天文八年（一五三九）の平泉寺賢聖院の所領目録から考えて見たいと思います。賢聖院の所領目録には賢聖院が伝来してきた所領と新たに買得した所領の両方があり、それらの地は

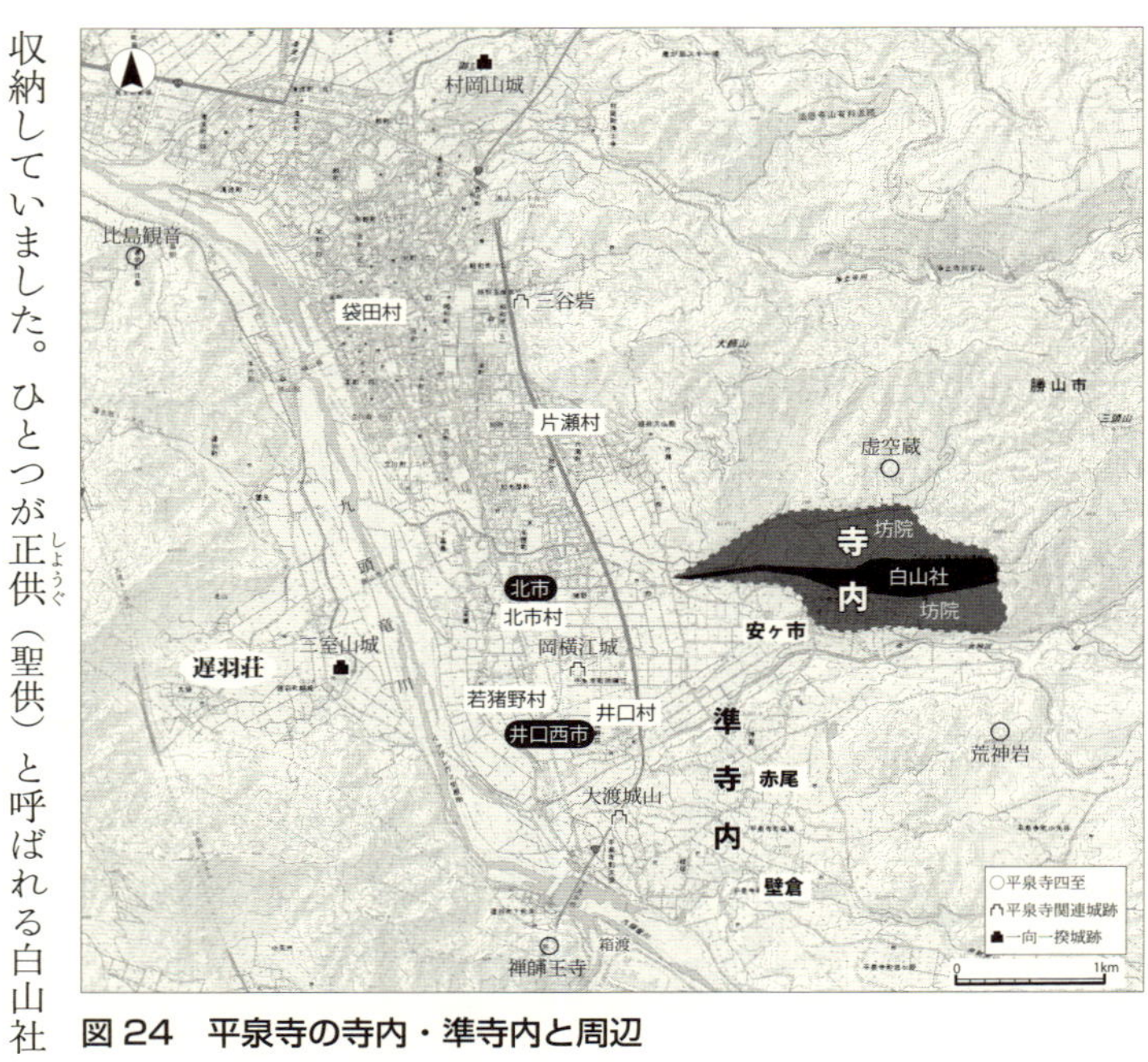

図 24　平泉寺の寺内・準寺内と周辺

大野盆地の北部の牛ヶ原や中夾などにも広がって、村々に散在しています。しかしそれらの村々の所領と区別される「寺内」（寺内分）とされるところがあり、それは「十如坊屋敷」、「安成坊本屋敷」などと記される坊院屋敷と「釈迦堂村」、「車坂」などの耕地からなっています。つまり平泉寺の境内と近世の平泉寺村の範囲を寺内と称していたことがわかります。このほかに「寺内」にも、村にも含まれていない安ヶ市、赤尾、壁倉の地については、壁倉は近世の村になりますが、そのほかは近世平泉寺村の枝村となりますので、寺内に準じた性格を持っているとみてよいでしょう。この寺内と準寺内をこの地域を支配する平泉寺の中核的空間（平泉寺敷地）と考えます（図24）。

その外側に片瀬、井口、北市、若猪野などの村々があります。これらの村々から平泉寺は二種類の年貢を収納していました。ひとつが正供（聖供）と呼ばれる白山社・平泉寺の神仏に納入する本来の年貢です。もう一つが正供を負担した残りの剰余分で、内徳（内得）と呼ばれており、こちらの方が正供を上回ることも珍しくありませんでした。賢聖院の所領目録に載せられている所領のほとんどがこの内徳を収納する土地でした。

この村々と平泉寺をつなぐ場のひとつが市場でした。準寺内のうちに「安ヶ市」、「鬼ヶ市」などの字名がありますが、これは市場を示すものではなく、小規模な集落を示す「垣内(かいち)」の転訛と考えています。代わりに賢聖院の所領目録には「北市の東」と「井口西市の脇」が見えていますが、これが市場地名であると思います。この二つの市場地名はいずれも平泉寺から近い西の村々のなかにありますが、当時市場として機能していたかどうかはわかりません。しかし市場として機能していた(している)と考えられます。したがって平泉寺の寺内や準寺内には市場はなく、村々の市場の機能を取り込んではいなかったろうと思い、北市、井口西市が平泉寺と村々の人たちの交流の場であったろうと考えています。

北袋の登場　これまでこの地域は「平泉寺」と呼ぶほかないところでしたが、戦国時代の末になりますと、この平泉寺とはちがった新しい地名が成立します。それが山田雄造氏の指摘された、北袋です。北袋が確実な史料にでてくるのは、天正二年(一五七四)一二月の尊光寺(そんこうじ)の証如真影裏書(しょうにょしんえいうらがき)に「越前国大野郡北袋、川南四ヶ村惣道場物也」とあるのが初見となります(「尊光寺文書」)。ついで天正三年八月の本願寺顕如の「北袋五十三村中へ」と「北袋五十三村・遅羽・四ヶ谷中江」という宛名を持つ二通の書状があります(「西念寺文書」・「尊光寺文書」)。「川南四ヶ村」や「遅羽・四ヶ谷」が勝山市域の九頭竜川左岸をさすことは明白ですから、北袋は九頭竜川右岸の村々の呼称であることがわかります。また『朝倉始末記』には「大野・北袋・南袋者」(前田育徳会本)・「大野・南袋・北袋・七山家の一揆等」(同)、「南袋・北袋・七山家の一揆原」(横浜本)とあります。これらの表現から「南袋」という呼び方もあったことになりますが、これは他の史料では裏付けることができません。したがって「南袋」は俗称であったと思われます。「南袋」を大野盆地に比定する見解もありますが、『ものがたり　かつやまの歴史』上が推定しているように、正式には「遅羽・四ヶ谷」と呼ばれた九頭竜川左岸を指すものと思います。その理由は北袋・南袋の呼び方はある地域全体を「袋」として捉える観念が形成されることと表裏の関係にありますが、大野盆地をも含めて袋と捉えるよりも、九頭竜川を挟む勝山市域を袋と捉える方が自然だと思うからです。また天正三年の段階では七山家はまだ北袋には含まれていなかったことが推測されます。

こうしてそれまでの「平泉寺」と呼ばれた地域のなかに、平泉寺から自立した地域名「北袋」が登場してきました。顕如の書状は「北袋五十三村中」宛てになっていますが、この宛名で五三か村の門徒に伝わるということは、北袋が五三の村をつなぐ組織を持っていることを示しています。この時代の村は、近世の村のように支配者によって年貢収納や行政のために確定された制度としての村ではなく、それへの形成途中の村でした。したがって五三村というのはこの地域の人が互いに村として認定した数で、北袋はこうした村を基礎にし、互いにつながりを持つ自立的な地域として形成されてきたのです。

この北袋という地域のもう一つの特質は中心地を持っていたことでした。それが袋田(ふくろだ)村です。袋田村は後に勝山町に発展するところですが、すでに天文八年（一五三九）の賢聖院所領目録に袋田村が二か所において記されています。ひとつは「袋田村の内カリ屋　一、壱貫参百文」とあります。カリ屋（仮屋）とは仮に作った家という意味で、中世では市場につくられた家屋を指す言葉です。中世の市場は三斎市や六斎市ように、一月間のうち三回あるいは六回ほど商人が集まって開かれる定期市でした。最初は市場に定住者はおらず、居住する家屋もないものでした。やがて、市が頻繁に開かれるようになると、そこに仮の家を建てて居住する人が現れ、町として発展します。一貫三〇〇文はこのカリ屋が納入する屋敷銭です。もう一つが「袋田村より出す　一、鍬(くわ)壱挺」と見えるもので、袋田村に鍛冶(かじ)屋がいて鍬を納入しています。すでに鍬を作る職人が定住化を始めていたと考えられます。

この地域が「平泉寺」と呼ばれた時期においては図24に見られるように地域の中心は白山社を中核に同心円的構造

を持っていました。それに対し袋田村は鳴鹿(なるか)・小舟渡(こぶなと)・大渡(おおわたり)（箱の渡）を越えて越前平野部や大野方面へ往復する幹線道路と七山家からの道が交差する地点にあり、市が生まれ町ができるのにふさわしい要地でした。ただ袋田村のあらわれる天文八年にはまだ市とも町とも称されておらず、村から自立してはいませんでした。残念なことに袋田村において町がどのように形成されていったのかを示すものはありませんが、天正五年（一五七七）に北谷で戦死した柴田義宣の跡を継いだ柴田勝安の時にはその支配の拠点となっていたと考えられます。勝安が天正一一年四月に賤ヶ岳(しずがたけ)で戦死した後にこの地の支配を丹羽長秀(にわながひで)から委ねられた成田重政(しげまさ)は五月二日に「袋田へ入城」したと述べており（「久保長右衛門家文書」）、これ以後支配の中心地としてのこの地の地位が確定しました。

図 25　村岡山城遠景

むすびにかえて

天文九年（一五四〇）に朝倉氏が越前大野郡を直接支配下に置き、石徹白に勢力を伸ばし、さらに美濃にも出陣したことが、白山麓地域の従来の秩序を揺るがせることになりました。特にこの地域の山の民の動きも活発となり、加賀牛首・風嵐の人たちは平泉寺と結んで杣取権を主張し、加賀尾添や加賀本宮の既得権に挑戦しました。また牛首・風嵐は越前上打波の人たちと連携して石徹白長澄の持つ別山関所の支配権に介入しようとしています。こうした国を超えた人々の動きに対応するため、加賀本宮は加賀一向一揆を支配する本願寺に頼っており、石徹白長澄は朝倉氏に訴えています。そして戦国末には石徹白胤弘は信長と結ぶようになりました。こうして室町期にはある程度自立性を保っていた白山麓地域にも戦国大名や本願寺・一向一揆の勢力が及ぶようになりました。

天正元年（一五七三）に朝倉氏が滅び、翌年越前一向一揆が蜂起した後は、白山麓地域は一向一揆と信長勢の対立という構造になります。その対立の一つの焦点が信長勢の平泉寺・土橋信鏡と一向一揆の合戦でした。天正二年四月の村岡山合戦は一向一揆と信長勢の決戦の前に思わぬ展開となり、白山麓地域は一向一揆が支配することになりました（図25）。しかし間もなく柴田勝家などの信長勢の攻撃により、越前・加賀共に一向一揆の本隊は滅ぼされました。それでも白山麓地域の人々は天正一〇年まで抵抗を続けました。これに対応して加賀の白山麓一六か村が越前大野郡に編入されるという再編をもたらしたのです。白山麓地域のまとまりの強さの一端をうかがうことができます。

また村岡山合戦は平泉寺の強い支配のもとにありながらも、市場のある袋田村を中心として形成されつつあった北袋が平泉寺から自立した地域となることを最終的に確定しました。村岡山合戦の時に村岡山麓にあった「郷民の会所」が「大野郡北袋、川南四ケ村惣道場」となり、袋田村に移され尊光寺となりました。この由緒により近世においても勝山の町郷の人々が会合のため尊光寺にどれほど多くの人が集まろうとも、武士がそれに介入することはなかったとされています（「尊光寺文書」）。この地域の一揆の伝統を象徴するものと言えるでしょう。

文明三年（一四七一）に越前において後の時代を規定する二つの動きがありました。一つは朝倉氏の自立であり、もう一つは蓮如の吉崎下向でした。前者が戦国大名の道であり、後者が一向一揆の道ということになります。この二つの道を単純に対立するものと考えているわけではありませんが、権力の類型としてはやはり異なるものと見るべきでしょう。二つの道は越前と加賀で空間的に分けられ、両者の間で紛争はあったものの、ともに存続していました。

しかし朝倉氏が滅ぼされると、戦国大名の道を継承しながらも、はるかに強力に権力の集中を進める信長勢力と一揆勢力の共存は困難となりました。文明三年に始まる二つの道はここ白山麓地域で終焉を迎えました。

【参考文献】

勝山市『勝山市史　第二巻　原始～近世』二〇〇六年
勝山市『ものがたり　かつやまの歴史　上』二〇一四年
山田雄造『平泉寺から「北袋」そして勝山へ―「慶長国絵図」「比良野郷帳」をてがかりに―』二〇一一年

村岡山合戦と勝山城下町の成立

仁木　宏

戦国時代は、武士が城下町などの都市を基盤として、広い地域を支配していった時代です。この時代の都市と城郭、権力、宗教の関係性を意識しながら、平泉寺（へいせんじ）と一向一揆が戦った村岡山（むろこやま）合戦の背景をさぐります。また一向一揆を鎮圧しこの地域を支配していく柴田氏などの動向を通じて、勝山城下町がどのように成立していったのか検討します。そして、中世から近世に日本社会全体が大きく変容していくなかで、村岡山合戦や勝山城下町の成立を位置づけたいと考えます。

(1)「山の寺」平泉寺と本願寺・一向宗

中世は宗教の時代　中世は宗教、仏教の時代です。教科書には、中世は武士の時代であると書いてありますが、これは鎌倉幕府を重視する関東の研究者が描くイメージです。関西の研究者は、中世は朝廷・天皇がまだ強く、また宗教、仏教が強いので、寺院の力量を高く評価しています。

中世の寺院や神社は、宗教や信仰の面でも大事ですが、経済・流通、文化・芸能、政治、軍事など社会全体を動かしていくもののほとんどを握っていました。これが中世です。たとえば港町は、しばしば複数の寺院の境内や門前町が集まってできていました。また、多くの商人は、寺院や神社に仕えることで、関所を自由に通行できる特権を得ていました。

さらに、僧侶や神官といった宗教者が文化、芸能のパトロンとなっています。いわゆる「僧兵」（正しくは「大衆（だいしゅ）」などと呼ぶべき）とよばれる人たちが、平泉寺も含めてたくさんいました。「僧兵」は、源平合戦、南北朝内乱を経て、戦国時代まで大きな力を持っていました。

織田信長は、僧が仏教修行をせず、出すぎた真似をするのでこらしめるため比叡山や本願寺を攻撃したということになっています。これは江戸時代の武士の発想ですので信長が本当にそう言ったかどうかは疑問です。中世はむしろ、宗教権力がいろいろな事に口だしをして、力をもって実行しているのが当たり前の時代です。それを江戸時代の歴史観で振り返ってけしからん連中だと断罪するのはおかしい。現代のわれわれからしても、宗教者がそういうところまでやるのはちょっと、と感じるかもしれませんが、中世はそういう時代だったのです。

では中世の仏教諸宗派の中で有力だったのは何宗だったのでしょうか。教科書では法然（ほうねん）、親鸞（しんらん）、日蓮（にちれん）などの鎌倉新仏教が大きくとりあげられています。鎌倉時代から、浄土宗、一向宗（浄土真宗）、法華宗が強くなった、あるいは禅宗が強くなったと思われがちですが、結果として誤った歴史観を広めてしまっています。

実際に戦国時代に強い力を持っていたのは、第一には旧仏教といわれる顕密（けんみつ）仏教です。天台宗、真言宗という比叡山や高野山の勢力が、全国的にみて一番大きな力をもっていて、平泉寺も天台宗比叡山延暦寺の末寺の一つでした。

図 26　蓮如銅像（あわら市）

それから禅宗や法華も強いのですが、やはり農村を中心に地域社会に広がっているのは本願寺の一向宗です。蓮如（れんにょ）（図26）の活躍によって、一五世紀末から一六世紀前半に急速に広まりました。ですから村岡山城で天台宗と一向宗が決戦したような戦いは、日本のどこでもおこる可能性がありました。

平泉寺の繁栄　戦国時代に平泉寺は大いに繁栄しますが、この時代に栄えた「山の寺」＝宗教都市は全国にたくさんありました。人口が多いとか、面積が広いとか、周辺の地域に対する影響力をもっているなどの示標からいえば、ナンバー1は比叡山延暦寺です。ナンバー2は和歌山の根来寺（ねごろじ）か、高野山で、その次ぐらいが平泉寺かなと考えています。四番目、五番目はどこか、各地で争いになると思いますが、それくらい平泉寺は全国的にみてもとても大きな「山の寺」です。

平泉寺では、石を用いた優れた技術を集積しており、生産の拠点であり、富を象徴するような中国製の陶磁器などがたくさん出ています。石畳と石垣を多用しています。見慣れている方にとっては当たり前かもしれませんが、こんな所は他にありません。きれいな石畳と石垣の美しい町並みを作っていく技術は、全国的に見てもトップクラスです。発掘調査が進んでいる根来寺でもこういう所はほんの一部です。平泉寺のすごさは、いくら言っても言い尽くせません。

平泉寺の勢力圏は大野郡の領域内だけではなく、福井平野にも末寺が広がり、平泉寺に仕える武士がいたこともわかっています。平泉寺の所領も福井平野にあります。

それから戦国大名朝倉氏との連携が重要です。たとえば文化や技術のつながりです。平泉寺の石積の技術が一乗谷につながっているのではないかといわれています。また、平泉寺は朝倉氏から様々な特権をもらって保護されていました。平泉寺の中に朝倉方に非常に親近感を持った坊院や僧侶がいたこともまちがいありません。

朝倉氏は守護の斯波家から独立して、越前支配の覇権を確立していきます。その際に平泉寺にいた朝倉方の僧侶たちが朝倉氏を援助したので、朝倉氏が勝ったとさえいわれるくらいです。朝倉氏も、本願寺派（一向宗）に対抗するための宗教勢力として、豊原寺（福井県坂井市、中世には白山信仰の拠点であった天台宗寺院）や浄土真宗高田派（浄土真宗の一派で本願寺派と対抗関係にあった）と並んで平泉寺を優遇しました。

不屈の越前一向宗　戦国時代の越前は、近畿地方についで一向宗の強い地域です。蓮如が文明三年（一四七一）に越前の一番北の端の吉崎に下向してきます。それ以降、一気に北陸方面に一向宗の勢力が広まったといわれています。平野部だけではなくて、白山麓も有力な門徒地域でした。

加賀では、一向一揆が守護を討ち滅ぼすという有名な事件が長享二年（一四八八）に起こっています。永正三年（一五〇六）にはその余勢をかって、加賀方面、大野郡の方から一向衆が攻め込み朝倉氏に戦争をしかけ、九頭竜川合戦で敗北しています。そのせいで、越前国内の有力な真宗寺院は加賀に逃げていかざるをえなくなりました。その後も繰り返し加賀の方から一向衆は越前に侵攻してこようとします。

朝倉氏は最後に信長に負けたイメージが強く、弱い大名と思われがちですが、決してそんなことはありません。朝倉氏は若狭も最終的には領国化していますし、北近江の浅井氏とも連携をする、さらに美濃の土岐氏にも後援をしています。そういう実力を持っている大名です。

朝倉氏の「拡大」を止めたのが、いつ攻め込んでくるかわからない、怖い加賀一向一揆の存在でした。一向宗の有

〈釈文〉
此書物後世に御らん（覧）じられ
御物かたり（語）可有候　然者五月廿四日
いき（一揆）おこり　其のまま前田
又左衛門（前田利家）殿いき千人ばかり
いけとり（生捕）させられ候也
御せいはい（成敗）はりつけ（磔）
かま（釜）にい（煎）られあぶられ候哉
如此候　一ふて（筆）書とと（留）め候

図27　天正年間の越前一向一揆の弾圧を記す文字瓦（越前市・味真野史跡保存会蔵，釈文：武生市教育委員会1999）

力寺院が加賀に追いやられてしまったからといって、越前国内から一向宗を信仰する人々がいなくなるわけではありません。村々に住む一般の百姓たちは、信仰を続けました。朝倉氏が隙をみせると一揆を起こして政権転覆をしかねない力を持っていました。一六世紀の一向衆は朝倉氏に首根っこを押さえられて、なかなか一揆をおこせないのですが、いつ何時でも武家、権力者に対して立ち上がる力を持ち続けていました（図27）。

つまり、越前においては、中世（戦国時代）の二大宗教勢力である天台宗平泉寺と一向宗のバランスが、朝倉氏の存在によってなんとか保たれていた。朝倉氏が厳しく弾圧しているので、一向宗が活動しづらかった。ところが天正元年（一五七三）に信長に負けて朝倉氏が滅亡すると、バランスがくずれ両者の全面対決につながっていくわけです。

(2) 村岡山合戦から信長軍越前侵攻へ

村岡山合戦は不可避であったのか　村岡山合戦は不可避であったのかということを考えてみましょう。たとえば近江国は延暦寺の本拠地で、その末寺や「山徒」（延暦寺系の武士）は各村々に分布し、天台宗を核にして村々を支配していました。一六世紀になるとこの地域でも一向宗が力を持ってきます。

近江国の多くの土豪たちは一向宗に信仰を変え、百姓のリーダーとしての地位を確立していきます。これは越前とは違います。その一方で戦国大名六角氏の家臣になります。近江の場合は一向宗と、戦国大名が強力になり、両者はしばしば対立しますが微妙なバランスで棲み分けしています。

紀伊国では、根来寺が紀ノ川の中流域から北側の和泉国へ進出し、紀ノ川の河口部には有名な雑賀衆がいます。雑賀衆の多くは一向宗の門徒でした。紀ノ川の中流域と下流域で棲み分けをしている状況です。紀伊国は畠山氏が守護大名ですが力が弱く、出る幕がありません。紀ノ川上流には高野山がありますが、地域的な棲み分けの中で大きな対立は起きませんでした。

越前では、朝倉氏の保護下にあった平泉寺が強かった。ところが朝倉氏が滅亡したため、それまで雌伏を余儀なくされていた一向宗が蜂起し、平泉寺に挑戦したのが村岡山合戦でした。おこるべくしておこったといえるかもしれません。

村岡山城の合戦 天正元年（一五七三）八月二〇日、朝倉義景が信長軍に追い詰められ、自刃します。信長は朝倉氏の旧臣や、朝倉氏の保護下にあった寺社の本領を安堵します。まだこの段階では信長の力が強くなく、朝倉氏の配下の武士をそのままつかって越前を支配しようとしました。

その代表が前波長俊です。彼が守護代として一乗谷に入り、一国支配を目論むのですが、力がないのに偉そうなので、国内の武士や百姓から反発をかったといわれています。平泉寺のある大野郡は朝倉景鏡（土橋信鏡と改名）が支配していたと考えられています。

天正二年の正月には、富田長繁が土一揆と連携して、一乗谷を攻撃し、前波長俊を殺してしまいます。さらに一揆方は加賀から七里頼周という人を大将に招いてきました。土一揆が一向一揆に転換したことで、もとは朝倉氏の配下であった国侍、寺社と一向一揆の戦いに突入していきます。二月になりますと各地で一向一揆勢が国侍を攻撃し、長繁も滅ぼされてしまいます。

当時の本願寺にとって、最大の敵は信長でした。本願寺は反信長派の武士と連携して反信長戦線の構築を目指していたので、越前の国内が分裂していると困るわけです。ところが、平泉寺は朝倉景鏡をかくまうことになりました。朝倉氏の一族でありながら、信長方に寝返った景鏡のことを一向一揆が見逃すわけがありません。この年の二月二八日に本願寺の派遣してきた杉浦玄任という坊主の指揮のもとで、一回目の平泉寺攻撃があります。しかしこれは失敗してしまいます。

ところがこの後、朝倉景鏡が石徹白、岐阜県の郡上を経由して信長らと連絡を試みます。美濃は信長方の本拠地ですから、そちらから兵が入ってくる可能性があり、どうもあやしい、危ないと一揆方は考えるわけです。そして四月一四日、南袋、北袋、七山家の一揆勢が村岡山城の麓で会合して、村岡山に築城しました。この会合の場所が後の尊光寺（慶長二年〈一五九七〉勝山城下町に再興）だといわれています。おそらく、村岡山麓の郡のあたりが地域の中心地だったのでしょう。

ただし、一夜にして村岡山城を築城したのではなく、この地域の住民の城としての村岡山城が事前にあったのではないでしょうか。あるいは武士の勢力によって攻撃されたときに避難する「山小屋」（避難施設）があったのかもしれません。当時一般の民衆は財産や女性・子供を守るために山に逃げるということをよくやっていました。そういう機能を持つものとして村岡山城はもともとあったのではないかと考えられます（図28）。

それを見た平泉寺が四月一五日に攻撃に打って出ます。それに対して一揆勢が反撃をして、さらには一揆方の別働隊が平泉寺を焼き討ちします。多くの平泉寺勢とともに朝倉景鏡も討ち死にしました。そしてこれを機会に村岡山が「勝ち山」と称されるようになった、といわれています。

以上の経過は確かな史料ではなかなか確認できません。地元の伝承や近世の史料の中で記されているだけですが、それほど事実からはずれてはいないと思います。このように一揆方は大野郡では平泉寺を攻撃するのですが、大谷寺（越前町）や永平寺（永平寺町）も同じ時期に焼き討ちにしています。さらには敦賀の方から入って来ようとする木ノ芽峠の信長勢を追い返します。越前、とくに嶺北地方は加賀と同じ一揆持の国となる時代を迎えます。

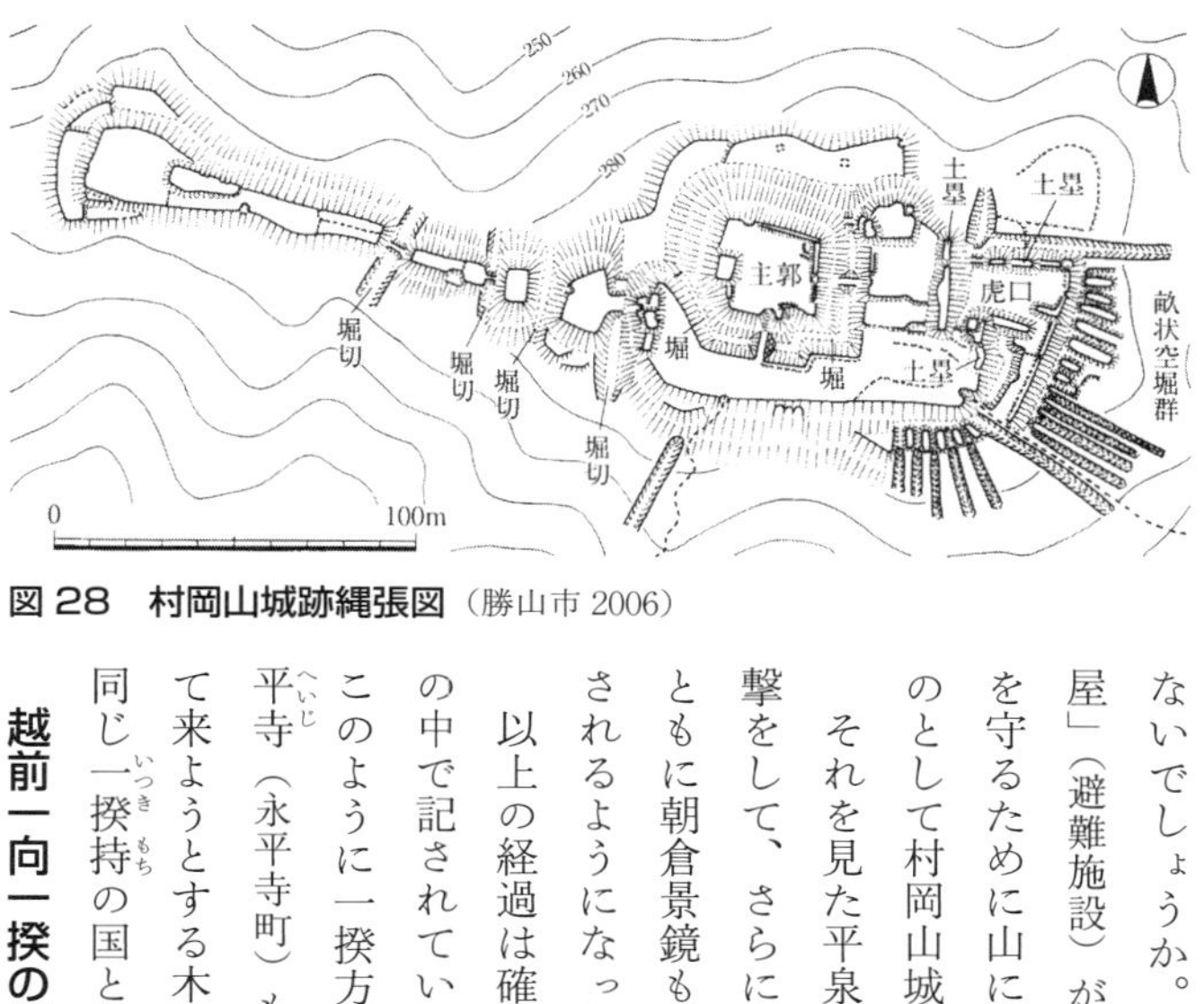

図28　村岡山城跡縄張図（勝山市 2006）

越前一向一揆の壊滅　ところがこの後、一向一揆に内部分裂が起こってきます。

本願寺が越前を強力に支配するために、下間頼照（しもつまらいしょう）を「守護」、杉浦玄任を「大野郡司」に任命しました。朝倉氏の時代の武士の支配と同じことを、本願寺がしようとしました。大坂の本願寺から派遣された坊主や越前の大寺院の大坊主による支配に対して、地元の一揆勢は反発を強めていきます。

信長方も手をこまねいていたわけではなく、この年の七月には高田派の専修寺（せんじゅじ）や、朝倉景健（かげたけ）を味方に誘い込みます。九月には伊勢国長島で一向一揆を殲滅しました。

やがて、越前国が、「一揆持」から「本願寺領国」へ転換していく中で、一揆方が豊原寺にいた下間頼照を攻撃し、内部分裂が表面化します。越前国内で、本願寺・大坊主と村々の百姓の間で対立の構図ができました。これは朝倉時代を再現するかのような対立関係といえます。

信長方は天正三年五月に長篠で武田勝頼軍を撃破しまして、いよいよ北に向かって兵を進める状況がうまれてきます。八月一四日に信長は敦賀に着き、一五日には木ノ芽峠を越えて総攻撃をかけてきます。一六日に府中（越前市）に到達しました。信長の書状によると、「府中町は死骸ばかりにて一円空き所なく候」といい、一揆勢は総崩れで、何百、何千人という人が虐殺されました。

このあとも北袋の一向一揆の抵抗は続き、村岡山城や、谷城に籠城していたと考えられます。尊光寺は当時「北袋、川南四ヶ村惣道場」という名称でしたが、大坂の本願寺に物資を補給していたという伝承もあります。

しかし、信長方によって一〇月には下間頼照が殺され、村々で男女が切り捨てられました。この頃には一揆方の組織的な抵抗が終わりを迎えたのです。

越前国中世史の終焉　この時、越前国の中世史が終わったといえるでしょう。朝倉氏が天正元年（一五七三）に滅び、平泉寺が天正二年に滅び、そして一向一揆が天正三年に組織的な抵抗をなくしてしまった。つまり越前国の中世史、戦国時代を支えた三つの勢力が相次いで滅亡しました。そして、その代わりに入ってくるのが、信長の家臣である柴田勝家であり、越前は織田政権による領国化が進んでいくことになります。

(3) 勝山城下町の成立

柴田氏の越前支配　柴田勝家の越前支配は、天正三年(一五七五)の九月頃から形を整えてきます。勝家自身が国内の八郡を支配し、金森長近(かなもりながちか)が大野郡の三分の二、原政茂(まさしげ)が三分の一を領有したといわれています。北ノ庄(きたのしょう)(現在の福井市)に勝家が城を築き、城下町を建設します。

ただし、この段階では加賀の一向一揆は強力ですし、その背後には上杉謙信がいます。当時、謙信は越中国あたりまで進出してきています。上杉氏ももとは一向一揆とはあまり仲がよくありません。何度も合戦しています。本願寺としては講和を結んで、上杉氏の力で北陸戦線を有利に変えたいと考えていました。上杉氏や一向一揆の勢力と隣り合っていますので、柴田氏にとっても越前を簡単に支配できる状況ではありませんでした。一向宗に対抗するために浄土真宗高田派を重用するなどもしています。

大野郡では、金森長近が大野を本拠地にして城下町を整備しました。勝山地域には、柴田勝家の甥であった柴田義宣(よしのぶ)が入ったと考えられています。

ところが、天正五年一一月八日に柴田義宣は滝波川(たきなみがわ)上流にあった一向一揆方の谷城を攻めた時に討ち死にします。このように大野郡では一揆方が勢力を保ち続けていました。そこで義宣の養子である柴田勝安(かつやす)が勝山地域に入ってきます。この時に勝安は村岡山城に入ったといわれています。

村岡山城は一向一揆の城というイメージが強いですが、畝状竪堀（うねじょうたてぼり）という高度な軍事的な技術をつかって整備されている部分があります。柴田氏が当時の最新技術を用いて改修したと考えられています（図29）。そして、勝安は天正七年には加賀に侵入して、白山麓の一揆を鎮圧します。

この頃は信長も全国的にかなり強くなってきていますので、北陸でも加賀に攻め込んでいくという状況になっています。天正八年にはいよいよ大坂の本願寺も白旗をあげてしまいます。その時の講和条件では、加賀は本願寺領国とする約束でしたが、信長方は約束を守らず加賀に攻め込みました。

この頃に、柴田勝安が袋田（ふくろだ）村に城を築いたといわれています。村岡山城も維持しつつ、袋田を城下町として位置づけ、整備していったのでしょう。村岡山から袋田に移る途中に、「仮の城」を拠点にして袋田の城を作ったという地元の伝承もあるようです。歴史的な事実としてとらえていいのかわかりませんが、全くありえない話でもないと思います。

図29　村岡山城主郭の堀跡

柴田勝安が、袋田を勝山と改称したということは事実かどうか微妙です。確実な史料で、勝安の段階では「勝山」とはまだ出てきません。ただし、この時代にいろいろな場所を縁起の良い名前に変えることが流行していました。信長は「井口（いのくち）」を岐阜に変えました。時代がもう少し下がれば、北ノ庄も福井に変わります。格好いい名前、響きのいい名前、縁起のいい名前に都市の名前を変えていく時代ですから、どこかのタイミングで、袋田を勝山に変えたのだ

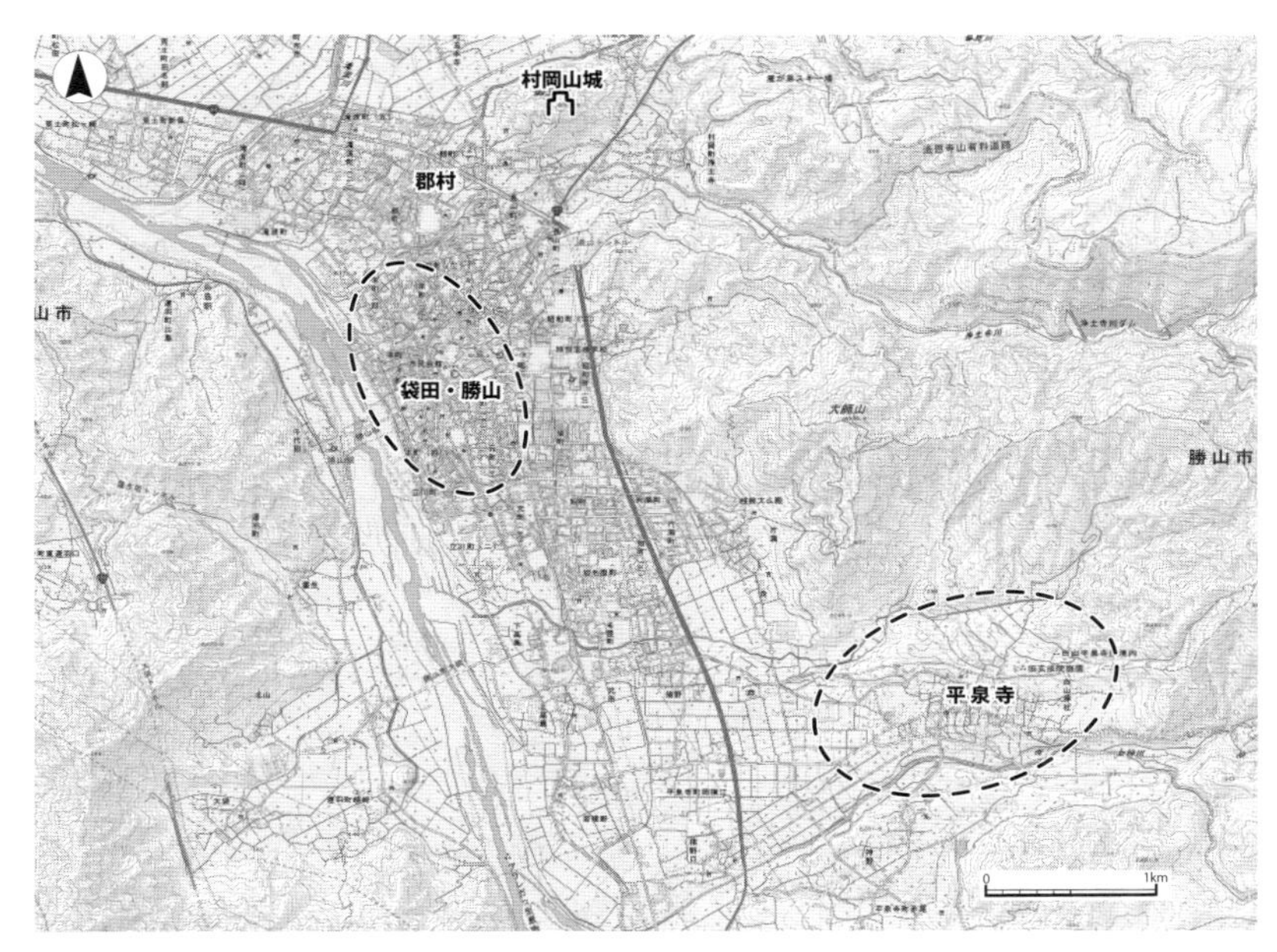

図30　平泉寺，村岡山城，袋田・勝山の位置

ろうと思います。ただそれが勝安の時代であるかはまだよく分かっていません。また、勝安は焼き討ちにあった平泉寺の復興にも着手しますので、地域を復興、経営していくという姿勢が伝わってきます。

袋田の町と勝山城・城下町　戦国時代の袋田では、「カリ屋」、つまり市場に作られた家屋から平泉寺賢聖院が税として銭を徴収していました。「鍬一挺」も徴収していますので、鍛冶屋がいたこともわかります。九頭竜川に沿った袋田は、町屋と市場をもつ中世都市でした。吉田郡から平泉寺、箱渡し、大野に至る九頭竜川沿いの幹線道路と東の加賀や白山麓、七山家からの道が交差する、もともと交通の要衝です。平泉寺からみれば、袋田は「外港」ともいえる都市でした。

この地域の物流の拠点が、一六世紀末に平泉寺から袋田に移りつつありました。さらに北袋という村々のまとまりができはじめてきて、その中心都市である袋田が発展して姿をあらわしてくるという構図です（図30）。

柴田勝安は賤ヶ岳の合戦で討ち死にしてしまいます。その後、丹羽長秀が越前に入ってきます。その家臣の成田重政が勝山ではなく「袋田」に入ったという史料があります。さらに丹羽氏に変わって、堀秀政が越前に入国してきます。勝山地域は、東郷（福井市東郷）を本拠地とする長谷川秀一の領地となりました。この時点では、袋田は拠点ではなくなり、袋田城は記録から消えてしまいます。しかし、袋田は、もともと経済的な拠点ですので、その重要な地位は変わらなかったと思います。長谷川家臣の武藤が文禄三年（一五九四）以降、「勝山」の支配を担当して入ってきます。これが、「勝山」という地名がでてくる確かな史料の最初です。

この一〇年ぐらいの間に、袋田から勝山にこの場所の地名が変わった、変わりつつあったと考えられます。この頃には尊光寺も、まだ道場ですが、再興されました。この頃の文書に「後町正覚次郎右衛門」とでてきますので、「勝山三町」（勝山城下町の中心部である郡町、袋田町、後町）は成立していたのではないかといわれています。慶長五年（一六〇〇）の関ヶ原の合戦を経まして、結城秀康が越前に入ってきて、家臣の林定正が勝山に入部してきます。

この段階で西町、東町さらには郡町、袋田町、後町という名称が現れてきます。ここで郡町とでてくることが注目されます。おそらく郡村の方々が何人か移住してくる。強制であったのか、自主的かわかりませんが、村岡山の城下町的存在であった郡の人たちが、勝山の一つの町場の住人として移住してくるということです。それまでは袋田に武家が入ってきた以降も村岡山や郡が一定の力をもっていたのが、吸収合併されてしまったと考えられます。

完全にこれで地名が勝山になったのかといいますと、そうでもありません。慶長年間の越前国絵図を見ますと「北袋」と書いてあります（図31）。勝山という地名が完全に一般化しているわけではなかったようです。袋田や北袋、町方三町、勝山。そういう名前が混在しているのが一六世紀の一番終わりから、一七世紀の初めです。いつの段階に袋田から勝山に明確に変わりましたとはなかなか言いにくい。実際は併用されている中で、だんだん勝山という名前が一般化していくのだろうと思います。

勝山城という城があったことが、町が勝山となる理由かなと思います。その間、勝山城が元和元年（一六一五）に廃城になったりしますが、一方で「勝山袋田町」とみえますので、経済都市としては継続したと思います。一七世紀前半の寛永年間に松平氏が勝山に入封し、勝山藩を創始します。さらに元禄四年（一六九一）に小笠原氏が勝山に入封します。そして勝山城を作りたいという運動をすすめる中で、やっと宝永五年（一七〇八）になって勝山城の築城が開始されます（図32）。

中心地の変遷　これらを中心地の移動という点から整理します。戦国時代には平泉寺があって、門前の町並みがあったと考えられます。一方で郡という結構大きな拠点があって、村岡山城は郡の人たちの維持していた城でした。近くに袋田という経済都市があったというのが戦国時代だとします。

平泉寺は焼き討ちにあって、柴田義宣、勝安の時代にはいったん消えています。そこで、柴田は村岡山城にはいります。この時点では、村岡山城、城下の郡、もともとの袋田が維持されていました。そうした中で武家の中心地が村岡山城から袋田城に移っていくの

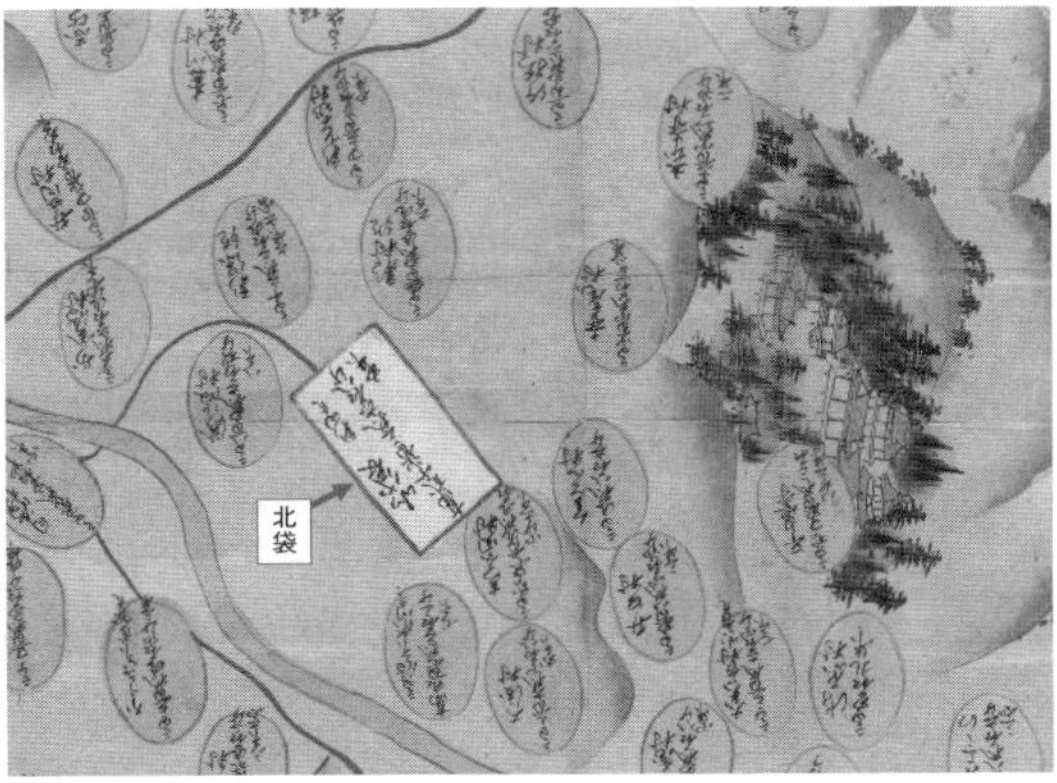

図31　慶長国絵図の北袋と平泉寺（「越前国絵図」松平文庫，福井県立図書館蔵）

図32　勝山城跡の石碑

が勝安時代の第二期の段階です。しかし、村岡山城が直ちに廃止されることはないと思います。まだ社会情勢は不安定ですので、籠もるための城として維持されると思います。地域を統括する、都市である袋田を支配するために袋田に城を作る必要がありました。現在の城跡から一段下がったところに、袋田城を築いて柴田氏の支配が始まったと考えてはどうかと思います。

次の段階は、郡の人が袋田町の中の郡町に移転してきて袋田町、郡町、後町という三町が形成され、やがて都市そのものが勝山と名のっていく時代です。城が「勝山」城となるのは関ヶ原合戦以後の結城氏の時代と考えます。

村岡山合戦の意義　村岡山合戦は、けっして一地方の戦闘ではなかったということを強調しておきたいと思います。これは越前国の歴史を大きく変動させた合戦でありました。

具体的には平泉寺という越前ナンバー1の有力な天台宗の寺院と、朝倉氏に抑えられてなかなか力を出せなかった一向一揆が、朝倉氏がなくなったところで全面対決をした合戦です。まさに越前の歴史が大きく変動する時代に突入した合戦でした。そして平泉寺に象徴されるような、山の寺、宗教都市、そして一方で一向一揆はどちらもこの時代の主要な宗教勢力です。両者がガチンコで勝負した村岡山合戦は、そういう意味でも、日本の社会が中世から近世へ変化していくことを象徴的に示す出来事だったといえます。

都市の変遷という視点からは、平泉寺と袋田の町、村岡山城と郡、それぞれの拠点が、村岡山合戦という時代を経て、最終的に勝山城下町に集約していきました（図33・34）。地域の歴史を考えるうえでは、村岡山合戦とその後の時代を経て勝山城下町ができあがってきたといえるでしょう。

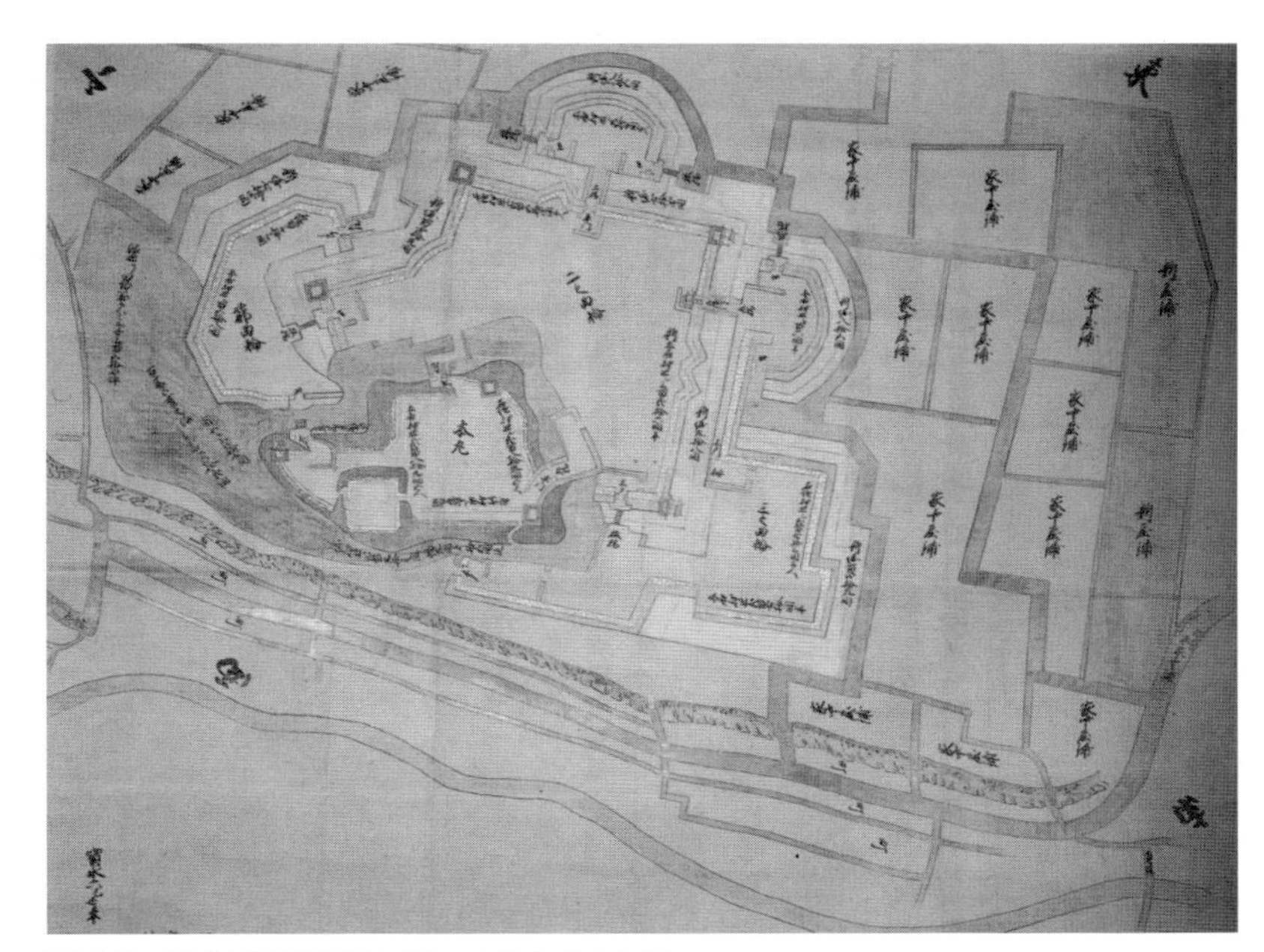

図 33　勝山城再建絵図（勝山市教育委員会蔵）

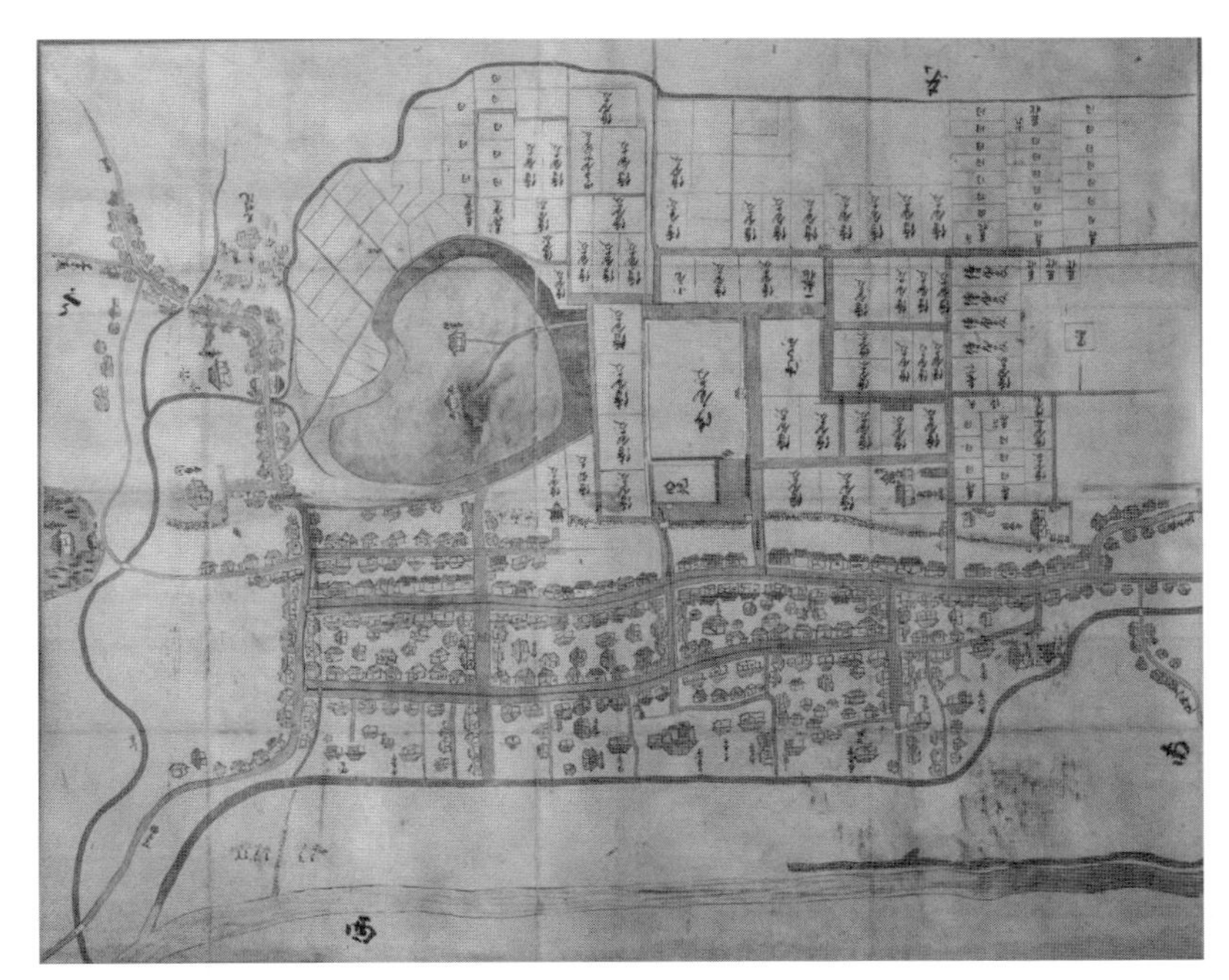

図 34　元禄時代勝山町図（勝山市教育委員会蔵）

【参考文献】

勝山市『勝山市史　第一巻　風土と歴史』一九七四年
勝山市『図説　勝山市史』一九九七年
勝山市『勝山市史　第二巻　原始〜近世』二〇〇六年
武生市教育委員会『たけふの文化財』一九九九年
仁木宏「宗教一揆」『岩波講座日本歴史　第9巻中世4』岩波書店、二〇一五年
増田公輔『越前勝山城　柴田勝安の築城と小笠原氏悲願の再建』一九九九年
山田雄造『城下絵図に見る勝山町の変遷』二〇一三年

白山平泉寺にみちびかれて

——僕の中世史観——

春風亭昇太

福井県勝山市の「白山平泉寺旧境内（はくさんへいせんじきゅうけいだい）」。これまで二度、現地を見学しました。白山平泉寺は白山信仰の中心となった寺院ですが、現在のお寺の、穏やかなイメージとはまったく異なる、強大な宗教勢力の拠点になった場所です。

戦国時代の最盛期には、四八社、三六堂、六〇〇〇坊といわれる無数の建築物が境内に建っていて、僧兵の数が八〇〇〇人というから、戦国大名クラスの、お坊さん王国といったところでしょうか。

(1) 白山平泉寺を歩く

「南谷三千六百坊」の遺構

現在は、中部最大のパワースポットともいわれ、スピリチュアル好きの若い女性も集まる平泉寺白山神社。

苔に包まれるように礎石が規則的に並びながら顔を出していて、往時の建物の巨大さが偲ばれます。

白山神社の南側「南谷三千六百坊」に向かうと、斜面にテラス状に、坊院跡が広がっています。案内していただいた方から「発掘して、これが出てきました」と説明され、飛び込んでくる風景に思わず、「わぁ〜」とため息が出た。そこには、見事に積まれた石垣と、石を全面に敷き詰めた通路が広がっているのだ。

さてこれを、もう少し細かく見てみましょう。「歩きやすく、ありませんか?」と問われた。確かに歩きやすい。「通路の石は丸いんですよ」よく見れば、積んである石垣はゴツゴツしていて、敷いてある石は角が丸く、なめらかになっている。つまり、場所によって石を替えていて、路面は川原石を使って歩きやすくしているわけだ。

そして、この通路脇の側溝。この側溝を見たら、この場所が完全に都市計画のもとに造られていることがよく分かる。ここは、ただの排水溝だったのか。洗濯したりと、ちょっとした生活用水路だったのか。僧兵が仲良く並んで、洗い物をしている姿を想像するのも楽し

図35　平泉寺南谷の石畳道

い。

白山平泉寺「城」

さて、当時の白山平泉寺は、ただ静かに修行をする寺ではない。平泉寺は利害の対立する組織には敢然として立ち向かう、具体的なパワースポットだった。木曾義仲の軍に協力して参戦したり、地頭淡河時治(あいかわときはる)と闘い、これを自害させ、一向一揆勢と抗争している。対抗勢力があるのであれば、当然攻められることも想定しているのだろう。

実際に、平泉寺の周囲の尾根には外部からの侵入を阻止するように砦や堀があるのだ。現在は「国史跡白山平泉寺旧境内」だが、以前は「国史跡　白山平泉寺城」という名称で指定されていた。寺であり、城なのである。他にも、土塁も堀もあったし、平泉寺は城とみることも可能だろう。南谷三六〇〇坊の南側、女神川(おながみがわ)に面して、人工的に削平した中世城郭の「帯曲輪(おびくるわ)」のようなものが見えたが城郭遺構だろうか。

そして、ここ白山平泉寺は、最終的に一向一揆に攻められて焼き討ちにされ、一大勢力としての歴史の幕を閉じることになる。テラス状に造成された坊院跡や石畳道も、焼き討ち以来、四〇〇年後の現代に発掘されるまで、地中に眠っていたというわけだ。

苔や石畳道に想いをはせながら歩くには、発掘された品々や映像を通じて、平泉寺や山岳宗教について知ることができるガイダンス施設「白山平泉寺歴史探遊館まほろば」がおすすめです。

(2) 白山平泉寺にみる力強い中世

中世の国家、白山平泉寺

さて、白山平泉寺への旅は、中世史の面白さを再確認する機会になった。日本の中世史を理解しようとする時に、一番障害になるのが、江戸時代のイメージを、そのまま中世に当てはめてしまうことだろう。

僧侶は静かに、世の平安を望んで、質素な暮らしの中で日々のお勤めに励む。武士は、武士道精神を尊び、武道の鍛練の中で、社会を統治する。農民は、租税や粗食に耐えて、ひたすら与えられた土地にしがみつき、一揆を起こそうものなら、たちまち抑えられて、命乞いをする。この時代劇のような歴史観を中世史に当てはめるには、無理がある。中世は、もっと混沌としてダイナミックなのだ。日本国という単位がまだ完全に意識として確立していない時代であった中世は、コミュニティ自体が国家なのである。

白山平泉寺のように、僧侶であり、武士であり、職人であり、商人であり、農民である人が、白山信仰の結びつきの中でコミュニティを作り、対抗勢力があれば武装して、地頭でも攻め滅ぼし、一向一揆と衝突し、戦国大名でも簡単には手を出せない一大勢力として、この地に君臨し、城の要素も併せ持つ、整備された寺院都市を形成することができたのである。だから、農民や僧侶に追っかけ回され、命乞いした武士もいただろう。もう少し細かく言えば、農民と武士の性質を持った人や、僧侶と武士の性質をもった人に、追っかけ回され、命乞いした武士と農民の性質を持った人もいただろうということになる。

江戸時代の士農工商のイメージを引きずると、力強い中世日本の姿が見えてこないように思うのである。そこから考えれば、身分の低い農民上がりの豊臣秀吉が天下を取ったというのも、近世の視点で見れば偉業かも知れないが、中世の視点でいえば、そんなに驚くようなことではないかも知れない。実際、先祖が何だかよく分からない戦国武将なんて他にも沢山いる。

ボーダーレスな中世

織田信長の石山本願寺焼き討ちも、石山本願寺城攻めであって、無抵抗の僧侶や庶民を残忍にも惨殺したといった話ではないだろう。信長にとって、本願寺は皆殺しにしなくてはいけないほどの脅威的な一大勢力だったという、ひとつの証しだ。信長包囲網の中で、下手したら逆に本願寺勢に攻められ、信長が磔になっていても、不思議ではなかったはずだ。

図 36　お城イベントにはこんな格好で出かけることも

豊臣秀吉が行った「刀狩り」も、一揆や自身に当てはめ、武装する民衆の怖さを知っていたからではないか。さらに、江戸時代の「武士道」という教えや価値観は、中世の時代に遡らせないために、主君に対し反抗させない、一種の洗脳の要素もあったのではないだろうか。

職業も、意識もボーダーレスな世界。その混沌が、僕を中世史の世界へ誘うのであり、暇を見つけては雑木林の城の遺構を見つけては、キャーキャーさせる要因なのである。本願寺が、北陸の一向一揆が、平泉寺が天下を取っても、全くおかしくなかった時代があった。もし、そうなっていたら、近世、近代の日本の姿は、また別のものになっていただろう。そう……、松平健さんは、暴れん坊将軍ではなく、数珠（じゅず）を振り回して、悪人をこらしめる、暴れん坊大僧正だったかもしれないのだ。平成元年（一九八九）から始まった発掘調査は、まだ一％。日本中世屈指の宗教都市の全貌が解き明かされる日が待ち遠しい。

＊　＊

『白山平泉寺―よみがえる宗教都市―』出版にあたり、以前白山平泉寺を見た時の感動と、中世という時代の面白さを自分のブログに数回にわたって書いたものを一つにまとめました。そんな理由で他の執筆者と文章のタッチも重みも違うと思いますが、箸休めの文章として読んでいただければ幸いです。

第Ⅱ部　白山の信仰と禅定道

白山信仰研究の現状

宝珍伸一郎

(1) 白山の信仰

福井・石川・岐阜の三県にまたがる秀麗な白山は、一年の大半が深い雪に覆われます。麓から仰ぎ見ることができる純白の山容からは、人々を簡単には寄せ付けない気高さ、足を踏み入れてはいけない聖域といったイメージが感じられます。特に勝山市北部から望むことができる白山は、周囲の山々とは対照的に、純白の山頂を間近に望むことができ、いっそう神秘的な存在になっています（図37）。

この聖域に初めて分け入ったのが越前の僧泰澄（たいちょう）で、今から一三〇〇年前のこととされています。一〇世紀頃に原形ができたとされる『泰澄和尚伝記（たいちょうかしょうでんき）』によると、泰澄は、母の生誕地である伊野原（いのはら）の東の林泉（現在の平泉寺白山神社境内の御手洗池（みたらしのいけ））で貴女（白山の女神）が降臨するのを見て、この地が聖域であることを知り、さらに貴女の導きで白山の山頂に初めて到達することができました。山頂では九頭竜王をはじめとする神々が現れますが、泰澄によって本当の姿（本地）をあらわしたと伝記は伝えています。

泰澄によって説かれる白山の霊験は『泰澄和尚伝記』によって全国に広がり、白山は古代から中世には山岳修行の霊場として知られるようになりました。そして、江戸時代には富士山・立山とともに日本三名山（三霊山）の一つに数えられ、一般の人々も参詣する信仰の山ともなりました。

図 37　勝山市北部から望む白山

白山の信仰は、水を平野部に分け与えてくれる「水分りの神」の信仰であるといえます。白山に降り積もった雪は春になると解け、その水は大河となって下り、越前・加賀・美濃の平野を潤したことから、豊穣をもたらす神として信仰を集めました。また、一方で、洪水をもたらし、濁流となって平野部を襲ったことから、荒ぶる神としても恐れられました。白山から越前側に流れ出る大河は現在、九頭竜川と呼ばれていますが、これはまさに龍が川を下るような濁流からイメージされたとも言えるでしょう。

白山はこの他に、航海の安全を祈る神としても信仰を集めました。純白の独立峰は二七〇二メートルの高さをほこることから日本海沖をゆく船の目印にもなり、各地の要港には白山社が祀られました。新潟県糸魚川市の能生白山神社もその一つといえます。

すべての白山神社が古くからの白山信仰に基づくものではありませんが、その全国分布からは信仰の広がりを知ることができます。大正時代の集計ですが全国には二七一六もの白山社が存在していました。最も多い県は岐阜県で五二五社、次いで福井県が四二一社、新潟県が二三二社、愛知県が二二〇社、石川県が一五六社となり、中部地方を中心に東北地方まで広く分布しています。白山のように地方の山の神が全国的に拡大した例として白山信仰は特異な存在といえるようです。次に白山信仰の研究史について見ていきたいと思います。

(2) 白山信仰の研究史

白山信仰研究のさきがけは、昭和三七年（一九六二）に石川県の北國新聞社から刊行された『白山』です。これは地元の白山を再認識しようということで行われた白山に関する自然、人文、歴史の総合調査でした。その後、昭和四四年から四六年にかけて文化庁では越前・加賀・美濃の白山信仰の拠点である三馬場（さんばんば）に残された彫刻や工芸品、絵画、書跡などを総合的に調査し『白山を中心とする文化財』という報告書にまとめ刊行しました。

また、昭和五二年には山岳宗教史研究叢書『白山・立山と北陸修験道』が刊行されて、白山とその信仰の拠点である三馬場の歴史的な背景が一冊にまとめられました。さらに昭和六一年には民衆宗教史叢書『白山信仰』が特集され、白山信仰に関わる基本文献が出そろったと言えます。

一方、白山信仰に関わる考古学的な調査は、昭和六〇年代に入りようやく本格化しました。昭和六一年には白山山頂遺跡の調査が國學院大学と石川考古学研究会、白山比咩神社（しらやまひめじんじゃ）の共同で実施され、山頂が遺構や遺物の点在する遺跡として初めて認識されました。山頂部分は白山国立公園の特別地域でもあることから発掘調査は実施されず、表面に落ちていたものを採取する程度でしたが、古代から中世、近世にわたる遺物が発見され、大きな成果が得られました。

そして平成元年（一九八九）に入り、越前馬場平泉寺で本格的な発掘調査が始まりました。それまで寺院の発掘調査は、全国的にみて古代寺院が対象で、中世寺院の発掘調査事例は珍しいものでした。そういった中で実施された平泉寺の旧境内の広がりを確認する考古学的な調査では、予想を超える多くの成果がありました。調査では、白山神社の周辺部に溝状のトレンチを入れて地中の遺構を確認する一方で、周辺の山々も踏査して城郭化遺構や墓地跡などを確認しました。また、山中に階段状に連なる僧坊群を測量図化することにより、宗教都市とも呼べる巨大な境内が浮かびあがってきました。これらの調査結果を受けて、平成九年にはこれまで白山神社境内約一四ヘクタールが国の史跡であった範囲を、かつての境内全域約二〇〇ヘクタールに追加指定し、以後、現在に至るまで勝山市による計画的な公有地化と発掘調査、史跡整備が進められています。

さらに勝山市では国史跡白山平泉寺旧境内の魅力を広く伝えるため、二一世紀最初の年である平成一三年（二〇〇一）から毎年、講演会等を開催してきました。これは、二一世紀は白山の歴史や文化に光があたるように調査研究を行うことを目的として出発したものです。

平成一七年には、福井県で第二〇回国民文化祭が行われたのを契機に、越前町では白山などの山岳信仰をテーマにしたシンポジウム「山と地域文化を考える」を開催し、越前側の白山信仰の関連寺院について集成と研究報告がなされました。

また、平成一八年には、文化庁が世界遺産の国内候補を公募することとなり、白山を取り巻く福井県・石川県・岐阜県と三馬場を有する勝山市・白山市・郡上市は「霊峰白山と山麓の文化的景観」というテーマで文化庁に提案しました。これは、それまで連携のなかった越前・加賀・美濃の各地域が白山の歴史や文化の面で、共同してテーマを掘り下げる画期的な取り組みとなり、翌年には小松市・大野市・高山市・白川村も加わり、新たな白山信仰関連の文化財の掘り起こしにつながりました。

(3) 三馬場の成立

先に触れた『泰澄和尚伝記』では、養老元年(七一七)に泰澄が白山を開くにあたり山中の林泉で貴女の降臨するのを見たことが越前馬場平泉寺の開山につながったとされています。美濃の長滝寺も同年の開山伝承をもっています。一方、加賀の白山本宮は、社伝では崇神天皇七年(紀元前九一)の開山とされ、霊亀二年(七一六)に手取川河畔に近い安久濤の森に遷座したと伝えられています。いずれも養老元年の白山開山に前後して三馬場が開かれたといえるでしょう。

また、注目されるのが加賀馬場側に伝わる「白山之記」です。長寛元年(一一六三)に原本が成立したとされますが、天長九年(八三二)に越前・加賀・美濃の三方に登拝拠点としての「馬場」が開かれ、白山への登拝が始まったとあります。この「馬場」とは平野部から山に登拝する場所に整備された宗教施設をさし、馬をつなぎ止めるような広場が存在するということで、その名がつけられたと考えられます。この九世紀に開かれたという記録に符合するかのように、平泉寺や白山山頂で発見される最古の遺物は九世紀代のものです。

白山三馬場の立地を見ると、一つ共通点のあることがわかります。それは、どの馬場も白山を直接遥拝できる場所には立地せず、白山山系の水を集めた大河が、狭隘な山間部を抜け各平野部に流れ出る場所に成立していることです。越前では九頭竜川が平野部に出る右岸に平泉寺が成立し、加賀では手取川が加賀平野に出る右岸に白山本宮(白山寺）が、美濃では長良川の右岸に長滝寺が開かれました。特に加賀馬場の場合、白山本宮は加賀平野を潤す七か用水の取り入れ口に位置し、まさに、水を平野に配分する位置にあたります。

また、平泉寺においては、近くに猪野口（いのくち）という集落があり、周辺の発掘調査では「井口」と書かれた平安時代の墨書土器が出土しています。この「井口」という文字は河川からの水の取水口を意味していると考えられ、重要な地名と考えられます。

さらに、平泉寺の成立を考える上で重要なのが、境内の一角から湧き出す清水「御手洗池」です（図38）。この池は『泰澄和尚伝記』に登場する白山の女神が降臨したとされる「林泉」であり、境内の主要伽藍（がらん）が建ち並ぶ主尾根上から湧き出しています。この池は日照りが続いても涸れることがないとされ、まさに白山からの恵みの水が絶え間なく湧き出す場所といえます。このように、白山信仰の拠点は、白山の豊富な水が流れ出る場所に成立していると言えるのです。それでは、次に各馬場の概要について見ていきたいと思います。

図38　平泉寺御手洗池（林泉）

越前馬場　平泉寺　平泉寺が確かな記録に登場するのは一二世紀に入ってからです。『三外往生記（さんげおうじょうき）』という記録には勝義大徳（しょうぎだいとく）は「越前国白山麓平清水之常住也」とあり、また、『本朝世紀（ほんちょうせいき）』には「越前国白山社」「社領字平清水住僧等」とあることから（久安三年〈一一四七〉四月一三日条）、越前国の白山麓、字「平清水」には常住する僧侶のいたことがわかります。一二世紀代では、まだ平泉寺という名称は定着しておらず、山中から湧き出す清水の名前をとり「平清水」と呼ばれていたようです。この「平清水」は泰澄が白山神の降臨を見た「林泉」と考えられます。古代の山林寺院の多くは、こういった山中の湧水地を中心に開かれる例が多く、これは山中で修行をする上で、また神仏に捧げる水を汲む必要から、水場は不可欠だったからでしょう。

古代にできた山林寺院の多くは中世に入る段階で消滅していきますが、この頃、平泉寺を含む三馬場は発展を遂げていきます。これはいずれも三馬場が一二世紀代までに比叡山延暦寺末となることと関係しているようです。当時、宗教界で最大の勢力を誇った比叡山延暦寺の傘下に入ることで、地方での支配を確かなものにしていったようです。また、この頃、平泉寺や白山本宮では、社寺の最高責任者である長吏職に在地の有力武士団の一族がなるといったことが史料から窺え、急成長してきた在地の武士団との結びつきも寺院の成長に重要であったようです。

平安時代の終わり頃の源平争乱期には、平泉寺は平家打倒のために立ち上がった木曾義仲に味方し、その入京に大きな影響力を持ちました（『平家物語』）。鎌倉幕府滅亡時には、近くの牛ヶ原荘を襲い、地頭の淡河時治を自害に追い込んだことが『太平記』に記されています。さらに南北朝期には、越前守護斯波高経の藤島荘を安堵するとの誘いに乗り、南朝方から北朝方に寝返り、結果的に南朝方の大将、新田義貞が越前で戦死するといった事態を招きました。戦国期には、平泉寺は朝倉方につき、その結果、朝倉氏は戦国大名になることができました。このように平泉寺は越前の歴史を左右する程の勢力を有していたといえるのです。

しかし、天正二年（一五七四）、一向一揆の攻撃を受けて全山焼失することになります。この一向一揆による焼き討ちは平泉寺にとって大きな打撃となり、九年後に再興された境内は、かつての十分の一程度に縮小し、六〇〇〇あったという僧坊（僧侶の屋敷）は六坊二か寺となり、九万石あったという寺領はおよそ三三〇石に留まりました。また、多くの記録類や仏像・工芸品なども失われました。さらに明治の神仏分離令に際しては平泉寺という寺号が廃止されて白山神社となり、現在に至っています。

昭和五〇年代（一九七五〜八四）には白山神社周辺で多くの開発工事が行われ、地中から井戸跡や陶磁器類が発見されはじめました。そこで、勝山市では平成元年度（一九八九）から五か年計画で、かつての平泉寺境内の広がりを確認する発掘調査を開始しました。調査は、白山神社境内から数百メートル離れた山中において実施し、その結果、河原石を敷き詰めた道路や屋敷を囲む石垣、井戸、建物の礎石の他、多量の生活用具が見つかりました。また、山中に階段状に造成された平坦地や道路跡と思われるくぼ地を測量するとともに、周辺の山々を歩き、遺構の有無を確認しました。これらの調査結果と白山神社が所蔵する「中宮白山平泉寺境内図」を比較すると、符合する点が多く巨大な中世の境内が平泉寺の山中に埋もれていることが分かってきたのです。

ここで新たに浮かびあがってきた中世の平泉寺境内の様子を紹介します。平泉寺の境内は勝山市の平地部から約一キロ山中に入った位置に築かれております。これは、俗界の不浄をさけ、山中に聖域をつくるためだったと考えられます。主要伽藍は東から西にかけて延びる尾根上を利用し、白山三社である大御前や大汝社、別山社を配置し、その下に三十三間拝殿、白山神が降臨したとされる平泉など神道系の施設を配置していました。さらに、主尾根に直交する形で南大門や法華堂、常行堂、大塔、鐘楼、大講堂など、仏教系の施設を配置し、まさに神仏習合の伽藍配置でした。そして、主尾根の両側の谷には「六千坊」と称されるような僧侶の屋敷群がありました。南の谷は「三千六百坊」、北の谷は「二千四百坊」と呼ばれ、これらを含む平泉寺の旧境内は、東西一・二キロ、南北一キロの広範囲に広がっていたことが判明しています。また、境内の周囲には、外敵に備えた堀切や砦を持ち、一種の城塞化した寺院であったこともわかりました。

特に南谷の発掘調査では、緩斜面を階段状に造成した多数の僧侶の屋敷群や、高く積まれた石垣、縦横に張り巡らされた石畳道など、中世では他に例のない巨大な石造りの都市としての遺構が確認されています。

加賀馬場　白山本宮　加賀馬場の中核は白山本宮で、石川県白山市鶴来の手取川右岸の高台に立地しています。ここは、加賀平野から手取川に沿って白山に向かう山地への入り口にあたり、平野を一望する場所にもなっています。社殿は当初、近接する舟岡山に存在していたようですが、その後、手取川に近い段丘上に下り、文明一二年（一四八〇）の火災で本宮正殿、塔、講堂、大拝殿などが焼失したことから、長享二年（一四八八）に、現在の位置に遷宮したとされます。

白山本宮は、平泉寺のような焼き討ちを受けていないため豊富な古文書が残されており、内部組織について知ることができます。まずは「白山宮政所」が加賀馬場運営の最高機関となっており、その下に寺家と社家が存在していました。寺家はその中でも優位におかれ、最高責任者である惣長吏を筆頭に、院主、大勧進、大先達、修理別当、上座、寺主、都維那があり、次に社家の代表者である神主、大宮司が存在していました。

また、残された古文書からは、白山本宮の中世の祭礼の様子が分かります。本宮では春と秋の二季祭礼が行われ、さらに臨時祭礼も行われました。一三世紀前半の臨時祭礼では、流鏑馬や相撲、獅子舞、田楽や猿楽が奉納されていたこともわかります。

加賀馬場の場合、平泉寺のように旧境内の発掘はほとんど行われていませんが、昭和五四年（一九七九）から五六年にかけて行われた白山本宮の南西端の調査では、一二世紀末から一六世紀前半にかけての社人や神人の宅地跡、墳墓等の遺構が発見されています。さらに平成八年に実施された文明一二年（一四八〇）の火災前の本宮地と考えられる古宮遺跡の発掘調査では、一〇世紀から一五世紀にかけての遺構や遺物が出土しています。このように加賀馬場でも平泉寺のように遺構がかなり広範囲に広がっていると想定されることから、本格的な発掘調査を行えば、白山本宮の全貌がみえてくるのではないかと思われます。

白山本宮を含めて加賀には信仰の拠点が数多く点在します。その中心となるのが本宮四社とよばれるもので、白山本宮と三宮、金劔宮、岩本宮で構成され、手取川の下流部に勢力を有しました。また、手取川の中流から上流にかけては中宮三社（笥笠中宮・佐羅宮・別宮）が勢力を有し、本宮四社とあわせて白山七社とよばれました。さらに、加賀平野南部には中宮八院や白山五院といった大小の宗教勢力が混在しており、平野一帯には河川や谷ごとに大小の白山勢力が分布していたと言えます。

図39　美濃馬場　長滝白山神社（白山文化博物館提供）

美濃馬場　長滝寺　美濃の白山信仰の拠点寺院である長滝寺は、岐阜県郡上市白鳥の長良川の右岸に立地します。長滝寺は長良川の上流、奥美濃の山深い位置にありますが、当地は越前や飛騨に通じる重要な交通路沿いにあたるため、大きな寺院勢力に成長したとも考えられます。現在、境内には白山神社と天台寺院である長滝寺が共存し、明治以前の神仏習合の名残を留める貴重な伽藍配置になっています（図39）。ここは白山に登拝した泰澄が養老元年（七一七）に開いたとされ、越前馬場平泉寺と同じ伝承を持っています。記録によると天長五年（八二八）に法相宗から天台宗へ改宗し、治安元年（一〇二一）に延暦寺の別院になり勢力を拡大したようです。最盛期には「六谷六院神社仏閣三十宇衆徒三百六十坊」が存在していたといいます。

文永八年（一二七一）には、長滝寺一山を焼き尽くす大火があり、神社仏閣十四宇（大宮、別山、十禅師、拝殿、若宮、大将軍、大講堂、薬師堂、阿弥陀堂、聖霊堂、鐘楼堂、舞殿、閼迦井堂、経蔵）が全焼したとのことで、この頃、かなりの伽藍が整備されていたことがわかります。

長滝寺が経済力を拡大していくのは鎌倉時代中期以降で、室町時代には美濃をはじめ、尾張・三河・伊勢・駿河にまで白山の御師が教線を広げ、寺勢が大きく成長しました。

しかしながら、古代や中世の境内の様子は発掘調査がほとんどなされておらず分かっていないのが現状です。かつて鉄道の敷設工事で正和二年（一三一三）の記年銘のある古瀬戸の瓶子が出土し重要文化財指定を受けていることから、今後、考古学的な調査が進めば大きな成果が期待されるでしょう。

(4) 白山山頂遺跡

信仰の対象となった白山は、主峰の御前峰、大汝峰、別山の三山からなります。主峰の御前峰は、標高二七〇二メートルで西日本一番の高さを誇ります。山頂の神（垂迹神）は伊弉冉尊、あるいは白山妙理大権現、菊理姫ともよばれ、その本当の姿（本地仏）は十一面観音とされています。この観音は奈良時代に中国から伝わり、変化し人々を救う女性的な容姿の観音として信仰を集めました。白山はなだらかな山容であるため、十一面観音のイメージと合致したともいえます。

御前峰のすぐ北側に位置する大汝峰は標高二六八四メートルで、本地仏は阿弥陀如来、垂迹神は大己貴です。別山は御前峰の南東側約五キロに位置し標高二三九九メートルをはかります。本地仏は聖観音で、垂迹神は小白山別山大行事です。この別山の神、小白山別山大行事は、本来主峰の地主神でしたが、伊弉冉尊にその座を譲ったという興味深い伝承が残されています。

畿内には山岳修験の霊場が沢山ありますが、白山のように二〇〇〇メートルを越える霊山はなく、また、穢れのない純白の霊場は都人のあこがれであったようです。この白山に入り修行をした最古の記録は、元慶八年（八八四）に没した僧正宗叡に関するものです。天徳元年（九五七）に没した越中海蓮法師も「白山・立山」に籠もったとあります。また、長久三年（一〇四二）の記録には出雲小院良勢という人物が越前室に居住し、参詣者に悪行を行ったことが記されています。さらに、天喜年間（一〇五三〜五八）には日泰上人が白山山頂の噴火口である竜池の水を汲み、久安五年（一一四九）駿河の末代上人は白山で修行しました。このように、平安時代頃から多くの僧が白山に入り修行をしていたといえます。

実際、白山の山頂付近には多くの遺構があり、また、遺物の散布する場所があります。白山頂上を中心とする考古学調査は、これまで二回行われています。第一回目は冒頭にもふれましたが、昭和六一年（一九八六）と六二年に國學院大学と石川考古学研究会、白山比咩神社が行った共同調査です。調査対象地は、御前峰、大汝峰、室堂、弥陀ヶ原周辺でした。これらの地点では、独鈷杵、五輪塔のミニチュア、仏像の脚、頭上化仏、懸仏など約二〇〇〇点の遺物が表面採取されています。また、青白磁などの陶磁器類、土師器、須恵器、金銅製の飾り金具、鉄製品なども見つかりました。最古のものは九世紀代後半のものでした。また、御前峰の北一四キロにある笈ヶ岳では永正一五年（一五一八）の銘をもつ経筒や小型の仏像、鏡などが出土しています。

その後、白山市教育委員会では、山頂遺跡の文化財指定を目指し平成一九年（二〇〇七）から二二年度までの四か年間にわたり山頂付近の遺構の分布調査や測量調査などを実施し、室跡や旧跡を記録にとどめています。

白山禅定道　白山の山頂を目指す参詣ルートは、先述したように白山から流れ出る三本の大河が平野部を潤す越前・加賀・美濃の三方から開かれました（図40）。白山の頂上は、修行の到達点である「禅頂」と考えられ、そこに至る道は「禅定道」と呼ばれました。登拝者は難行苦行のすえ、神・仏の住むとされる山頂に到達したのです。修行の目指したものは擬死再生です。山中を死後の世界である他界とみなし、修行を積むことでいったん死んで生まれ変わり、特別な力を身につけることができると考えたのです。そのため、身の穢れを払う滝や、特別な力を身につける洞窟、母胎から生まれ変わる場所としての岩場などが重要視されました。こういった山岳修行で必要な行場が各禅定道沿いに点在しています。

越前禅定道　越前禅定道は、平泉寺を起点に白山の南西側を登るルートです。全長は直線距離で約三〇キロ、実際に歩くと四〇キロほどになります。この越前禅定道は、都から最も近く最短コースで山頂に到達することのできるルートでした。その道のりは、平泉寺から尾根伝いに三頭山のピークを越え、稚児堂跡、法音寺跡をとおり、一三五七メートルの法恩寺山頂に到達します。そこから尾根伝いに白山伏拝のピークを越え、今度は払川の谷部に下りました。そして和佐盛を経て、越前・加賀国境の小原峠を越え、川上御前社、三谷、市ノ瀬、六万山、檜宿、指尾、剃刀窟、慶松平、弥陀ヶ原、室堂を経て主峰の大御前（御前峰）に至るルートをとりました。この禅定道沿いには、明らかに人工的な遺構である稚児堂跡、法音寺跡、川上御前社跡、剃刀窟などの旧跡が点在します。平成一五年には現地調査が行われ、「白山十二宿」と呼ばれる宗教施設の跡を確認しています。この越前禅定道は法恩寺山のピークを越える急峻な道であるため、天正二年（一五七四）の平泉寺焼き討ち後は、勝山市北谷町から国境を越え、手取川をさかのぼり市ノ瀬へ至るルートが利用されたため、後世の改変が少なく中世の遺構をよくとどめています。

図 40　**白山天嶺境内図**（平泉寺白山神社蔵）

加賀禅定道　加賀禅定道は、加賀馬場白山本宮を起点に白山の北側をのぼるルートです。全長は直線距離で約六〇キロとされています。その道のりは、石川県白山市の白山比咩神社から手取川沿いに登り、中宮から尾根伝いに檜新宮、長倉山、天池室跡、四塚山、大汝峰を経て、頂上へ通じる道です。三本の禅定道のなかでは最も距離が長く、いくつものピークを越える険しい登拝道ですが、尾根上を通るため、眺望のきくルートともなっています。この禅定道については、平成八年と九年に石川県教育委員会による歴史の道調査が行われています。

美濃禅定道　美濃禅定道は、美濃馬場長滝寺を起点に白山の南側を登るルートです。全長は直線距離で約四〇キロとされ、「二八宿」と呼ばれる宗教施設をとおり山頂に到達しました。その道のりは岐阜県郡上市白鳥の長滝白山神社から長良川沿いに登り、阿弥陀ヶ滝から越前・美濃国境を越えて石徹白の白山中居神社に至ります。さらに石徹白川沿いに登り石徹白の大杉を経て、尾根伝いに神鳩社跡、銚子ヶ峰、一ノ峰、二ノ峰、三ノ峰のピークを越え、別山、南竜ヶ馬場、室堂を経て御前峰の頂上へ登拝しました。この美濃禅定道沿いにも室跡や行場が良好に残っています。特に石徹白の大杉は巨木として知られていますが、本来は今清水社の境内に植えられた杉で、伐採されずに今に残されてきたものです。

まとめにかえて

これまで白山信仰の研究の現状について述べてきましたが、最後に今後の研究の課題を記してまとめにかえたいと思います。

まず、注目されるのは発掘調査から見えてきた中世の平泉寺の実像です。石畳道や石垣を各所に構築した、まさに

本の豊かな世界と知の広がりを伝える

吉川弘文館のPR誌

定期購読のおすすめ

◆『本郷』(年６冊発行)は、定期購読を申し込んで頂いた方にのみ、直接郵送でお届けしております。この機会にぜひ定期のご購読をお願い申し上げます。ご希望の方は、**何号からか購読開始の号数**を明記のうえ、添付の振替用紙でお申し込み下さい。

◆お知り合い・ご友人にも本誌のご購読をおすすめ頂ければ幸いです。ご連絡を頂き次第、見本誌をお送り致します。

●購読料●　(送料共・税込)

1年(6冊分)	1,000円	2年(12冊分)	2,000円
3年(18冊分)	2,800円	4年(24冊分)	3,600円

ご送金は４年分までとさせて頂きます。

見本誌送呈　見本誌を無料でお送り致します。ご希望の方は、はがきで営業部宛ご請求下さい。

吉川弘文館

〒113-0033 東京都文京区本郷7-2-8／電話03-3813-9151

吉川弘文館のホームページ http://www.yoshikawa-k.co.jp/

（ご注意）

・この用紙は、機械で処理しますので、金額を記入する際は、枠内にはっきりと記入してください。また、本票を汚したり、折り曲げたりしないでください。

・この用紙は、ゆうちょ銀行又は郵便局の払込機能付きＡＴＭでもご利用いただけます。

・この払込書を、ゆうちょ銀行又は郵便局の渉外員にお預けになるときは、引換えに預り証を必ずお受け取りください。

・ご依頼人様からご提出いただきました払込書に記載されたおところ、おなまえ等は、加入者様に通知されます。

・この受領証は、払込みの証拠となるものですから大切に保管してください。

収入印紙
課税相当額以上
貼　　付

印

この用紙で「本郷」年間購読のお申し込みができます。

◆この申込票に必要事項をご記入の上、記載金額を添えて郵便局でお払込み下さい。

◆「本郷」のご送金は、４年分までとさせて頂きます。

この用紙で書籍のご注文ができます。

◆この申込票の通信欄にご注文の書籍をご記入の上、書籍代金（本体価格＋消費税）に荷造送料を加えた金額をお払込み下さい。

◆荷造送料は、ご注文１回の配送につき420円です。

◆入金確認まで約７日かかります。ご諒承下さい。

振替払込料は弊社が負担いたしますから無料です。

※領収証は改めてお送りいたしませんので、予めご諒承下さい。

お問い合わせ　〒113-0033・東京都文京区本郷７－２－８
吉川弘文館　営業部
電話03-3813-9151　FAX03-3812-3544

この場所には、何も記載しないでください。

払込取扱票

02 東京

通常払込料金加入者負担

口座記号番号	00100-5-244
加入者名	株式会社 吉川弘文館
金額	※ 千 百 十 万 千 百 十 円
料金	
備考	

ご依頼人・通信欄

フリガナ

※お名前

郵便番号　電話

※ご住所

※

各票の※印欄は、ご依頼人において記載してください。

◆「本郷」購読を希望します

購読開始　　号より

1年 1000円（6冊）　3年 2800円（18冊）
2年 2000円（12冊）　4年 3600円（24冊）
（ご希望の購読期間に○印をお付け下さい）

日附印

切り取らないでお出しください。

裏面の注意事項をお読みください。（ゆうちょ銀行）（承認番号東第53889号）

これより下部には何も記入しないでください。

振替払込請求書兼受領証

口座記号番号	00100-5-244 通常払込料金加入者負担
加入者名	株式会社 吉川弘文館
金額	※ 千 百 十 万 千 百 十 円
ご依頼人	おなまえ ※　　様
料金	日附印
備考	

記載事項を訂正した場合は、その箇所に訂正印を押してください。

この受領証は、大切に保管してください。

石造りの都市ともいえる実像が平泉寺のみにいえることなのか研究を深めていく必要があると言えます。一方で、加賀馬場や美濃馬場では、旧境内に関わる発掘調査がほとんど実施されていない状況を考えると、開発工事に備えた遺跡の範囲確認調査が急務だと思われます。

また、越前においては、平泉寺の他に豊原寺（坂井市）や大谷寺（越前町）など白山信仰関連社寺があり、それぞれがどういった勢力範囲を持って関係していたのかについても研究を深める必要があります。さらに越前には道元が開いた永平寺がありますが、境内から湧き出す「白山水」を聖水としており、白山信仰との関連が考えられます。また、大野市には白山を遥拝した場所に「行人窟」といわれる岩陰遺跡があり、在地や里山での修験の実態を解明することも必要といえます。

一方、加賀では白山七社や中宮八院、白山五院などが平野部で勢力を誇っていたのに対し、美濃では長滝寺の他にどういった白山信仰関連社寺が存在したのか研究を深める必要があります。こういった内容を総合的に研究していくことで、白山信仰の実態が明らかになってくると思われます。

幸い、美濃馬場では平成九年（一九九七）に白山文化博物館がオープンし、越前馬場平泉寺では、平成二四年に平泉寺の歴史や発掘調査について紹介する「白山平泉寺歴史探遊館まほろば」がオープンしました。これらの施設を核にした白山信仰の研究の深化や、一般の方々に白山信仰について分かりやすく伝える取り組みが期待されます。

【参考文献】

石川県白山市教育委員会『白山山頂遺跡群調査報告書』二〇一一年
勝山市『よみがえる平泉寺～中世宗教都市の発掘～』一九九四年

國學院大学白山山頂学術調査団「白山山頂学術調査報告」『國學院大学考古学資料館紀要』第4輯、一九八八年
下出積與「神社分布の歴史的性格～白山神社を中心として～」『日本古代の国家と宗教　上巻』吉川弘文館、一九八〇年
第二〇回国民文化祭越前町実行委員会『シンポジウム（山と地域文化を考える）資料集』二〇〇五年
高瀬重雄編『白山・立山と北陸修験道』名著出版、一九七七年
高橋教雄『美濃馬場における白山信仰』八幡町、二〇〇〇年
白山本宮神社史編纂委員会『白山比咩神社史　古代・中世篇』二〇一六年
文化庁『白山を中心とする文化財』一九七〇～七二年
宝珍伸一郎「白山禅定道」『歴史の道調査報告第5集　美濃街道・勝山街道』福井県教育委員会、二〇〇五年
北國新聞白山総合学術調査団『白山』北國新聞社、一九六二年
本郷真紹『白山信仰の源流』法蔵館、二〇〇一年

❷ 泰澄と白山開山伝承

東四柳史明

図41　泰澄大師坐像（文化庁蔵）

はじめに

奈良時代の養老元年（七一七）に、泰澄という僧が初めて白山を開いたという話は広く知られています（図41）。今からちょうど一三〇〇年前のことでした。このような白山信仰の成り立ちやその信仰の世界を語るさまざまな白山の縁起には、おおむね二つの種類があります。一つは、泰澄が白山の開闢者として登場してくる伝記的なものです。もう一つは白山の神々や登山道の道筋にあります堂社、修行場などについてその由来を説いているものです。

白山に関する縁起については、これまで多くの方々が研究していますが、なにぶん神様の縁起の話ですので、それを証明する材料は乏しいのです。白山の縁起の内容を史実とみるのか、後世の人たちが創作したものとみるのか、いろいろ議論のわかれているところです。そこで、史料にもとづいて、白山開山伝承と泰澄の関係を探ってみたいと思います。

(1) 白山の神と本地

まず、白山の神についてみていきます。最初に史料の上に白山神が登場するのは、平安時代前期の元慶三年（八七九）に完成した六国史の『日本文徳天皇実録』です。そこには、仁寿三年（八五三）一〇月二二日に、加賀国の白山比咩神が従三位の位階を得たという記事があります。これが白山神の文献史上の初見です。注意したいのは、ここでは白山の神は加賀国の神として登場していることです。

延長五年（九二七）に奏進された『延喜式』には、祈年祭に班幣の対象であった神社が、『延喜式神名帳』に載せられています。その中に、加賀国の石川郡に「白山比咩神社」が挙げられています。この時点では、残念ながら越前や美濃において、白山の神と考えられる神社名はみられません。つまり、九・一〇世紀頃の律令国家においては、白山の神は加賀国に属すると理解されていました。

次に、白山に登ったことが確認できる、最も古い史料として、六国史のうちの『日本三代実録』元慶八年（八八四）三月二六日条の中に、天台宗の高僧であった宗叡が亡くなったことにともなう卒伝の記事が知られます。そこには、宗叡の一代記が記されており、宗叡は若い頃、比叡山の神から人の口を借りて、「汝の苦行を擁護するので、遠

く へ行って修行せよ」というお告げを受けたとあります。そこで宗叡は、越前国の白山へやってきました。すると、二羽のカラスがどこからともなく飛んできて、暗夜の行先の道を照らしてくれたので、ついに白山に登ることができたとあります。ここでは白山は、越前国の白山とみえています。多少誇張はあるかもしれませんが、比叡山の主神の託宣によって、天台宗の僧侶が、修行のために白山に登ったということになります。宗叡の没年からみて、宗叡が白山に最初に登ったのは平安前期の九世紀中頃かと推測できます。しかし、後世の白山縁起で語られる、養老元年（七一七）に泰澄が白山に登ったという話は平安前・中期の史料にはみられません。

では、当時の人々は白山をどのように捉えていたのでしょうか。平安時代中期の『枕草子』には、長徳（ちょうとく）四年（九九八）一二月二〇日に、京都でめずらしく雪が降ったとの記述があります。御所の中庭で、女官たちがはしゃいで雪山を作り、いつこれが消えるか、賭けをしました。そのとき清少納言は一月の中頃まで雪が残っているといったようです。その後雨が降り始め、雪山が溶けてしまいそうになったので、清少納言は心の中で「白山の観音」に、一月まで何とかもちますようにと願ったとしています。このことから少なくとも平安時代の中頃から後期にかけて、白山の本地仏は観音である、白山は観音の聖地であるという観念が、当時の都の人々の間で知られるようになっていたようです。

(2) 泰澄による白山開闢

泰澄が白山の開山であるという説は、『泰澄和尚伝』という伝記によるものです。平泉寺（へいせんじ）白山神社の先々代の宮司であった平泉澄（ひらいずみきよし）氏がこの書物の存在を世の中に紹介し、注釈を加えて内容を理解できるようにされました。

伝記には、泰澄は越前麻生津（あそうず）（現在の福井市浅水）の生まれで、俗姓は三神氏、三神安角（みかみのやすずみ）の二男で、母は伊野氏の出身であるということから書き始められます（図42）。そして、泰澄は少年の頃から神童として誉高く、やがて夜になると秘かに家から抜け出して、どこかに行くようになります。不思議に思った泰澄の父が兄にあとをつけさせると、泰澄は越知山(おちさん)で修行していました。その後越知山に移り住んで修行するようになっていた泰澄のもとに、能登島（現在の石川県七尾市能登島）から臥行者(ふせりのぎょうじゃ)がやってきて、弟子になりました。

臥行者は越知山の上から日本海を行きかう船より米を徴収し、泰澄に供していました。ある時、出羽国の船頭、神部浄定(かんべのきよさだ)が都へ納める米を満載した船で日本海を航行しているのをみた臥行者は、その米の一部をおいていくように伝えます。しかし、神部浄定はこれを拒否したため、臥行者は怒って、鉢を船に向かって投げつけます。すると鉢がブーメランのように船の上で旋回して山に向かい戻ってくると同時に、船から米俵が空中に浮き上がり列をなして越知山の上に飛んできて積み上がりました。驚いた神部浄定は越知山に登ってきて、泰澄に詫びをいれ、これは都に納める大切な米なので、是非とも返していただきたいと願ったので、泰澄はその米を返しました。その後、都に米を届け終えた神部浄定は、再び越知山にやってきて、泰澄の弟子になり、浄定行者(きよさだのぎょうじゃ)とよばれるようになりました。

図42　泰澄ゆかりの地

越知山での修行を続ける泰澄のもとに、霊亀(れいき)二年（七一六）、白山の女神が大空の紫雲の中からあらわれます。そのお告げによって、養老元年（七一七）、三六歳の時に泰澄は、母の所縁の地である白山の麓の伊野原(いのはら)（勝山市猪野）

図 43　二行者坐像（左：浄定行者，右：臥行者，文化庁蔵）

に移りました。次いで東の林泉に行くと、再び白山の女神があらわれました。女神は、「自分の本当の姿は伊弉冉尊で妙理大権現と号しており、白山の山の上に住んでいる。ぜひとも白山の山頂へ登ってこないか」と促したといわれています。その林泉が現在の勝山市平泉寺白山神社境内の平清水（御手洗池）だとされています。

やがて白山に登った泰澄は、山上の緑碧池（翠ヶ池）のほとりで一心不乱に祈りました。すると、池の中から九頭竜王が出現します。泰澄は「白山の女神が九頭竜王であるはずがない、本当のお姿をお示しください」といったところ、九頭竜王は水中に沈み、そのあと光り輝く十一面観音があらわれました。泰澄は感激して十一面観音の足にすがりつき、歓喜の涙を流したということです。

その後、尾根伝いに左の孤峯（別山）にむかいます。そこで、官人の姿をした、妙理大権現の補佐をする小白山別山大行事と名乗る神に出会います。その神は、自分は聖観音の現身であると告げました。次に、泰澄は右の孤峯（大汝峰）で奇妙な服装の老翁、大己貴と出会い、その神は自身を阿弥陀如来であると告げます。このような神仏との邂逅を経て、泰澄は白山にとどまり、修行を重ねました。やがてその霊威は広く天下に知られるようになります。この間も臥行者と浄定行者は、泰澄の傍らから片時も離れることはありませんでした（図43）。

養老四年（七二〇）以降になると、多くの人々が修行のために白山に登るようになりました。養老六年、元正天皇が病気になり、加持祈禱を行うために泰澄は都に招かれます。そこで浄定行者を伴い都に赴き祈禱を行ったところ、天皇の病気が治り、神融禅師の号を授けられました。

泰澄は再び白山にもどり、神亀二年（七二五）には白山に登ってきた行基と山中で出会い、白山権現の垂迹の由来などについて問答をして、極楽での再会を誓い合いました。このように奈良時代の高僧として知られた行基がわざわざ白山の上まで泰澄を訪ねてきたことになっています。天平八年（七三六）、泰澄は再び奈良の都に呼ばれ、唐から帰ってきた玄昉という法相宗の偉い僧侶から、十一面経を授けられました。翌年には都で流行していた疱瘡（天然痘）を収束させるために、再び都に赴き祈禱を行い平癒させます。この功績によって泰澄は聖武天皇から、正一位大僧正という高い位を与えられました。晩年は越前の越知山に住んで、神護景雲元年（七六七）、八六歳で亡くなりました。このように、泰澄は越前の越知山から、平清水を経て白山に登り、修行を重ね、都で数々の功績をあげたことが伝記の中に記されています。

(3)『泰澄和尚伝』成立の周辺

以上のような、泰澄の活躍を伝える『泰澄和尚伝』には、今日において残念ながら原本は残っていません。写本のみが存在しています。現存最古の写本は、鎌倉時代末期の正中二年（一三二五）に書写された横浜市金沢称名寺所蔵のものです。このことから少なくとも、鎌倉末期以前には『泰澄和尚伝』が成立していたようです。このほかにも白山市尾添の密谷家、あるいは福井県勝山市の平泉寺白山神社にもこの系統の写本は残っています。それらは、鎌倉時代末期以降、室町時代にかけての頃に書写されていたようです。

では、『泰澄和尚伝』の原本はいつ頃できたのでしょうか。これについては、いろいろ議論があるところです。『泰澄和尚伝』の後尾の部分に「此の伝記は、浄蔵貴所の口筆を以て、神興聖人注記す。（中略）神興聖人は、大谷精舎寺院仏法興隆根元の人なりと云々。泰澄和尚の入滅神護景雲元年丁未の歳より、村上天皇の御在位浄歳貴所の在生天徳元年丁巳の歳に至るまで、百九十一箇年なり」の記事があります。泰澄が亡くなって一九一年後に、浄蔵（三善清行の息）という天台宗の高僧が口授した内容を、越前の大谷寺（越前町）の神興という僧侶が書記したものが原本だと記しています。もちろん原本そのものは現存していませんが、この記事を信用するなら、平安中期の天徳元年（九五七）頃に『泰澄和尚伝』が成立していたことになります。

白山開山の縁起に関する研究は、これまでにいろいろありますが、諸説があって、決め手を欠きます。なかには天徳元年の成立とされる『泰澄和尚伝』の原本は本当に存在したのか、浄蔵が口授したものを記述したとするのも疑わしいという意見も出されています。したがって『泰澄和尚伝』の成立時期は平安後期からもう少し時代がくだる鎌倉期ではないかという所説もみられます。

それとあわせて、白山を開いたとされる泰澄が実在したのかという問題があります。泰澄の実在説については、平泉澄氏も早くから指摘しておられますが、宮内庁に保管されている経典（「根本説一切有部毘奈耶雑事」）の奥書に「泰澄」という僧が天平二年（七三〇）に書写した旨が記されています。そのため、奈良時代に泰澄は実在したと主張する研究者も多いのです。しかし、この泰澄と白山を開いた泰澄は同名異人ではないかという研究者もいます。泰澄は実在したのか、『泰澄和尚伝』の原本はあったのかには、諸説があってよくわからないというのが実状です。

泰澄伝承の舞台となる地域との関わりからみると、泰澄はもともと越前の国の人で、越知山で修行をしている、平泉寺（平清水の池）のある場所を経て白山へ登った、最後は越知山で亡くなったということが注目されます。このような記述からは、それが越前側の白山信仰の世界から生み出された伝記（縁起）であることは動かないと考えられます。

おそらく、最初に泰澄という僧が白山を開いたという話が生まれ、やがてその伝説に潤色が加わり肉付けされていったのではないでしょうか。『泰澄和尚伝』が成立する背景には、たとえば、行基と泰澄が白山の上で出会ったという逸話などから、行基（ぎょうき）の年譜を参考にしたのではないかという意見もあります。また他方では、行基ではなく、むしろ弘法大師空海（くうかい）の伝記が参考になっているという説をとなえる研究者もいます。すくなくとも、『泰澄和尚伝』の下敷きとなった縁起が平安後期に存在しており、泰澄の生国や活動場所については、当初は必ずしも越前に特化されたものでなかったと考えられます。

ところで、平安時代後期にまとめられた『本朝神仙伝』いう書物に、泰澄がとりあげられています。作者は、大江匡房（おおえのまさふさ）という都の著名な学者です。そこには、白山の聖跡を顕現したと伝えられる、「泰澄者、賀州人也」とあり、加賀国出身者とする説があったのがわかります。また彼は翼をもたずに空中飛行ができ、最初は大和の吉野山へ赴き、次に京の稲荷神社で観音の化身である女性に出会い、人々を救いなさいとの示現をうけます。その後九州の阿蘇社へ行き、阿蘇山の山頂の池で九頭竜王と出会います。そこで泰澄が九頭竜王に「本当の姿を示しなさい」というと、三尺あまりの金色に輝く千手観音が現れました。そして、泰澄は数百年を経ても死なない、不老長寿の僧であるともかかれています。このように、平安後期には泰澄は加賀の人であったとする説が知られます。

また泰澄伝記とは別系の長寛元年（一一六三）に加賀国白山中宮（はくさんちゅうぐう）の長吏隆厳（ちょうりりゅうげん）が撰述したとされる白山縁起（「白山之記（しらやまのき）」）の中には、養老三年（七一九）に白山の神の託宣によって白山が開かれたとみえ、そこには白山の開闢者としての泰澄は出てきません。しかし、泰澄が白山で修行した場所があって、そこは平安末期に至るまでの四〇〇年間、草木が生えておらず、その場所は後世の人々の行場となっているとかかれています。このほか平安末期頃に成立した『本朝続文粋』所収の「白山上人縁起」によれば、養老年中（七一七〜二四）に、泰澄が初めて白山を開いたとみえており、『泰澄和尚伝』の原型が確認できます。

奈良・平安期に、泰澄のほかに白山に登ったと伝えられる著名な人物として、富士山に数百度登り、人々から「富士上人」と呼ばれた修行僧で、日泰上人の生まれかわりとされる末代上人がいます。それは平安時代末期の学者、藤原通憲（信西）がまとめた『本朝世紀』の中に出てきます。また同書には、昔天喜年中（一〇五三〜五八）の頃、日泰上人が白山に登り、龍池の水を酌んだともあります。日泰については、鎌倉前期の建保七年（一二一九）に成立した『続古事談』の中に、「日泰上人トイヒケル聖人、ヨロヅノ霊験所オガミノコス所ナシ、此山ノ龍池ノ水、昔ヨリクム人ナシ、始テコレヲクミテ人ニノマセケリ、飲人皆病癒ケリ」とみえ、日泰上人が白山に登って、初めて龍池の水を汲み、人々にそれを与えたところ、みな病が癒えたと語られています。

(4) 泰澄伝説の流布

白山を泰澄が開いたという伝承は、久安三年（一一四七）に白山系寺社が、比叡山延暦寺の末寺となった時期の前後の頃からみられ、白山の天台化がはかられる過程で生まれたと考えています。平安前期には、天台系の僧たちが白山に登るようになり、その後、園城寺長吏覚宗の支配の時代を経て、やがて平安末期に、加賀・越前・美濃の三方馬場の寺社が比叡山延暦寺の末寺化していくなかで、おそらく天台宗の側から、白山の開山として泰澄という人物が創作されたものと思われます。しかし当初泰澄は、越前または加賀の出身とされていたようですが、越前馬場平泉寺の発展にともない、越智山大谷寺などの越前の側で、泰澄を越前の僧とする『泰澄和尚伝』が鎌倉期頃になって作成され、その流布がはかられると、やがて加賀馬場、美濃馬場にもそれが受け入れられていきました。室町期の美濃馬場の長滝寺の文書には、同寺を開いたのは泰澄であるとはっきり記されています。

やがて戦国時代になると白山の山頂の支配をめぐって加賀と越前の間で争いがおこります。そこで加賀馬場では、白山は自分たちの支配下にあると主張し、訴訟を有利に展開するために、新しい縁起（「白山禅頂私記」）をつくりだします。そのときに内容のベースにしたのは、やはり既に中世を通して人口に膾炙していた『泰澄和尚伝』でした。しかしそこでは、泰澄は加賀の白山本宮（白山比咩神社）付近の安久濤ヶ淵で白山の女神から禅頂（山頂）に招かれたとし、『泰澄和尚伝』にみえる越前の平清水と場所がすりかえられています。また泰澄は、越知山で修行した後、加賀と越中の国境にある医王山に移り、そこに臥行者や浄定行者がやってきた話にかわっています。つまり越前版の『泰澄和尚伝』を加賀版に改竄したものでした。しかし泰澄が越前の人であるという部分だけは、そのままで変えられていません。それだけ戦国期には、越前の泰澄という人物像が、白山の開山者としてゆるぎない地位を得ており、広くその存在が流布していたということでしょう。

最後に、泰澄という人物が生み出された背景を探ってみたいと思います。泰澄が実在したかどうかははっきりわかりません。しかし、平安期になると白山に登って修行をした多くの行者は存在していました。そういう人たちによって白山が開かれていったことは、まぎれもない事実です。したがってその人たちの事績が、白山の天台化が進む中で白山の開山としての泰澄という個人に収斂された伝承を生むことになり、やがてそれを基に越前馬場の側から越前出身者の『泰澄和尚伝』がつくりあげられ、全国に流布していったものと思われます。

また泰澄という名前は、平安後期に天台系の人々によって白山の縁起が整えられる際、当時修験者の間で、富士山をはじめ諸国の霊山を踏破し、智行具足の生仏とあがめられ、白山に登っても龍池の水を初めて汲んだことで知られる、当代の著名な伝説的行者とされた、日泰上人の「泰」の一字と、天台の宗祖伝教大師最澄(さいちょう)の「澄」の一字を組み合わせて、泰澄という名前の白山の開山が創作されたものではなかったかと推考してみました。つまり、「泰澄」は、きわめて天台宗的な僧名といえるのです。とはいえ、縁起の語る世界の話が事実かどうかは別として、長年にわたりそれが語り継がれてきた歴史もまた重要な信仰的事実であります。したがって奈良時代の養老元年(七一七)に泰澄が白山をひらいたという縁起の内容は、白山信仰の歴史の中では尊重すべきものと思われます。

【参考文献】

浅香年木「『泰澄和尚伝』私考」『古代文化』三六—五、一九八四年
飯田瑞穂「『泰澄和尚伝』をめぐって」『芸林』四—四、一九八五年
小林一蓁「白山縁起と泰澄伝」『行動と文化』五、一九八四年
近藤喜博「白山禅頂」『白山を中心とする文化財—石川県—』文化庁、一九七一年
下出積與「泰澄和尚伝説考」『坂本太郎博士還暦記念　日本古代史論集・上』吉川弘文館、一九六二年
白山市教育委員会『白山山頂遺跡関連文献・絵図調査報告書』二〇〇九年
平泉澄編『泰澄和尚伝記』平泉寺白山神社蔵版、一九五三年
本郷真紹『白山信仰の源流—泰澄の生涯と古代仏教—』法蔵館、二〇〇一年
由谷裕哉『白山・石動修験の宗教民俗学的研究』岩田書院、一九九四年

白山山頂と禅定道の遺跡群

小阪　大

はじめに

白山は、御前峰（二七〇二メートル）を主峰とし、大汝峰（二六八四メートル）、剣ヶ峰（二六七七メートル）、別山（二三九九メートル）が連なり、山頂部を形成しています（図44）。御前峰には、白山比咩神社の奥宮があり、夏季になると神職と巫女が常駐し、日の出にあわせて本殿で祈禱が行われています。

三馬場と呼ばれる加賀・越前・美濃の別当寺（宮）から、山頂へつながる道を禅定道と呼びます。三つの禅定道（図1参照）は、直線で片道三五キロ以上、高低差は二〇〇〇メートル以上あり、起伏が激しく険しい道中のため、現在はあまり使われていません。

これまで、さまざまな機関によって山頂や禅定道の踏査、発掘調査などが進められてきました。

図44　霊峰白山（左側のピークが大汝峰，右のピークが御前峰）

その成果を総合的にとらえるために、植生や景観の変化、発掘調査による施設の機能の分析などから、白山の山頂と禅定道の空間構造とその歴史的変遷を整理します（図45）。

(1)　禅定道の空間構造

里宮と別当　白山を望む里人たちは、白山を背にして鳥居を建て、峰々を神・仏として崇め、名を与えたと考えられます。やがて、里人たちは山を背景に神社（寺）として里宮をつくりました。白山の里宮は、加賀の白山本宮（白山比咩神社）、笥笠中宮（中宮笥笠神社）、越前の平泉寺（平泉寺白山神社）、美濃の長滝中宮（長滝白山神社）、石徹白中宮です。

御神体である山頂と里宮を結ぶ禅定道は、長い道程であることから哲学的に禅の修行も兼ねているとも言われます。禅定道沿いには、宿泊施設も兼ねた信仰の拠点「宿」や「室堂」が整備されました。この禅定道を管理していたのが、里宮の集団「別当」です。別当は、大正時代まで登山道の入口で入山料を徴収し、禅定道と山頂の諸施設の管理修繕を行っ

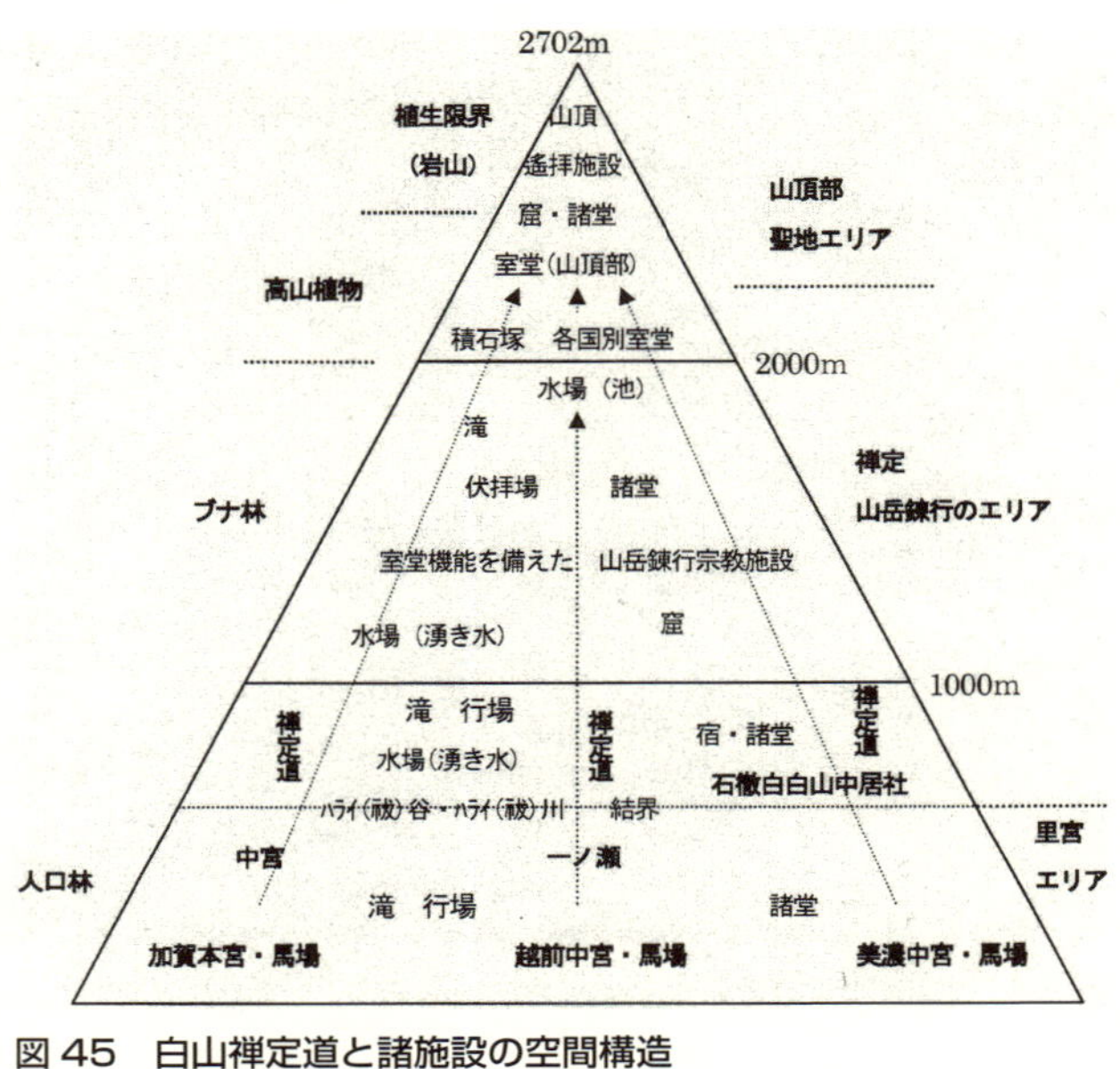

図45　白山禅定道と諸施設の空間構造

てきました。入山料は江戸時代後期では七〇文、当時の米相場で換算すると約一二六〇円ぐらいでした。

白山への結界　白山のような霊山は、神聖な空間であり、そこに入るには俗世界からの穢れを除く「浄め」が必要となってきます。禅定道に残る遺跡から、浄めの場と結界をみていきましょう。

禅定道沿いには、自然石の一部を刳りぬいた手水鉢があり、登山者は水を浴びたり手にあてたり口を注いだりして「浄め」を行います。また、各中宮が立地する空間には、必ず河川がその前にあり、「結界」とされていました。「祓い川（谷）」とも呼ばれています。白山では明治維新まで、「女人禁制」と布いており、女人が結界を超えたため鬼によって体を半裁にされたとの伝説や岩となった伝説が多く残ります。また、加賀禅定道と越前禅定道には「相撲場」の字が残る場所があります。相撲はもともと神に奉納する神事で、登山者を裸にさせ身の潔白を証明させる意味合いがあるといわれます。

禅定道の宗教施設　結界を過ぎて、標高が一〇〇〇メートルを越えると、植生はブナを主体とした自然林の植生へ変化します。修行者が夏季に宿泊し、行を行うための施設にたどり着きます。加賀禅定道の檜新宮、越前禅定道の法音寺、美濃禅定道の神鳩社がこれにあたります。

修行僧が宿泊した施設は同時に神仏を祀る空間でもありました。加賀禅定道の檜新宮は、標高約一五〇〇メートルの尾根上に位置します。この尾根には大岩があり、根周り六メートル、樹高約三〇メートルの檜、同規模のヒメコマツ、ダケカンバが並んで樹立しています。周辺は、ブナを主体とする広葉樹林で針葉樹の檜の巨木は、ひときわ目立つ存在です。現在、この檜を背後として昭和五六年（一九八一）に再興された地蔵尊を祀る一間流造りの社祠が静かに鎮座しています。

図46　**大岩と檜の大木を背にする檜新宮**（「白山曼荼羅」〈寛政元年〔1789〕〉，能美市蔵）

巨木の社叢そのものが信仰の対象であり、かつての堂社はこの巨木と岩を背後に展開していました（図46）。平成二十二年（二〇一〇）に実施された発掘調査では一棟の礎石建物跡と区画溝跡、堂社へ向かう石敷きの階段跡、溜池等の遺構が確認されました。檜の根本にある大岩の前からは、大量の炭化物や古銭、鉄製の鰐口片、刀子とともに一二世紀から一八世紀の陶磁器片が出土しています。

「白山之記」（白山比咩神社蔵、長寛元年〈一一六三〉に成立）によると、檜新宮では、五月二〇日から八月彼岸（旧暦）まで山中の堂に滞在する「夏安居」が行われていました。本地仏は、地蔵菩薩であり、毎月二四日には地蔵会が

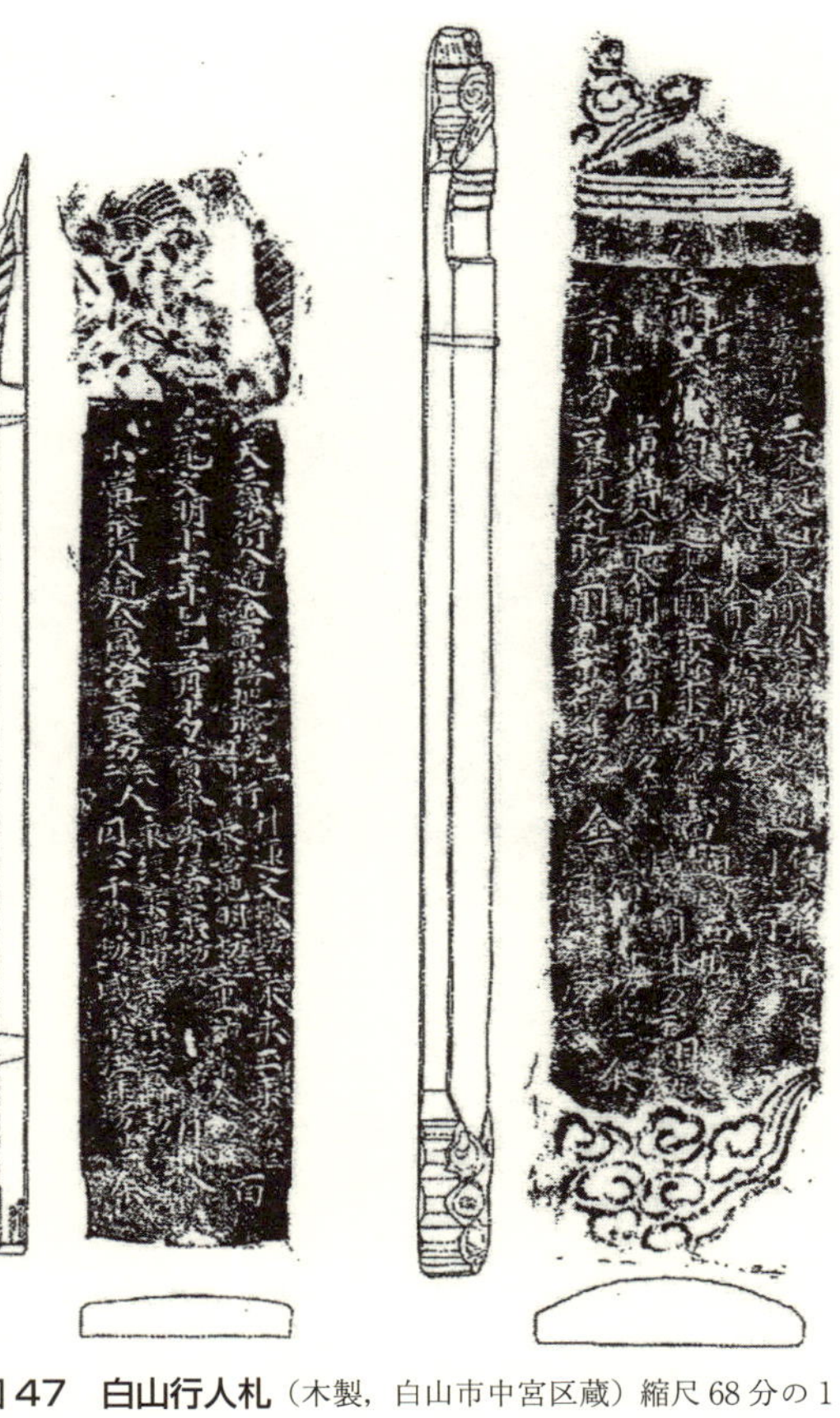

図47　白山行人札（木製，白山市中宮区蔵）縮尺68分の1

行われました。また、懺法と呼ばれる行では、両界曼荼羅を掲げ七月一七日から二三日夜半にかけて、七日間花・香・燈を絶やさず、法華観音経・大般若経を転読せず読み続けたと書かれています。

このほかに、加賀禅定道の麓、中宮に残された「白山行人札」（図47）によると、文明一六年（一四八四）と一七年に実施された夏安居には一回九名から一一名が参加し、二一歳から八一歳の僧が虫尾社で夏季修行を行ったことが記されています。

禅定道の室跡　宗教施設から山頂に至る区間では、禅定道は尾根の稜線上を進みます。景観的に目立つ大木や岩など経由して、植生限界となる山頂部には、塚や室堂を造り信仰の対象としています。

室堂は、仏像を祀る堂社と登山者の宿泊施設を兼ねた建物です。高山の強風から建物を護るため、周囲に石を積み上げて塀を築いています。宗教性は薄れていますが、現在でも白山や立山では「室堂」の名称が残っています。

室堂の一つ、加賀禅定道の天池室跡（二一三八メートル）周辺は高山植物帯となり、近くに高低差九〇メートルの百四（余）丈滝を望むことができる風光明媚な場所です（図48）。室跡の規模は東西三七・五メートル、南北三二・五メートルで、周囲に風よけの石塀を築いています。石塀は〇・八〜一メートル程度の自然石を用いて、約一・四メートル幅で野面積みしたものです。敷地内は、石垣によって三つに仕切られており、南西隅には縦二メートル、横二・五メートル、深さ四〇センチの炉跡があります。また、北西側は一メートル程高くなっており、神仏を安置した神座とみられる空間があります。敷地の北西隅には、人口的に作られた飲料水用の溜池があります。

図48　加賀禅定道の天池室跡

同じような機能を持つ室としては、美濃禅定道の別山平（二一二〇メートル）の御手洗池畔に位置する美濃室（三ツノ室）や六兵衛室があり、周囲の景観にすぐれ、水源地を確保できているといった条件を満たしています。これらの室周辺は、夏季にはニッコウキスゲなど高山植物が群生して咲き誇り、江戸時代中頃に描かれた「白山曼荼羅」の中でも「御花畠」とされる名所でした。

積石塚の伝説・文化

植生が乏しい高山地帯を歩くと、近世以前に人口的に積まれた積石塚がみられます。三〇センチ大の自然石を積み、直径一・三メートル、高さ一メートルの小型のものから、直径一六・六メートル、高さ三・五メートルの巨大なものまで、大小さまざまな形態があります。

これらの塚には白山を開山した泰澄が悪事を働く千匹の蛇を封じ込めた（越前禅定道蛇塚）とか、猫に化けた老婆を埋めた（四

図 49　四塚山にある巨大な積石塚（背後に北アルプスの峰々が見える）

塚）といった伝説が付随しています。積石塚は、曇天時に登山者が道を見失わないための目印であるばかりではなく、信仰の対象ともなっていました。四塚山（二五一九メートル）にある直径一六・六メートルの巨大な塚（図49）は、「白山曼荼羅」にひれ伏して拝む人が描かれています（図50）。晴天時が続く秋季、この塚の東側には、遥か七〇キロかなたの乗鞍岳や穂高などの北アルプスの峰々が神々しく間近にあるように見え、神秘的な光景が広がります。ヒマラヤでも同じように景観の優れた場所には積石塚が築かれ、神が降りてくる場として崇められています。

図 50　積石塚の前でひれ伏して拝む人（「白山曼荼羅」〈寛政元年〔1789〕〉，能美市蔵）

(2)　白山山頂部の祭祀施設

峰々の本地仏　白山の峰々の頂上には、本地仏を祀る施設があり、御前峰には十一面観音像、大汝峰には阿弥陀如来像、別山には聖観音像が安置されていました。これらの仏像は、明治五年（一八七二）まで越前平泉寺が白山山頂を管理していたため、越前の福井藩主松平氏や勝山藩主小笠原氏によって勧請されたものです。その後、明治七年七

図51　白峰林西寺白山下山仏堂で祀られている白山下山仏（林西寺蔵）

月末までに、明治政府からの指示により下山させられて、現在は石川県白山市白峰の林西寺白山下山仏堂で祀られています（図51）。

御前峰の手前の中腹である室堂平には、かつて越前室がありました。ここは、御前峰の山頂を直接拝むことができる遥拝と宿泊を兼ね備えた場所です。現在は、白山比咩神社の奥宮拝殿と一般登山者が宿泊できる白山室堂センターになっています。ここからは、銅製の鏡、ガラス玉、懸仏、陶磁器類が多数発見されました。また、江戸時代には、十一面観音像が安置されていました。

擬死再生と地獄めぐり

白山のような霊山へ登ることは、一度死の世界へ行き、修行を経て成仏し、再び生を得て生まれ変わるという「擬死再生」と深く関わっていました。江戸時代、白山に登る人々は、死に装束である白い服装で赴いたといわれます。

室堂を起点として、旧火口を地獄の風景に見立てて周遊する「地獄めぐり」（現在は「お池巡り」）は、霊山としての側面を伝えています。一周約二キロ、二時間の行程である地獄めぐり沿いにある六地蔵堂跡（二六一九メートル：六道堂跡とも言われている）は、旧火口に近い御前峰中腹にあり、東西一〇・五メートル、南北九・五メートルの石塁で囲まれています（図52）。ここには、銅造の地蔵菩薩を祀る一間社の地蔵堂がありました。地蔵菩薩は、六道（人が死後に輪廻転生するという地獄、畜生、餓鬼、修羅、人、天）の救済仏であり、地獄との境を意味する施設です。現地に残る石造物の大半は、福井県の笏谷石（緑色凝灰岩）製で、「永禄三」（一五六〇）や「越前國足羽庄住人」と読める銘が入ったものもあります。

高天ヶ原（二五五六メートル）には、石造の十一面観音坐像が安置されており、周辺には堂跡らしい石積みの区画もあります。また、万年雪の雪渓がある千蛇ヶ池の畔には、石塁で囲まれた采女社跡が残っています。仏像や石造物は確認できませんが、江戸時代には十萬金剛童子像が祀られていました（「続白山紀行」）。

図 52　六道堂跡（六地蔵堂跡）

(3)　白山登山の歴史的変遷

以上のような禅定道や施設から、白山登頂の歴史的変遷を整理します。

第一段階（九世紀後半～一一世紀）　御前峰の山頂周辺では、九世紀後半の須恵器の壺・瓶、灰釉碗・皿（岐阜県の東濃地方で生産された陶器）のほか、金銅製の懸仏、経文が書かれた経石、独鈷（僧が使う仏教用具）、銅鈴、鉄製の鰐口、銅銭、香合、水瓶といった仏教関連の遺物も多くみつかっています（図53）。

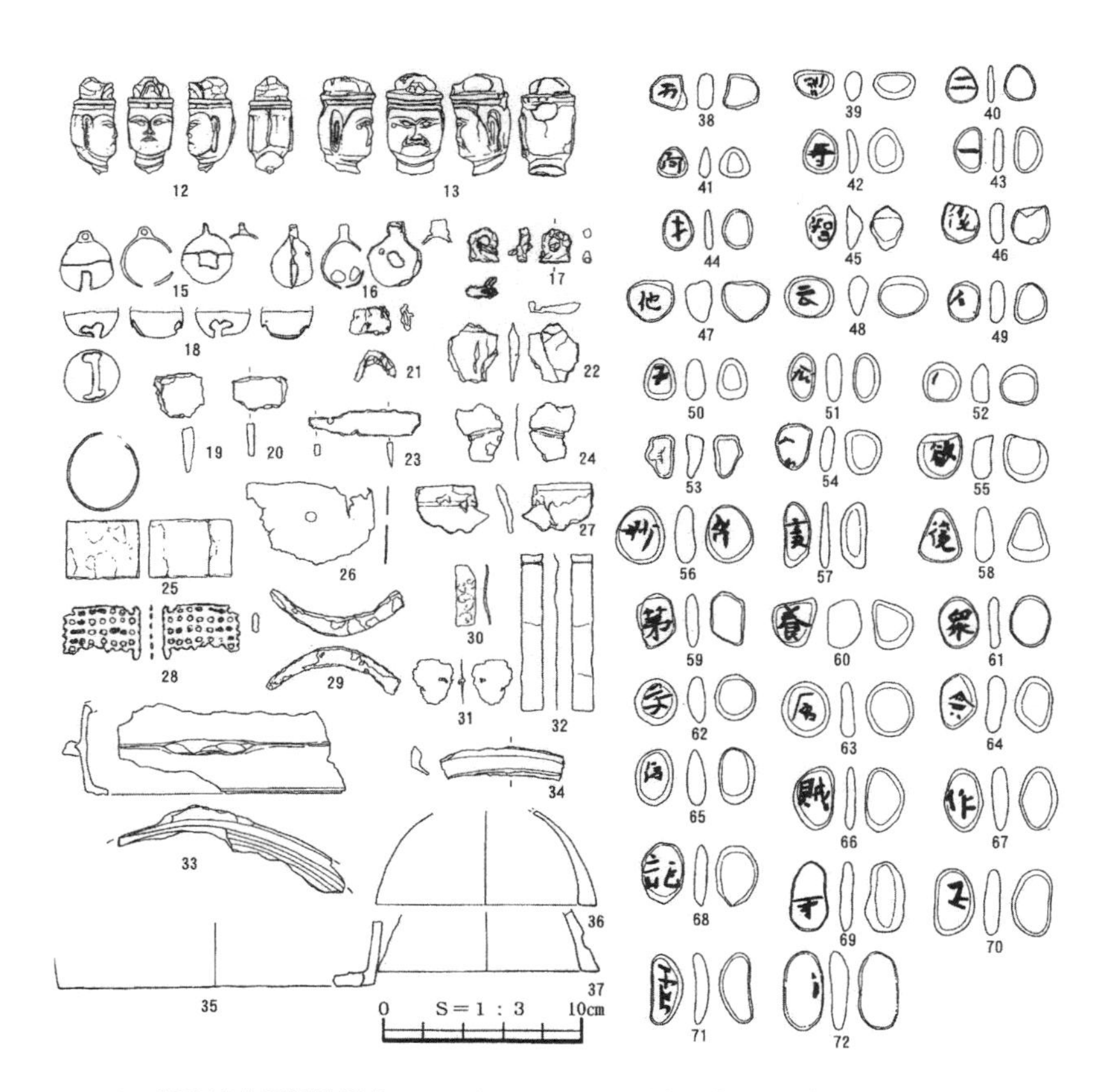

図53　御前峰山頂採集遺物（國學院大学白山山頂学術調査団1988）

「白山之記」にみえる、天長九年（八三二）の禅定道整備を裏付けるものです。大汝峰ではこの時期の遺物はみられず、別山ではやや遅れて一〇世紀前半頃の灰釉陶器瓶が出土しています。

室堂などの長期に滞在できる施設はなく、初期の登山は、ある箇所から登り、御前峰山頂で祭祀を行い、同一場所へ帰る短期的な登山であったと推定されます。

第二段階（一二〜一四世紀）　別当の発展によって、各室堂や諸堂・宿が整備され、夏季に長期間滞在が可能となる時期です。加賀禅定道の檜新宮、越前禅定道の法音寺、美濃禅定道の神鳩社といった宗教施設が整備されたことで、修験僧による夏季の修行が可能になりました。

御前峰では、独鈷杵・三鈷柄剣・青白磁合子・礫経石など密教色の濃い遺物が採集され、本格的な祭祀が行われたことがわかります。

室堂跡では、頭上化仏・懸仏・火打鎌・瑞花双鳥八稜鏡・ガラス玉などが採集されています。土師器小皿・越前焼擂鉢などの生活雑器も発見され、室堂に滞在した人々の存在がうかがえます。

第三段階（一五〜一六世紀前半）　この時期は、白山の修験が全国で知られるようになる時期です。笈ヶ岳（一八四一メートル）や経ヶ岳（一六二五メートル）では埋納された銅製の経筒が発見されています。経筒には、武蔵や甲斐といった遠方の修行僧による銘があり、廻国納経の場の一つとして白山の峰々を訪れたのでしょう。しかし、一方で白山への登山が俗化し、別当が商業ベースで山を管理することに繋がる時期でもあります。

第四段階（一六世紀中頃〜一八世紀中頃）　商業ベースでの山の管理が定着し、山頂までの先達となる別当や麓の人々が、山頂の諸施設の造営や管理権を巡って争論を起こす時期です。登山の修験的要素は薄れ、室堂は巨大化して一般人の宿泊・滞在が可能となりました。

そして、白山山頂の管理によって生じる入山料などの利権を巡って、別当間での争論が起こります。最終的には、寛保三年（一七四三）に江戸寺社奉行により、御前峰・大汝峰の山頂部は越前の平泉寺、別山山頂までは美濃の長滝寺の管理と定まりました。その結果、加賀の中宮勢力は山頂での権利を失い、加賀禅定道は衰退したのです。

第五段階（一八世紀中頃〜明治維新）　平泉寺が山頂の施設や主要禅定道の管理を行っていた時期です。これとともに、越前禅定道からの登山が一般的となります。一ノ瀬（市ノ瀬）では、温泉宿が整備され、京の文人が度々訪れました。白山の見どころを伝える刷り物の地図が作成され、登山行為が商品化されていきます。別山山頂までの先達を認められた石徹白御師（いとしろおし）は、名古屋方面から夏季登山者を獲得し、美濃禅定道は「登り千人、下り千人」と称されるほどの賑わいでした。

第六段階（明治七年〜現在）　明治五年（一八七二）一一月、白山山頂部を含め白山麓一八か村は、幕府領から石川県の所属となり、山頂部と主要禅定道は、平泉寺から白山比咩神社の管理へと変更されました。明治七年七月までには、山頂の諸堂に安置されている仏像が麓へ下山し、仏堂は破壊されました。一方、女人禁制は解除され、登山の大衆化とともに、白山を源とする水系の農家青年集団は講を組織して、白山へと登るようになります。大正時代には治山・砂防事業が始まり、より簡易的に登山できる道が開発され、別当による登山料徴収も廃止されました。

(4)　白山山頂と禅定道の遺跡の価値

全国の山岳霊場をみると、一般に里宮は残っていますが、山頂部は近代の開発や火山の噴火によって破壊され現状を留めていない場合がほとんどです。白山の場合、近世から近代にかけて禅定道の一部は使われなくなり、噴火による被害も少なかったため、保存状況は良好です。さらに、里宮である平泉寺境内等の遺構を含めると、白山は我が国の霊山の歴史を証明できる重要な遺跡といえるでしょう。

白山の三つの禅定道は、昭和六二年（一九八七）から平成二年（一九九〇）にかけて大部分が復旧されました。今後も保存に努めるなかで、多くの方に古代からの信仰の変化を体感しつつ、禅定道を歩いていただきたいと思います。

【参考文献】
石川県教育委員会『歴史の道調査報告書第5集　信仰の道』一九九八年
石川県白山市教育委員会『白山山頂遺跡群調査報告書』二〇一一年
川喜多二郎『ネパール王国探検記』光文社カッパブックス、一九五七年
國學院大学白山山頂学術調査団「白山山頂学術調査報告」『國學院大学考古学資料館紀要』第4輯、一九八八年
小阪大「白山曼荼羅図からみた加賀禅定道」『山岳修験』第48号、二〇一一年

④ 越前禅定道を歩く

山田安泰

はじめに

白山の登拝道は、禅定道と呼ばれ、古くから多くの人びとによって利用されてきました。禅定道は、福井、石川、岐阜からの三ルートあり、それぞれ越前禅定道、加賀禅定道、美濃禅定道と呼ばれています。これらのうち、一番短いのが越前禅定道です。平泉寺から白山まで二泊三日の行程で約四〇キロの道のりです。しかし、平泉寺から白山伏拝までの約一〇キロ、市ノ瀬から山頂までの約一〇キロ以外は、林道や土砂崩れなどで道が不明となり、経験のない登山者が踏破することは困難になっています。しかし、泰澄をはじめ多くの修験者が白山を目指して登ってきた道であり、「白山天嶺境内図」など数多くの記録が残されています。この歴史の道は、登山家や歴史家にとってあこがれの道でもあります。そこで、禅定道の現状を伝えることで、その歴史や価値とともに現地を歩くための情報も紹介したいと思います。

(1) 平泉寺から白山伏拝

図54　平泉寺三之宮から始まる禅定道

平泉寺から出発　越前禅定道の起点となる平泉寺白山神社境内の三之宮は、安産の神様として地元の人にも親しまれている場所であり、通常の参拝者もみられます（図54）。三之宮の背後から始まる登山道は、いきなりの急登。すべりやすいので注意が必要です。二〇分ほどで「白山妙理大権現縁起」に記されている白山までの一二宿の一番目、「金劔の峯」に着きます（図55）。現在も釼之宮という小さな社が建っています。さらに少し登ったところには、大きな堀がつくられています。平泉寺の砦や結界のようなものでしょうか。堀を越えてさらに登っていくと、高さ四〜五メートルほどの岩が左右に立つ場所に至ります。すると、ようやく急登が落ち着き、平泉寺北谷からの別の登山道と合流します。

この先はしばらく平坦な道が続き、三頭山を越えて軽快に歩みを進めると、やがて舗装された広域林道に出ます。この林道と禅定道の交差点は、石畳で整備されていて、禅定道の雰囲気を壊さないような配慮がされています。この林道から二〇〇メートルほど進むと稚児堂に着きます。稚児堂は、近くの弁ヶ滝に相次いで身を投げた稚児「和光」と「弁の

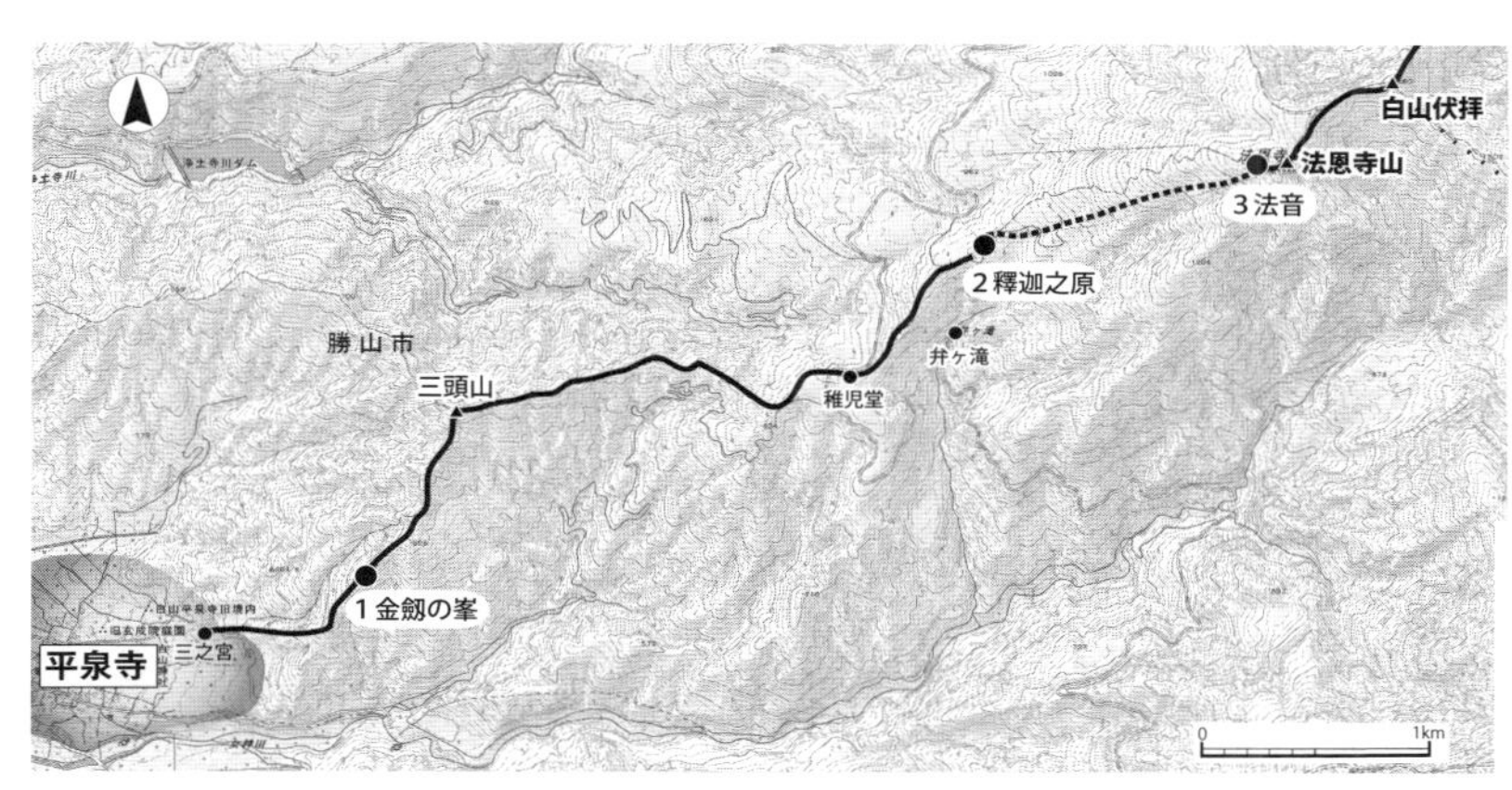

図55　禅定道①　平泉寺〜法音

君」を供養した場所です。絵図にも「卒塔婆」が描かれ、現在も中世の石塔や石仏が小さな祠の中にまつられています。弁ヶ滝へ下る道が稚児堂から右手に延びています。禅定道を直進すると、第二宿「釋迦之原」にあたる中の平と呼ばれる広場に出ます。大きな避難小屋と展望台があり、登山者に重宝されています。水場もあるためここでしっかりと休憩するとよいでしょう。

中の平からは、急な階段地獄が続きます。まっすぐに登る急な階段は精神的にも堪えますが、階段を登り切ったら後ろを振り返ってみてください。勝山の市街地まで見渡すことができるビューポイント。いにしえの修験者もこの景色を見て、白山禅定の決意を確認したことでしょう。

法恩寺山山頂　左手にスキー場のゲレンデを見ながら登ると、急に目の前が開けて平坦地が現れます。第三宿「法音」です（図56）。絵図には法音寺の建物が描かれており、泰澄が白山への途上、翁の読経（法）する声（音）を聞いたといわれています。小さな社にお参りをしてひと登りすると、標高一三五六メートルの法恩寺山山頂です。草木はきれいに刈り払われ展望が良く、加越国境の山々と白山連峰を望むことができます。

法恩寺山を下り、小さなピークを二つほど越えると白山伏拝（標高一三六〇メートル）です。ベンチに座って休憩できるスペースがあります。残念

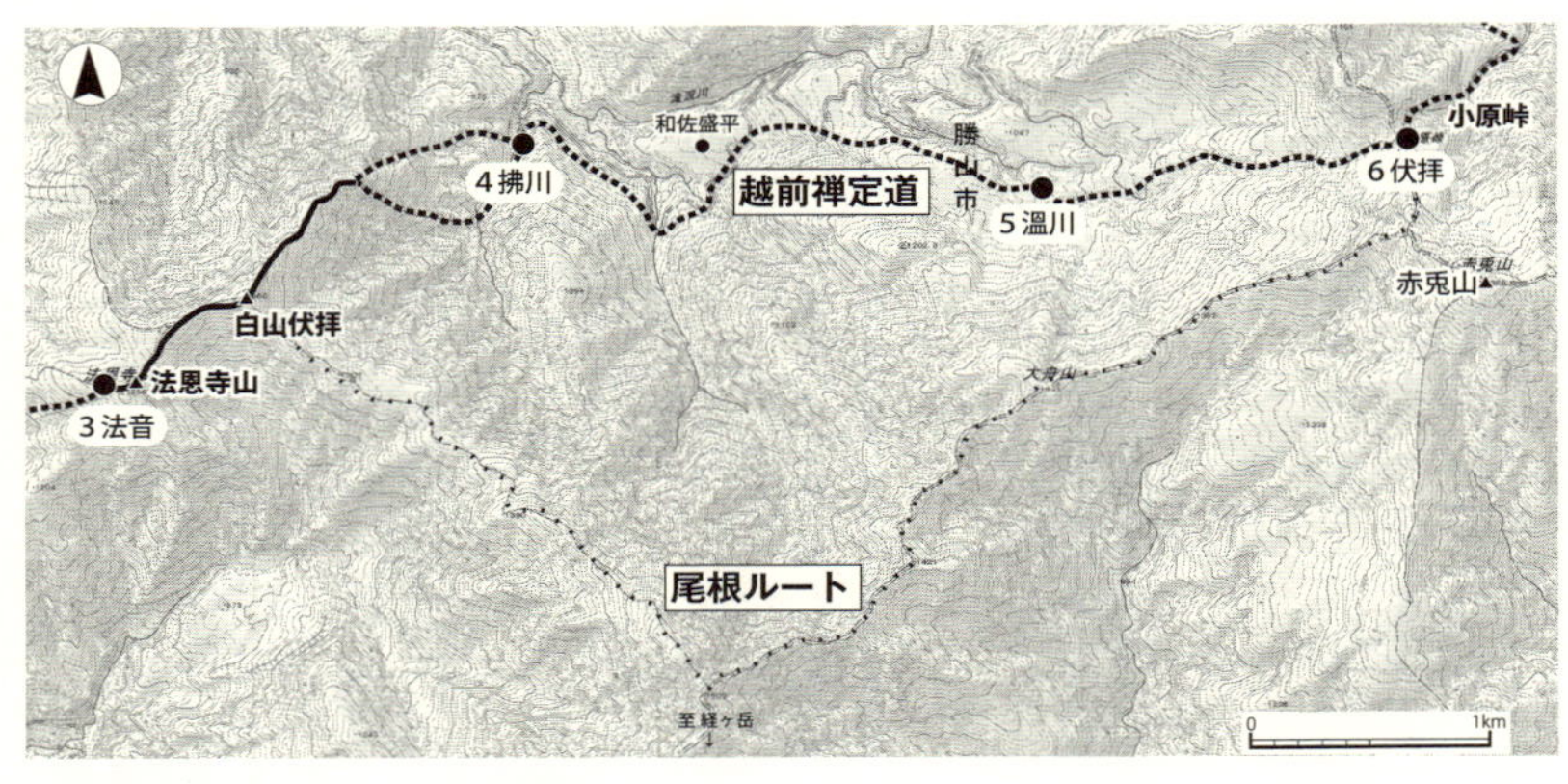

図 56　禅定道②　法音～伏拝

ながら白山方面は、大きな木々で遮られています。絵図には鳥居が描かれています。白山伏拝という名のとおり、この場所から遠くにみえる白山を伏して拝んだのでしょう。そう考えるとこの場所はたいへん神聖な場所といえます。

(2) 白山伏拝から小原峠

難所の登山道　白山伏拝から先は正面の藪の中を進むことになりますが、急な下り斜面で道もほとんど判別ができません。体力も精神力もかなり消耗するので、読図の技術と十分なスタミナが必要です。白山伏拝から先は越前禅定道の中でも指折りの難所で、現在は通行止になっています。

ところが、国土地理院の地形図を見ると登山道が示されています。この登山道は、昭和四三年（一九六八）に開催された福井国体山岳競技の会場として整備されたルートだそうです。現在では藪に分け入ると道らしきものはまったく無い状況がしばらく続きます。地形図と方位磁石で確認しながら北東方向にのびる尾根をみつけ、外れないようにしばらく下っていくと尾根にそって窪んだ登山道の跡があらわれてきます。私はこの道を数回歩いたことがあります。歩くたびに考えることは、「なぜ、危険な思いをして白山がみえなくなる谷へ下るか」ということです。白山伏拝から経ヶ岳（きょうがたけ）方向の尾根ルートを進み、白山へ行くこともできるからです。谷筋に下るのはおそらく水場の関係かもしれません。

しばらく進むと、道は右に大きく曲がり岩場に出ます。岩場は高さ十数メートルあり多少危険ですが、岩や木などにつかまりながら用心して降りることができます。岩には、何か所かロープが垂れ下がっているところもありますが、メンテナンスがされているわけではないので頼らない方が賢明でしょう。以前は鎖やはしごがかけられた場所がありましたが、現在は見つけることができません。木々につかまりながら岩場を降り、また尾根道を下っていくと左の谷筋に巨木が見えてきます。以前、地形図のとおり尾根をたどっていったところ、川へ出るところが崖になっていて下るのに苦労した覚えがあります。本来の禅定道は、尾根道かと思いますが、巨木を目指して谷筋に下り、そのまま谷筋をどんどん下るとスムーズに滝波川（たきなみがわ）の支流が流れるハラ谷に出られます。そのまま、川を下りたいところですが、水量が多く、また、左岸は急峻で大変危険なので、右岸に渡って下る方が安全に歩けます。

林道を行く　道は無く森の中を下ることになります。すべらないように足元に気をつけて下っていき、砂防ダムを越えたら左岸に渡ると、小原林道へ出られます。このあたりは、第四宿「拂川（はらいがわ）」（祓川）といわれていて、白山への参詣者がケガレを祓った修行場といわれています。林道の脇の待避所でしっかりと休暇をとりましょう。

林道に沿って登っていくと、和佐盛平（わさもりだいら）が左側に見えてきます。ここは江戸時代の鉱山跡で、建物や田畑、坑道の跡が残っているそうです。また、以前は山小屋があり、林道が整備されるまではよく使われたときいています。林道に沿った古道が禅定道といわれており、泰澄の母が雨宿りしたという七難の岩屋や第五宿「溫川」（湯川）を経て、林道終点のあたりまで通じていましたが、現在は道が不明瞭のため林道を歩く方が賢明です。

林道終点付近にある登山口から登山道を進みます。白山を目指していた泰澄が道に迷ったとき、雉（きじ）があらわれて道

図57　白山と禅定道の峰々

案内してくれたといわれている雉子神（雉神）の旧跡を経て、小原峠に着きます。小原峠は、白山を間近に望むことができる第六宿「伏拝」にあたり、小さな祠に不動明王像一体と地蔵菩薩が二体安置されています。小原峠は登山道の分岐であり、大長山や赤兎山へはそれぞれ左右の尾根道へ進みます（図57）。禅定道は正面の谷道となります。

(3) 小原峠から市ノ瀬

ゆるやかな道　小原峠から先は、石川県になります。現在は通る人も多いためか、道筋ははっきりしていて禅定道を快適に歩くことができます。谷筋に沿ってどんどん下っていくと、しだいに道の傾斜もゆるやかになりひらけたところに川上御前社の小さな祠が出てきます。ここが第七宿「河上」です（図58）。天正一一年（一五八三）平泉寺再興に際して、ここにあった泰澄作という女神像は移されたといわれています。この周辺は広くなっているので、休憩に最適です。

川を渡りさらに下ると林道に出ます。この林道をひたすら歩くと集落にたどりつきます。この集落が第八宿「秘密谷」の三ツ谷（石川県白山市）です。昭和九年の台風水害で廃村になっていますが、畑など手入れがされていて、夏

図 58　禅定道③　河上〜秘密谷

場は定住している人もいるようです。三ツ谷は、赤兎山と三ノ峰の間にある杉峠へ登る道の分岐点にもなります。ここへは、市ノ瀬から車で来ることができ、その車道は、禅定道とも重なっています。車の往来に気を付けながら市ノ瀬を目指します。

第九宿「一之瀬」(市の瀬)は古くから多くの登山者のターミナルになっていたようで、江戸時代には平泉寺の白山参籠小屋があり、御守りや白山縁起を売っていたそうです。現在は白山ビジターセンターや温泉宿があり、泊まるには最適の場所といえるでしょう。

(4)　市ノ瀬から白山

見晴らしの良い尾根道　市ノ瀬を出発して手取川の支流にかかる六万橋を渡ります(図59)。ほどなく左側に禅定道入口を示す案内看板がみえ、山道へと入ります。川上御前から市ノ瀬までずっと車道を歩いていたので、山道に入るとなぜかホッとします。六万山への尾根に出るまではきびしい急登ですが、休まずに一気に登り切りたいところです。

尾根に出てすぐの六万山からさらに進むと指尾山となります。この尾根道はやせ尾根で、登るにつれて見晴らしが良くなってきます。巨岩や大木

図 59　禅定道④　一之瀬〜檜之宿

が所々にあり、よじ登ったりくぐったりしながら進めるため、山歩きにアクセントをつけてくれます。この付近にあった第十宿「檜之宿（ひのきのしゅく）」の釈迦如来像は明治に下山し、現在は白峰の林西寺（りんさいじ）にまつられています。標高一四一八メートルの指尾山を過ぎ、しばらくすると大きな岩窟が出てきます（図60）。ここは剃刀窟（かみそりいわや）と言われていて、白山を開山した泰澄が髪を剃った場所と伝えられています。石仏や石塔などが無数に置かれ、その異様な雰囲気に圧倒されます。さらに登ると、尾根が急に広くなり第十一宿「尾平（おだいら）」の慶松平（けいまつだいら）へ出ます。以前、登山道とは別に北側に分け入る道が刈り払われていて、それを進むと祠があった記憶があるのですが、現在は藪に覆われみることができません。

白山山頂へ　慶松平から一登りすると別当出合（べっとうであい）からの登山道と合流します。この合流から先を現在は観光新道と呼んでいます。ここからは、正面の稜線を見上げながらさらに高度をどんどん稼ぎます。周囲には高山植物も多く見られるようになり、ほどなく殿（との）が池避難小屋に着きます。この先は馬のたてがみと呼ばれる細い尾根を登ります。馬のたてがみは、七月下旬にはお花畑を斜面にみることができる絶好のポイントです。風が強い時は飛ばされないよう注意が必要です。

泰澄が三〇〇〇匹の大蛇のうちの一〇〇〇匹を封じ込めたといわれて

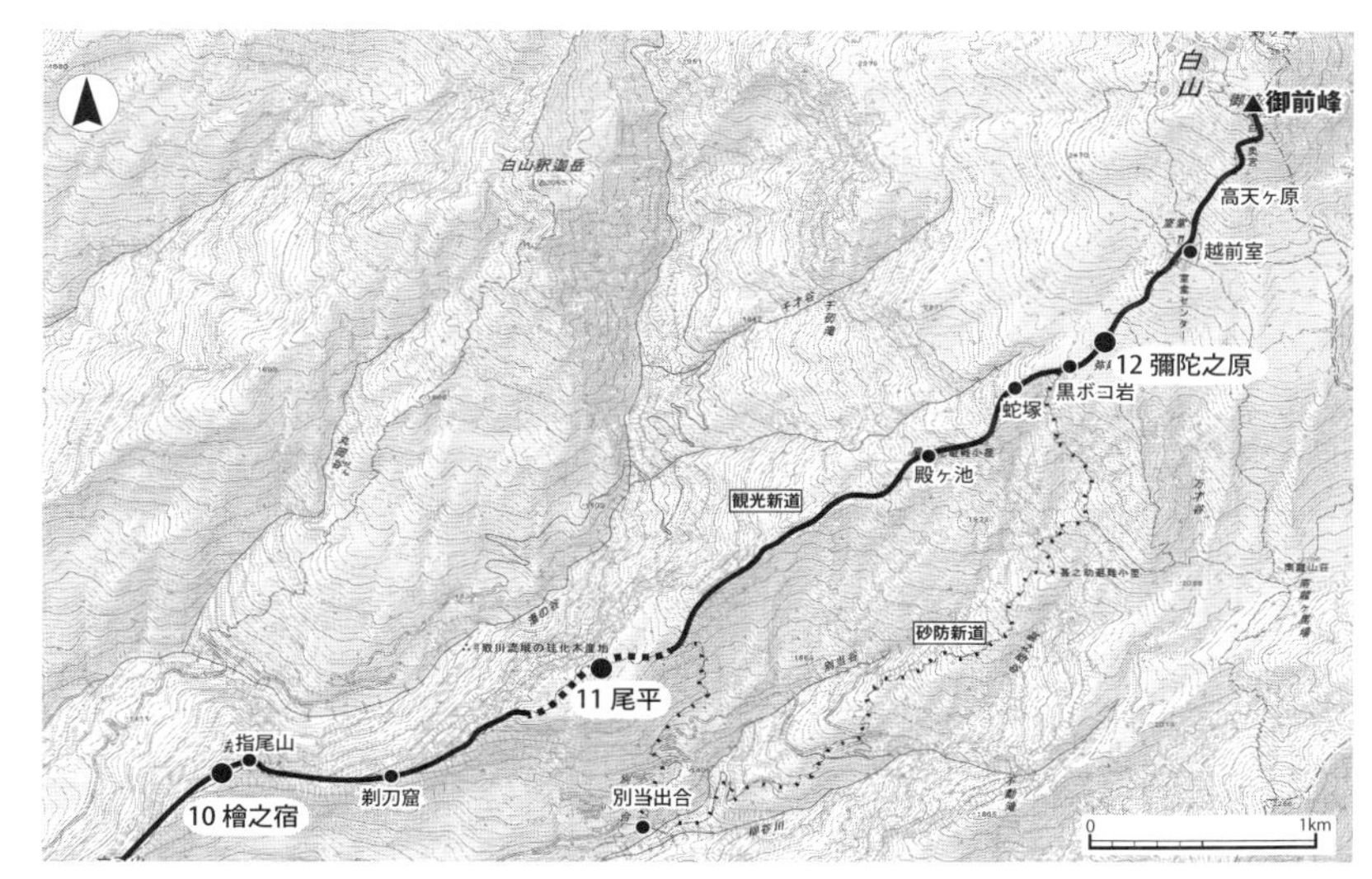

図 60　禅定道⑤　尾平〜御前峰

図 61　蛇塚付近から尾平方面を望む

いる蛇塚（図61）を通り過ぎると、黒ボコ岩に出ます。ここからは戦後につくられた新しい登山道である砂防新道と合流し、登山者が多くなります。その先の第十二宿「彌陀之原」は、平坦な木道を歩きながら周囲の高山植物を楽しむことができます。五葉坂を登ると、かつて「越前室」があった室堂に着きます。現在は、室堂センターや白山比咩神社奥宮祈禱殿があり、多くの登山者で賑わっています。

　鳥居をくぐり山頂を目指します。近年登山道が石畳で整備されたので、歩きやすくなりました。脇に踏み跡がありますが、そこはハイマツなど高山植物のエリアなので、登山道から外れないように登ります。天上界と地上との境といわれている青石を超え、高天ヶ原を過ぎると山頂に着きます。山頂には、白山比咩神社奥宮の社があります。白山の最高峰である御前峰（標高二七〇二メートル）からは、火口であった複数の池を囲むように剣ヶ峰と大汝峰が間近にみえます。東方面には遠くに御岳山や北アルプスの山々が、また北西方面には日本海を見ることができます。南西は平泉寺方面となり、禅定道と大長山など福井県の山々も確認することができます。

おわりに

　越前禅定道は、現在福井県と石川県にまたがっていますが、歴史的には平泉寺と白山山頂を結んできたことに重要な意味があります。いずれは全行程が整備されて行き来できるようになり、かつての賑わいが見られるようになることを願っています。

【参考文献】
上杉喜寿『越前若狭山々のルーツ』福井新聞社、一九八〇年
上杉喜寿『越前若狭山々のルーツ　続』安田書店、一九八七年
大野郡平泉寺村『平泉寺史要』一九三〇年
福井県教育委員会『歴史の道調査報告書第5集　美濃街道・勝山街道』二〇〇五年
※地図作成にあたり、国土地理院の電子地形図を使用した。

⑤ 白山への道、平泉寺への道

山口欧志

道のはじまり

「勝山の町から平泉寺（へいせんじ）までは、細い道がつづいている。やがて前方に、平泉寺の歴史的象徴ともいうべき菩提林（ぼだいばやし）が見えてきた。かつての禅定道とよばれてきた境域（むろん白山そのものをふくめる）への入口にある小森林である。」

司馬遼太郎がそう記した神域への入口。かつて、ここから禅定道（ぜんじょうどう）を登拝し白山の頂を目指した人々は、どのような景色を見たのでしょう。修験を通じて神仏に近づくために参詣した越前禅定道。その痕跡を辿ってみましょう。

図 62　白山御前峰

(1) 越前禅定道を辿る方法

白山への登拝は、越前、加賀、美濃の三つの馬場(ばんば)からはじまります。わたしが白山へ登った日は、一一月の初雪で、あたりはガスに覆われ何も見えません。しかし翌朝、頂上に登る時には快晴。大気は澄み切っていて、御前峰(ごぜんがみね)からの眺めはまさに絶景でした(図62)。

残念ながら、越前禅定道の踏破はまだできていません。しかし、GIS(地理情報システム)というパソコンで動かせる仕組みを使えば、越前禅定道の地図をつくり、画面に表示した地図上で色々調べることができます。たとえば、白山平泉寺から白山御前峰までの最短ルート、白山からどこが見渡せるかなどを同条件で比較できるのです。現地で実際の状況を調べ、いくつものルートを歩いたとしても、樹木が目の前に無かったらどんな眺望だとか、天気が曇りではなく快晴だったらとか、なかなか同じ条件で比較するのはむずかしいのです。そういった場合に、GISを使うと一定の水準で(地形の細かさとか、往時からの改変などもあるので、確実に正しいとは言えないけれど)仮説を立てていくことができます。

越前禅定道は最短距離?　越前禅定道は全長およそ四〇キロ。その道のりには、小休止や遥拝の拠点となる宿が一二か所あります。越前禅定道は、加賀や美濃の禅定道と比べて短距離で起伏が大きいといわれます。修験の道なら、多少の苦難は修行のひとつともいえるかもしれません。それなら多少起伏は大きくとも、さらに短距離で御前峰に辿り着くルートはあり得たのでしょうか。

可能性はあったのです。GISを用いて地形の起伏に応じて移動負荷が増減する方法で検討すると、法恩寺山山頂、白山伏拝（はくさんふしおがみ）を経て、祓川（はらいがわ）を越えたところで湯川の旧跡へ向かわず、大長山（おおちょうさん）山頂を目指して北西に歩みを進め、西高山の北西側を移動し、市ノ瀬に至るルートが最短候補に挙がります（図63）。祓川から小原峠へ向かう白い線で表した現存の越前禅定道はその次に小さな負荷で移動できるルートなのです。

実際の越前禅定道の付近には、弁ヶ滝（べんがたき）や大岩、大杉などが修験の場として適した地がありますし、水場を確保でき、集落が形成できる平地もみられます。いっぽう、先の大長山山頂を経由するルートは最短ですが、傾斜地ばかりで水場もないため、主要な禅定道として選択されなかったのかもしれません。禅定道は、単に白山の頂きに至る道で十分なのではなく、その過程に自らの身を投じて経験する修験の場であることが重要視されていたのでしょう。

白山を拝む　禅定道から白山を拝むことができるでしょうか。御前峰の頂上（二七〇二メートル）周辺がみえる範囲を、GIS分析してみました（図64）。

越前禅定道の起点、平泉寺では白山が見えませんが、法音寺（ほうおんじ）跡で初めて白山を拝むことができます。しかし、法恩寺山の白山伏拝を過ぎると、白山は一端姿を隠してしまいます。そして、白山を開山したと伝えられる泰澄（たいちょう）も訪れたという雉神（きじがみ）の旧跡に至るとその姿を再び現します。福井の豪商慶松屋五右衛門にゆかりがあるとされる室があった慶（けい）松平（まつだいら）（第十一宿「尾平」）まで、その存在を感じながら歩むことができます。そして、短い中断の後、積石遺構が残る蛇塚（じゃづか）まで登拝すると三度姿を現すのです。室堂（むろどう）にいたっては、別山（べっさん）を背に御前峰を拝むことができる絶好の立地とい

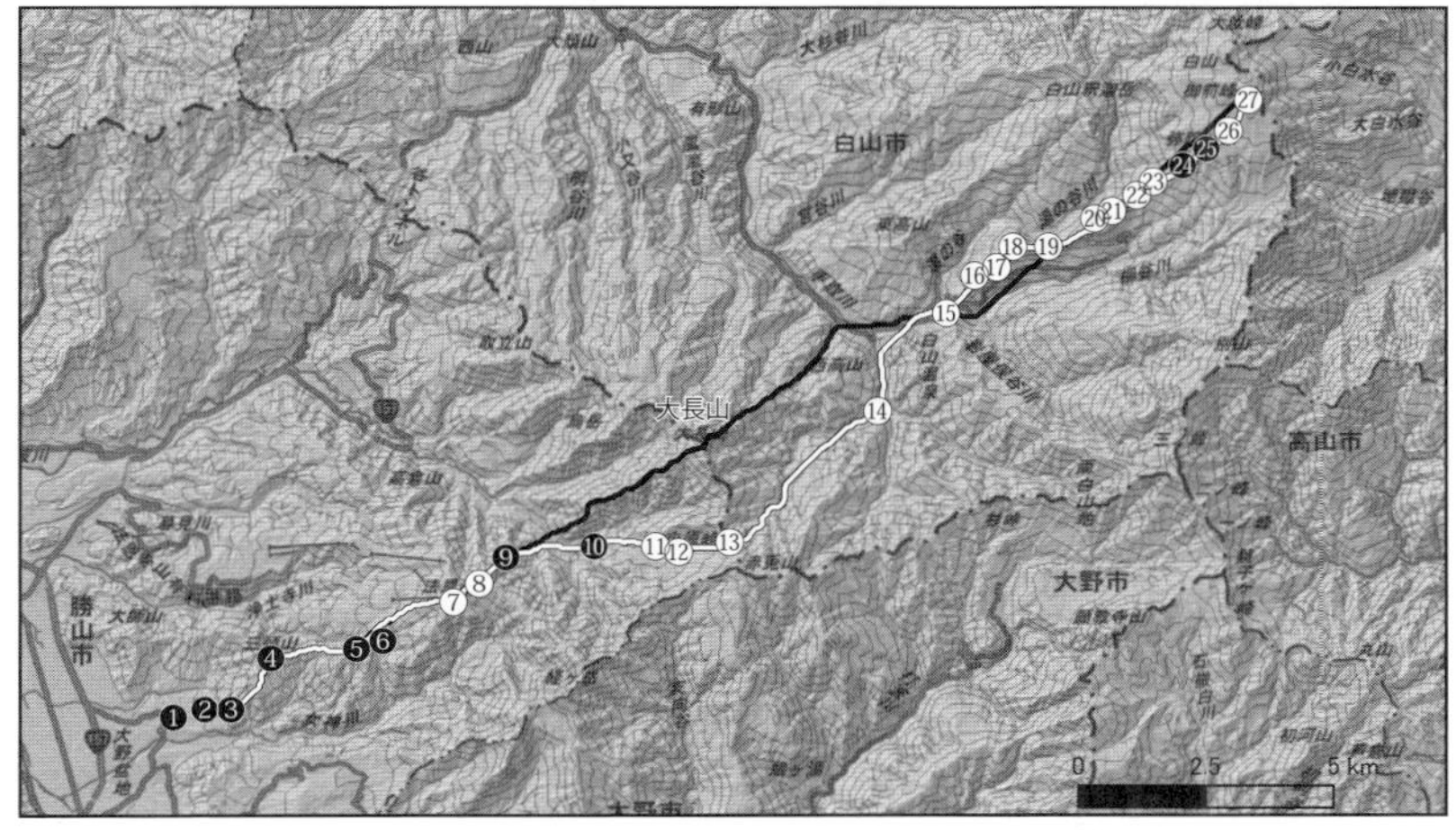

❶平泉寺　❷三之宮　❸剣之宮（第一宿「金劔の峯」）　❹三頭山山頂　❺稚児堂
❻中ノ平（第二宿「釋迦之原」）　⑦法音寺跡（第三宿「法音」）　法恩寺山山頂
⑧白山伏拝　❾祓川（第四宿「拂川」）　❿湯川の旧跡（第五宿「溫川」）　⑪雉神の旧跡
⑫小原峠（第六宿「伏拝」）　⑬川上御前社跡（第七宿「河上」）　⑭三ツ谷丈六神社跡
（第八宿「秘密谷」）　⑮市ノ瀬（第九宿「一之瀬」）　⑯六万山　⑰檜宿（第十宿「檜之宿」）
⑱指尾山山頂　⑲剃刀窟　⑳慶松平（第十一宿「尾平」）　㉑仙人窟　㉒七つ坂
㉓馬のたてがみ　㉔蛇塚　㉕弥陀ヶ原（第十二宿「彌陀之原」）
㉖室堂・青石・高天ヶ原　㉗白山御前峰

図 63　越前禅定道と白山（上段：立体図，下段：地図）

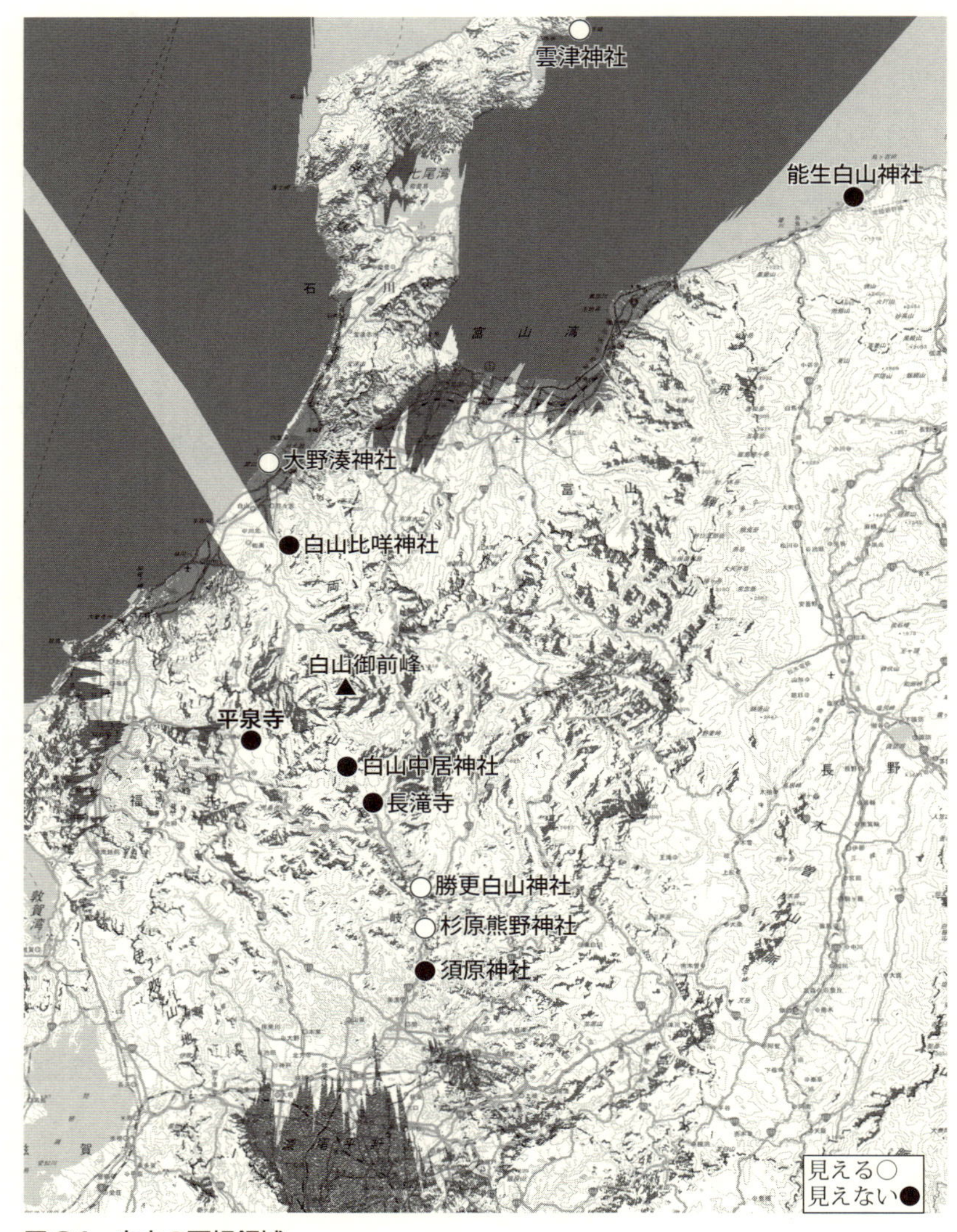
雲津神社
能生白山神社
大野湊神社
白山比咩神社
白山御前峰
平泉寺
白山中居神社
長滝寺
勝更白山神社
杉原熊野神社
須原神社
見える○
見えない●

図64　白山の可視領域

えます。もしかしたら、禅定道全行程にわたって白山の姿が見えるより、見えたり、見えなくなったりを繰り返すことに意味があるのかもしれません。

白山信仰の拠点となった加賀と美濃にも視点を広げて白山御前峰が見える場所を調べてみましょう。加賀の白山本宮であった白山比咩神社からは見えません。しかし、日本海に面する大野湊神社（石川県金沢市）や能登の雲津神社（珠洲市）から見ることができ、海上交通と白山の関連性を確認できます。

また、美濃禅定道の拠点である美濃地域では、「中宮三社」の「中宮」とされる石徹白の白山中居神社や本宮四社の「白山」とされる長滝寺（長滝白山神社）からは見ることができません。しかし、長良川水系のより下流に位置する勝更白山神社（中宮三社の「左羅」に比定）や杉原熊野神社（別宮に比定）からは見ることができます。さらには、現在の大垣や可児、濃尾平野、伊勢湾岸からも見ることができます。日本海から太平洋まで、白山の威光はかなり広域に届いていたのです。

(2) 一乗谷から白山平泉寺

越前禅定道の拠点であった平泉寺は、中世宗教都市と評価されるほど栄え、その栄華の背後にはいろいろの勢力がありました。その一つが一乗谷の朝倉氏です。平泉寺と朝倉氏の関係は緊密で、往時は両者の間をモノ・人・情報が行き交っていたと想像できます。

徒歩でルートを探る　一乗谷から、平泉寺に至るには必ず九頭竜川を渡らなければなりません。そのため、徒歩ルートを分析する際の条件として、近世以前の文献史料にも登場する「比島の渡し」あるいは「鵜島の渡し」という小

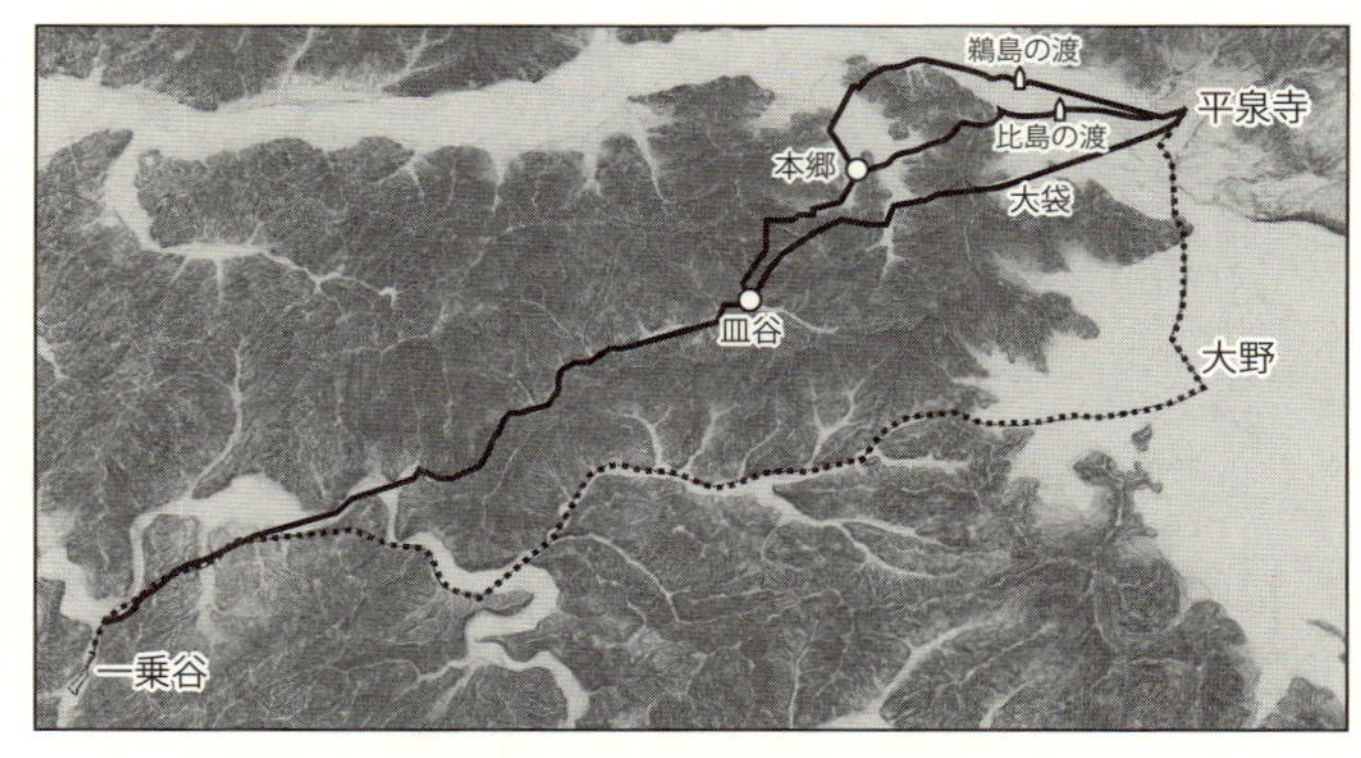

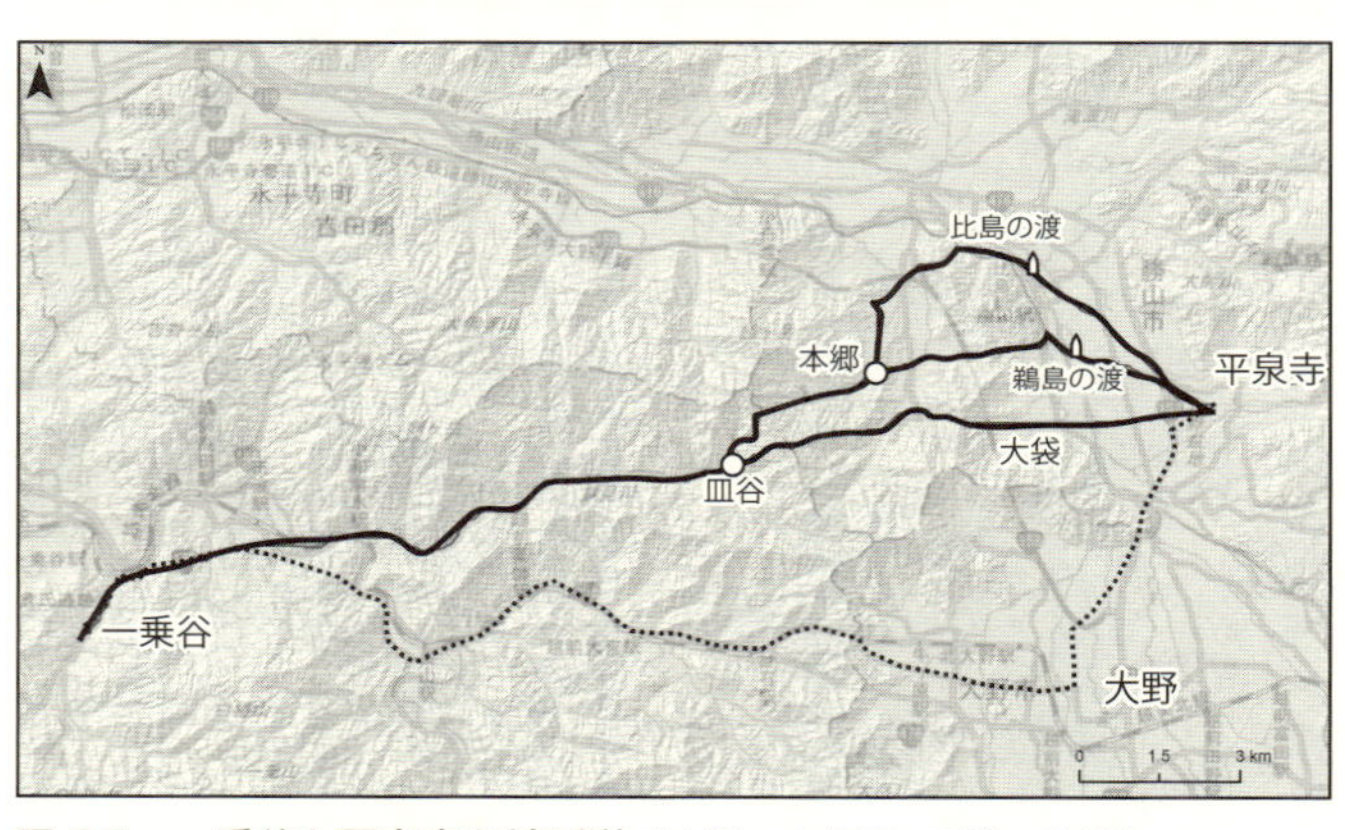

図 65　一乗谷と平泉寺を結ぶ道（上段：立体図，下段：地図）

舟を利用した渡し場を経由することとしました。「筥（はこ）の渡」は少々離れ過ぎていて、徒歩ルートから大きく外れるので除外しています。すると、現在の主要なルートとは異なる道が見えてきました（図65の実線）。城跡や集落の位置とあわせて考えてみると、必然とも思えるルートがあります。

一乗谷朝倉氏遺跡から北上し、足羽（あすわ）川（がわ）沿いに小和清水（こわしょうず）まで東へ進む。ここまでは現在の車を利用するルートと同じです。だが、徒歩の場合はここで南下せず、芦見川沿いに東へ進む。途中、現在の獺ヶ口、吉山、吉山大谷と進み、皿谷に至ります。皿谷から谷筋を北東へ進むと勝山市鹿谷町北西俣・本郷・西光寺の集落に出ます。この皿谷から北西俣を峠越えで結ぶルートは安波賀（あばが）街道という古道があったといわれています。西光寺には朝倉景鏡（かげあきら）（義景の従兄弟）の西光寺城跡（保田城跡）がある。この地を交通の要衝と考え、築城したとみることもできるでしょう。

本郷からは発坂の集落を経由して「比島の渡し」に至る道と、杉俣の集落を通過し、現在の蓬生坂トンネル付近を通り、蓬生の集落を経由し、「鵜島の渡し」に至る道があります。また、本郷から南の西遅羽口や矢戸口といった集落や東の東遅羽口、西遅羽口にも行き来することができました。一乗谷と平泉寺を行き来する際の拠点の一つとなっていた可能性があります。

また別の道もあったかもしれません。皿谷町から東の尾根筋を登り、この矢戸口を経由して東の急な斜面を越えると、遅羽町大袋そして嵭崎に至ります。この道の先には史料に残る渡し場はないですが、この地には、平泉寺を滅ぼした一向一揆に与した島田氏が戦いを有利にするために築いた三室山城があります。この地から平泉寺の攻略を考えるならば、九頭竜川を渡るための渡し場は必要でしたから、付近に渡し場があった可能性を考えることができるかもしれません。

実は、これらの皿谷を経由する道からは、白山を見ることができます。現在の大野市を経由するルートでは白山を見ることはできません。一乗谷から平泉寺の道中、御神体である白山を拝む、というのは道理にかなっているのかもしれません。

結節点としての勝山、中心に仰ぐ白山

さて、これまでみてきた道はいずれも勝山（平泉寺が滅ぼされる以前は、袋田といった）を通ります。勝山は、九頭竜川を下れば福井平野や日本海の玄関口である三国湊に至り、加賀や美濃には山越えのルートをもつ交通の拠点でした。勝山は河川と陸路を媒介に海・平野・山という異なる環境が生んだモノ・人・情報を結ぶ結節点と捉えることが

できるでしょう。事実、国史跡白山平泉寺旧境内の発掘調査によって、多種多量の貿易陶磁器が出土しています。平泉寺と一乗谷を繋ぐ道もこうした流通によって張り巡らされたネットワークの一つとして利用されたのではないでしょうか。

このネットワークは当然ながら白山信仰と不可分でした。それは白山信仰の拠点であった平泉寺に関する資料をはじめ、各地の白山神社の分布や地域に残された文献史料からも知ることができます。何より三つの禅定道が白山を中心に越前・加賀・美濃を媒介として日本各地を繋いでいたことが傍証となるでしょう。しかし、その検証作業はまだ始まったばかりです。

かつて、長きにわたり全国各地の修験者が登拝した白山禅定道は、幸いなことに今なお残されています。今後もその道を自分の足で歩み、彼らが見た風景を感じて歴史を経験しながら、より深く考えてみたいと思います。

【参考文献】

大野郡平泉寺村『平泉寺史要』一九三〇年
佐藤栄治・吉川徹・山田あすか「地形による負荷と艶麗による身体能力の変化を勘案した歩行換算距離の検討：地形条件と高齢化を勘案した地域施設配置モデル　その1」『日本建築学会計画系論文集』六一〇、二〇〇六年
司馬遼太郎『街道をゆく18　越前の諸道』朝日文庫、一九八七年
高瀬重雄編『白山・立山と北陸修験道』名著出版、一九七七年
福井県編『図説　福井県史』一九九八年

※地図作成にあたり、国土地理院による電子国土基本図淡色地図および基盤地図情報数値標高モデルを使用した。

中宮八院と加賀白山信仰

川畑謙二

今もなお受け継がれる白山信仰。しかし、その歴史や信仰が広まった過程までを理解している人は少ないのではないでしょうか。

天長九年（八三二）に開かれたという加賀馬場、白山本宮は現在も白山比咩神社として信仰を集めています。しかし、中世には本宮から白山へと向かう加賀禅定道の途中に中宮と呼ばれる、もう一つの拠点があったのです。

(1) 中宮の勢力

一二世紀に白山周辺の寺社は、天台宗の比叡山延暦寺の末寺となります。これにともない延暦寺の鎮守、日吉山王社を構成した「山王七社」にならって、加賀禅定道に沿って広がる白山七社とよばれる体制が成立しました。白山七社は、本宮、金劔宮、三宮、岩本宮の本宮四社と中宮、佐羅宮、別宮の中宮三社という二つの勢力からなっています。

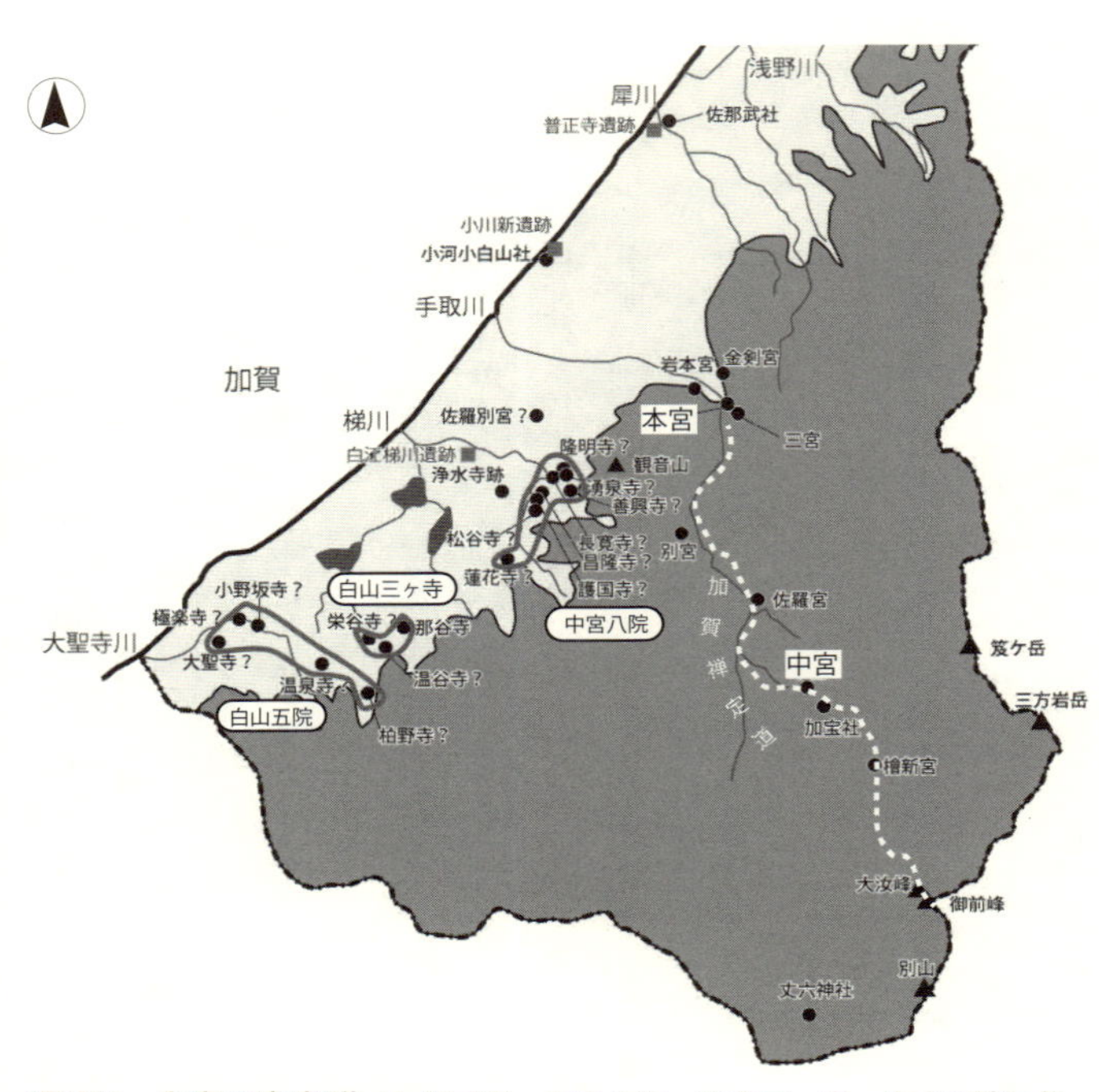

図 66　中宮の末寺群（加賀国府・中宮八院・白山三ヶ寺・白山五院の位置は，地名や伝承に基づく推定地〈図 67 も同様〉）

それぞれ多くの末寺、末社をもちながら、地域における白山信仰の中核を担っていました。

信仰のうえで、「中宮」という言葉には、里宮と奥宮の中間地点や聖と俗の境目といった意味が指摘されています。現在、中宮は笥笠中宮神社（白山市中宮）を残すのみです。しかし、中世には、神殿・拝殿・彼岸所、講堂（本尊大日如来）、常行堂（本尊阿弥陀如来）・法華三昧堂（本尊普賢菩薩）などが建ち並び、加賀馬場における女人の白山参詣は、中宮までと定められていました（「白山之記」）。

一〇世紀末頃には、比叡山から諸国をめぐり、白山にたどり着いた西因という僧侶が中宮の笥笠神宮寺で修行していたとの記録もあります（「白山上人縁起」）。すくなくとも、平安時代には、本宮、中宮で宗教活動が行われていたことがわかります。

本宮と中宮の信仰圏

それでは中世における本宮と中宮の末寺・末社から信仰の広がりをみてみましょう（図66）。

本宮勢力は、北加賀の平野部を基盤としていました。犀川河口の宮腰にある佐那武社（大野湊神社）、手取川河口の小河湊にある小河小白山社など港湾集落に有力な末社があります。小河小白山社には本宮の惣門があり、本宮の位置する山間部から河口まで河川の流域をおさえていたのでしょう。

これに対して、中宮勢力は南加賀の山間部や平野部に展開しています。江沼郡には白山五院（柏野寺・温泉寺・極楽寺・小野坂寺・大聖寺）と、白山三ヶ寺（那谷寺・温谷寺・栄谷寺）、能美郡には中宮八院（隆明寺・涌泉寺・善興寺・長寛寺・護国寺・昌隆寺・松谷寺・蓮花寺）がありました（「白山之記」）。中宮勢力は、末寺群が地域ごとにある程度まとまり、組織化されていたようです。

(2) 発掘からみた中宮八院

中宮八院と国府 中宮の末寺群のひとつ中宮八院は、加賀国府の東南に広がる丘陵や谷間に存在したと考えられ、平安時代から鎌倉時代頃まで非常に大きな力をもっていました（図67）。後世の史料になりますが、その由緒をみると、国司から敷地を寄進された護国寺、目代や国衙の役人により敷地を寄進された松谷寺など、国府やその関係者の支援を受けて建立されたことがわかります（「白山中宮八院衆徒等申状案」）。

ところが、安元二年（一一七六）八月、中宮八院と国府の全面対決が起こりました。『平家物語』では、事件の顛末を以下のとおり記しています。加賀国司藤原師高の代理として派遣された、弟の藤原師経が宇河（湧泉寺）の湯屋で馬を洗ったため、これに怒った僧たちが馬の尾を切ったのです。師経が宇河を焼き払うと、宇河をはじめとする中宮八院方は、加賀国府に攻め寄せました。しかし、師経はすでに京へと逃亡していたのです。そこで中宮八院の衆徒らは、本寺である延暦寺に国司の横暴を訴えるため、安元三年二月五日に宇河を発ち、神輿を奉じて上洛します。そして、延暦寺の衆徒らが後白河法皇に強訴し、師高・師経を流罪に追いやりました。おそらくこの事件の背景には、

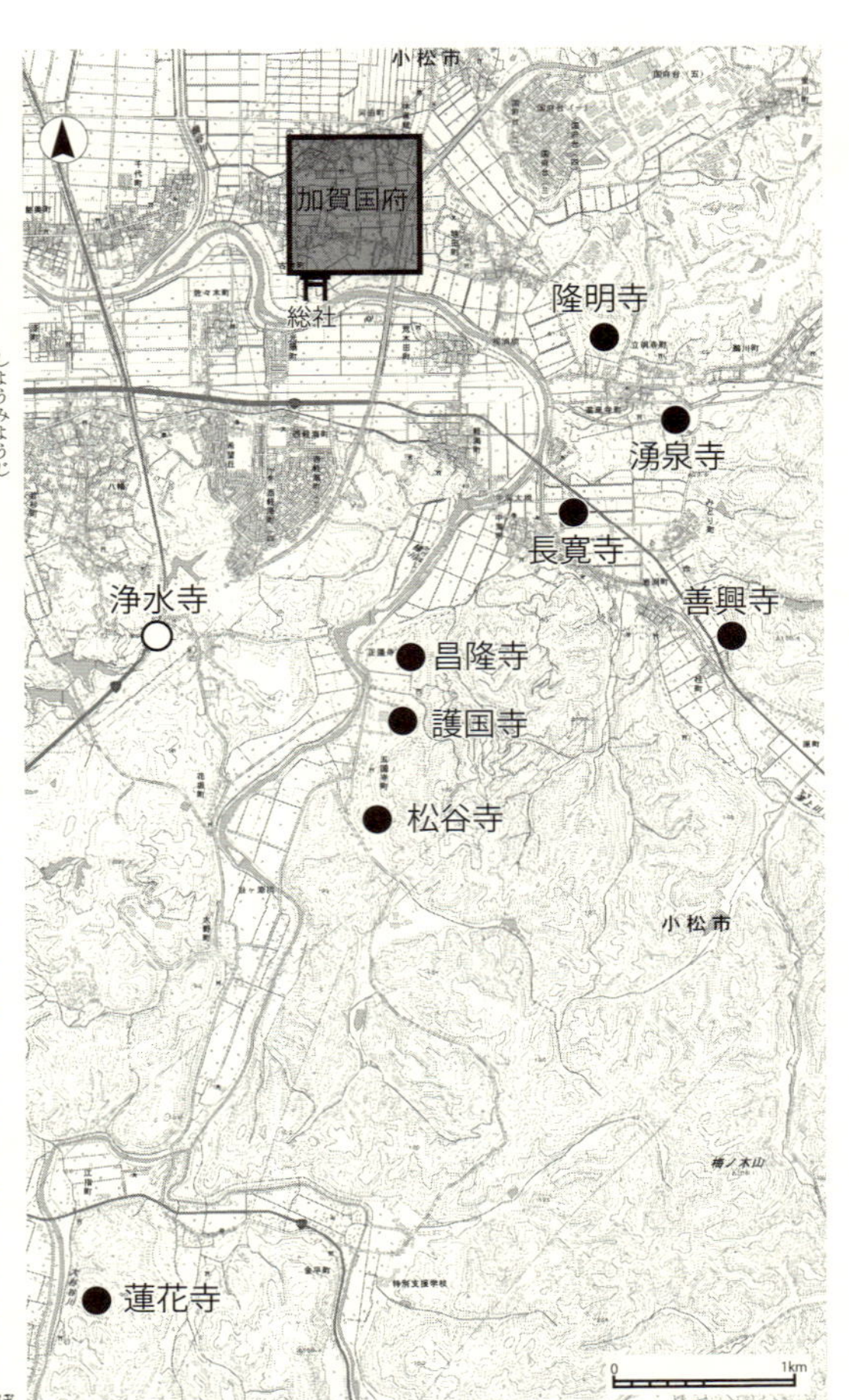

図67　中宮八院と加賀国府

中宮八院と国司との寺地をめぐる争いがあったのでしょう。

中宮八院と那谷寺

中宮八院は鎌倉時代にも領地をめぐる争いで訴訟をおこしています。嘉暦四年（一三二九）、鎌倉幕府は中宮八院の支配下にあった、能美郡軽海郷（現在の小松市軽海町から梯川上流域と支流の仏大寺川、滓上川流域を含む山間部）を武蔵国の称名寺に寄進しました。称名寺は、北条氏一族の金沢北条氏の菩提寺で大きな力を持っていました。軽海郷の地頭となった称名寺は代官を派遣します。寺地を侵されることを嫌う中宮八院は、称名寺方と対立し合戦となったのです。さらに、元徳二年（一三三〇）には、中宮八院が自らの正当性を主張して、称名寺を訴えました（「白山中宮八院衆徒等申状案」）。

鎌倉時代に大きな力をもった中宮八院でしたが、室町時代以降には没落の道を辿ったようです。その理由は、南北朝の内乱時に中宮勢力のほとんどが南朝方についたためといわれます。現在では、中宮勢力では唯一、北朝方についた白山三か寺の那谷寺が力を持ち、八院を配下に治めたといいます（「柳瀬福市氏旧蔵文書」）。

中宮八院の発掘調査

中宮八院の歴史について、現地の踏査や発掘調査の成果をあわせて、総合的に検討してみたいと思います。

図68　松谷寺の発掘調査（仏堂跡）

中宮八院の伝承地は、平地と山中に立地が分かれます。平地にある長寛寺・善興寺・昌隆寺・護国寺のうち、昌隆寺跡と護国寺跡には石垣（石積基壇）があったと伝わっています。また、護国寺跡には「坊寺」、「古宮」など寺社に関連する地名もあったようです。しかし、現在は石垣も失われ、地名の場所もわからなくなっています。長寛寺跡は発掘調査の結果、一二世紀代の遺物が出土していますが、寺院跡とは断定できていません。

いっぽう、山中に位置する隆明寺・湧泉寺・松谷寺・蓮華寺のうち、隆明寺跡では中世墓群がみつかっています。また、松谷寺跡では、仏堂跡が確認されており、基壇の造成土からは中宮八院の成立以前、八世紀前半の土器や須恵器が出土しています（図68）。また、基壇上からは九世紀初頭や一〇世紀後半〜一一世紀前半の土器がみつかっています。

「白山之記」には、応和年間（九六一〜九六三）頃に加賀禅定道の檜新宮（ひのしんぐう）を「乃美郡軽海郷松谷住如是坊」が建てたと記されています。また、「中宮八院衆徒等申状案」では「泰澄（たいちょう）和尚創始之古跡也」との記載もみられます。発掘成果とあわせて考えると、松谷寺には中宮八院の中でも、より

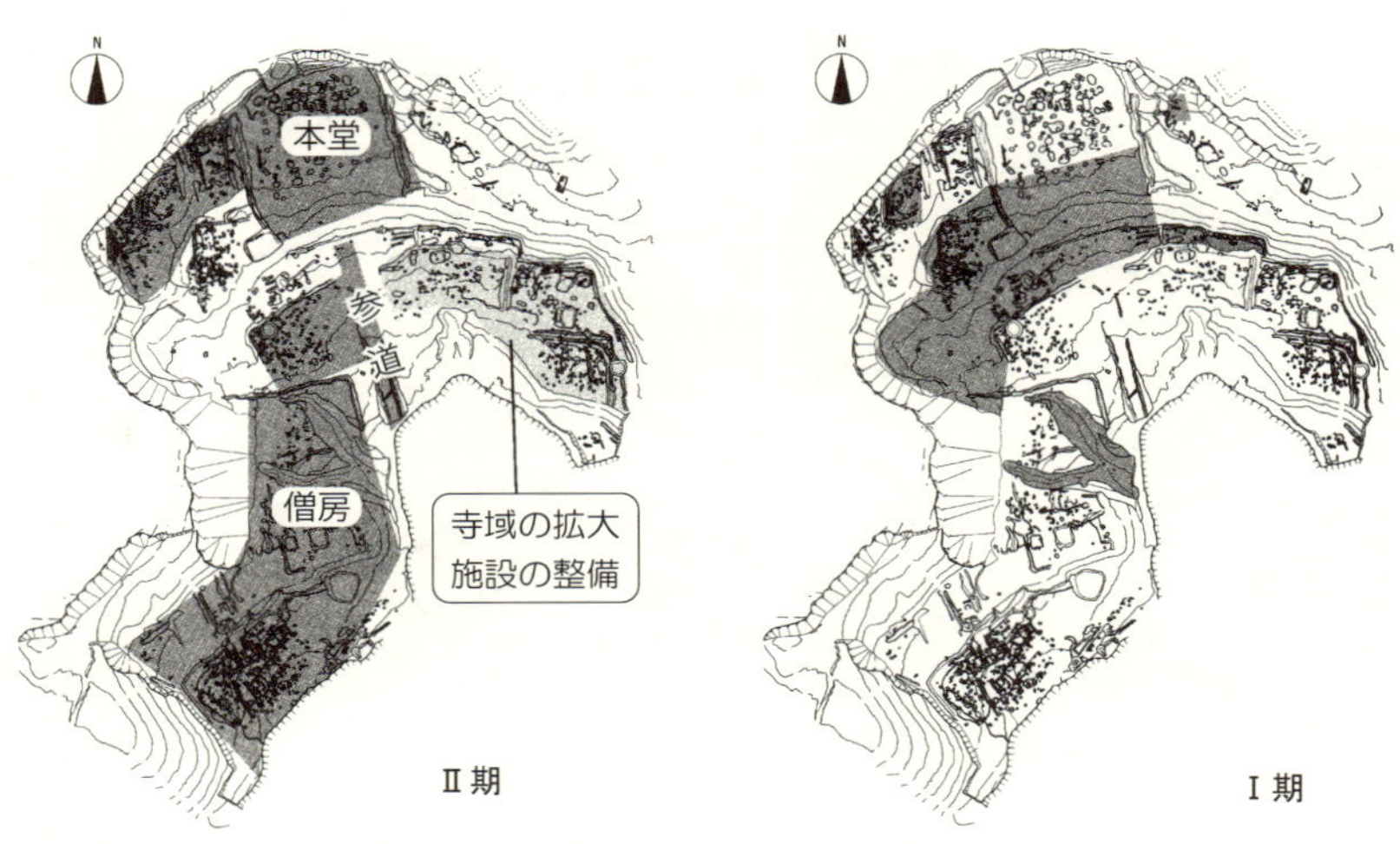

図69　浄水寺の変遷（石川県教育委員会・（財）石川県埋蔵文化財センター『小松市浄水寺跡』2008に加筆）

古い時代の宗教施設があった可能性を想定しても良いでしょう。

(3)　古代から中世への展開

宗教的な背景ははっきりしませんが、中宮八院の近くにある浄水寺跡は、広い範囲で発掘調査が行われ注目すべき成果が出ています（図69）。

九世紀後半～一〇世紀代には、墨書土器を使った祭祀を盛んに行い、越州窯青磁や国産の緑釉・灰釉陶器といった高級品を所有していました。浄水寺はおそらく国衙やその有力者の保護を受けた寺院だったのでしょう（I期）。

一一世紀前半になると、斜面最奥部に礎石建ちの本堂が整備され、前面に参道や付属舎・僧坊などをもつ寺院へと変化していきます（II期）。

浄水寺跡の発掘成果を参考にすると、中宮八院も一一～一二世紀に国衙有力者の支援を受けて成立し、やがて白山信仰や背後の延暦寺とつながるなかで中世寺院と変化を遂げたのでしょう。とくに、松谷寺のように古代山林寺院からはじまったと考えられる場合は、浄水寺跡と同じような変遷をたどったと予想されます。
また、文献史料にみえるような国衙や荘園領主にも対抗できる力を持った寺院をイメージするのであれば、仏堂が単独で存在するようなものではなく、広く山中に僧房などが展開する姿を想定すべきかもしれません。

まとめ

以上のように、発掘調査では中世墓や塚といった寺院関連施設、中宮八院の前身となるような古い仏堂や平坦面の発見など一定の成果がありました。今後は、伝承地の周辺も含めた調査を継続し、実態解明につなげたいと考えています。

一方で、中宮八院や白山三か寺など末寺群について、登拝拠点としての側面からみると、中世には多様な白山禅定道の存在が想定されます。『為房卿記（ためふさきょうき）』からは、国司が国府から白山（宗教施設）へ向かうルートの存在が考えられ、『廻国雑記（かいこくざつき）』にある「三坂越」（小松本折〜鳥越別宮への道）が古代より存在した可能性があります。その道沿いには、中宮八院のうち、隆明寺・涌泉寺・善興寺・長寛寺の四か寺の伝承地が近接しており、「ノゾキ」や「入道滝」といった修験に関連した地名も存在します。

越前でも、平泉寺（へいせんじ）以外に豊原寺（とよはらじ）からも登拝道があったといわれ、共通したものといえるでしょう。中宮八院の景観や政治的な面のみではなく、総合的な白山信仰史の中での位置付けが必要とされています。

【参考文献】

石川県立歴史博物館『白山　聖地へのまなざし』二〇〇七年

垣内光次郎「白山信仰と山岳修験」『フォーラム白山信仰の世界』小松市教育委員会、二〇〇五年

木越祐馨「加賀国府と中宮八院」『フォーラム白山信仰の世界』小松市教育委員会、二〇〇五年

久保智康「古代山林寺院の展開と松谷寺」『第二五回まいぶん講座』小松市教育委員会、二〇〇八年

小松市『新修小松市史　資料編4　国府と荘園』二〇〇二年

白山本宮神社史編纂委員会『増訂　図説白山信仰』二〇一〇年

東四柳史明ほか「白山信仰と禅・念仏」『吉野谷村史　通史編』二〇〇三年

吉野谷村『吉野谷村史　史料編（前近代）』二〇〇〇年

大本山永平寺と白山

浅野良治

はじめに

安貞元年（一二二七）、宋での修行を終えた道元は、いよいよ日本へ帰ることとなりました。船が出る前日になって、『碧巌録』という仏教書が見つかります。禅宗の修行に欠かせない本なので、是非とも日本に持ち帰りたいと思った道元は、夜通し書き写すことを決めました。しかし刻々と日本行きの船が出る時刻が迫ります。「到底写しきれそうにない」。そう思った時、白い服を着た神人が現れます。そのとたん、みるみると筆が進み、出航時間までに写しおえることができたと言います。この「白衣の神人」は、白山の神、白山妙理大権現だったのです。日本に帰国し、越前の地に永平寺を開いた道元は、『碧巌録』の書写を助けてくれた白山の神を永平寺の鎮守として勧請したと言われます。白山と大本山永平寺、白山信仰と曹洞宗は、非常に親密な関係をもっているのです。

(1) 白山と永平寺の関係

曹洞宗の僧侶は、師匠から離れて修行におもむく時、生涯、肌身離さず持つ巻物を与えられます。この巻物「龍天軸」には、「白山妙理大権現」・「龍天護法大善神」という文字が書いてあります。白山妙理大権現は『碧巌録』の書写を助けた道元の守り神といえる存在です。いっぽう、龍天護法大善神は道元が越前に来て間もなく開いたという大仏寺（永平寺町志比）の上棟式に龍天が現れたといわれ、永平寺の護り神といえる存在でした。曹洞宗の僧侶は、二つの神を守り神として与えられるのです。

また、永平寺の修行僧は、現在でも毎年、白山開山の記念日である七月一八日を目がけて白山に登り、法要を行っています。さらに、永平寺の伽藍内には白山水と呼ばれる湧水があり、道元の廟に供える水は、毎朝ここから汲まれています。

図 70　平泉寺白山神社の石灯籠

永平寺から平泉寺へと贈られたものもあります。今でも白山神社の社務所にある石灯籠は、永平寺三五世の版橈晃全（元禄元年〈一六八八〉から元禄六年まで在院、元禄二年に勅旨号を賜る）が寄進したものです（図70）。白山にかつて祀られていた仏像なども永平寺や志比大工（永平寺門前に村を構えた寺社建築の専門集団）の代表が寄進しています。

しかし、これらの白山との関係は、道元が生前に遺した著作にはほとんど登場しません。最も古いものは、永平寺二〇世建撕が一五世紀後半に記したという道元の伝記、『建撕記』です。

禅宗を含む宗教は「教え」、白山信仰は「信仰」に属するので、整合性がとれているとも言えます。しかし、道元はただ白山を信仰し、その庇護の下で教団の発展を図るために越前へ下向したのではないように思えるのです。道元にとって志比荘へ移ることは、教団維持のために必要なことだったと思われます。

(2) 道元と道元教団

安貞元年（一二二七）、宋から帰国した道元は、京都建仁寺に身を寄せて『普勧坐禅儀』を著し、坐禅の基本的な考え方を示しました。「只管打坐」（坐禅こそが正伝の仏法という考え方）という厳しい修行を打ち出し、天台宗など既存の仏教や末法思想（お釈迦様が亡くなってから時間が経つにつれて正しい教えが衰えるという考え方）までも真っ向から否定しています。

このような道元の活動に対して、比叡山延暦寺は京都からの退去を決議しました。道元はやむなく京都を離れ、洛南深草に移り住みました。しかし道元は、宋から当時最先端の教えを持ち帰った人物です。道元を慕う人々が一人、また一人と深草に集まります。ついには深草に興聖寺が建立されました。興聖寺には様々な宗派の僧侶、公家、武家が集まり、その後の道元教団を担う人物もやってきました。後の永平寺二祖孤雲懐奘をはじめとする日本達磨宗の人々です。

日本達磨宗の人々　孤雲懐奘は、禅宗の一派・日本達磨宗の大日坊能忍の弟子でした。この日本達磨宗も道元と同じく、天台宗とは折り合いが悪く、京都付近での布教活動を禁止されています。

現在は消滅してしまった日本達磨宗は、大日坊能忍に始まる禅宗の一派でした（図71）。大日坊能忍は、天台宗の僧侶でしたが、禅宗に傾倒し、独学で禅を習得しました。自ら学んで得た悟りの境地を書にして、弟子に持たせて宋に送ります。その書を見た宋の禅僧拙庵徳光は、能忍の悟りを認め、嗣書（弟子が師匠から法脈を継いだ証）を与えました。この嗣書によって能忍の教えは大きく栄え、能忍は日本達磨宗の祖となりました。

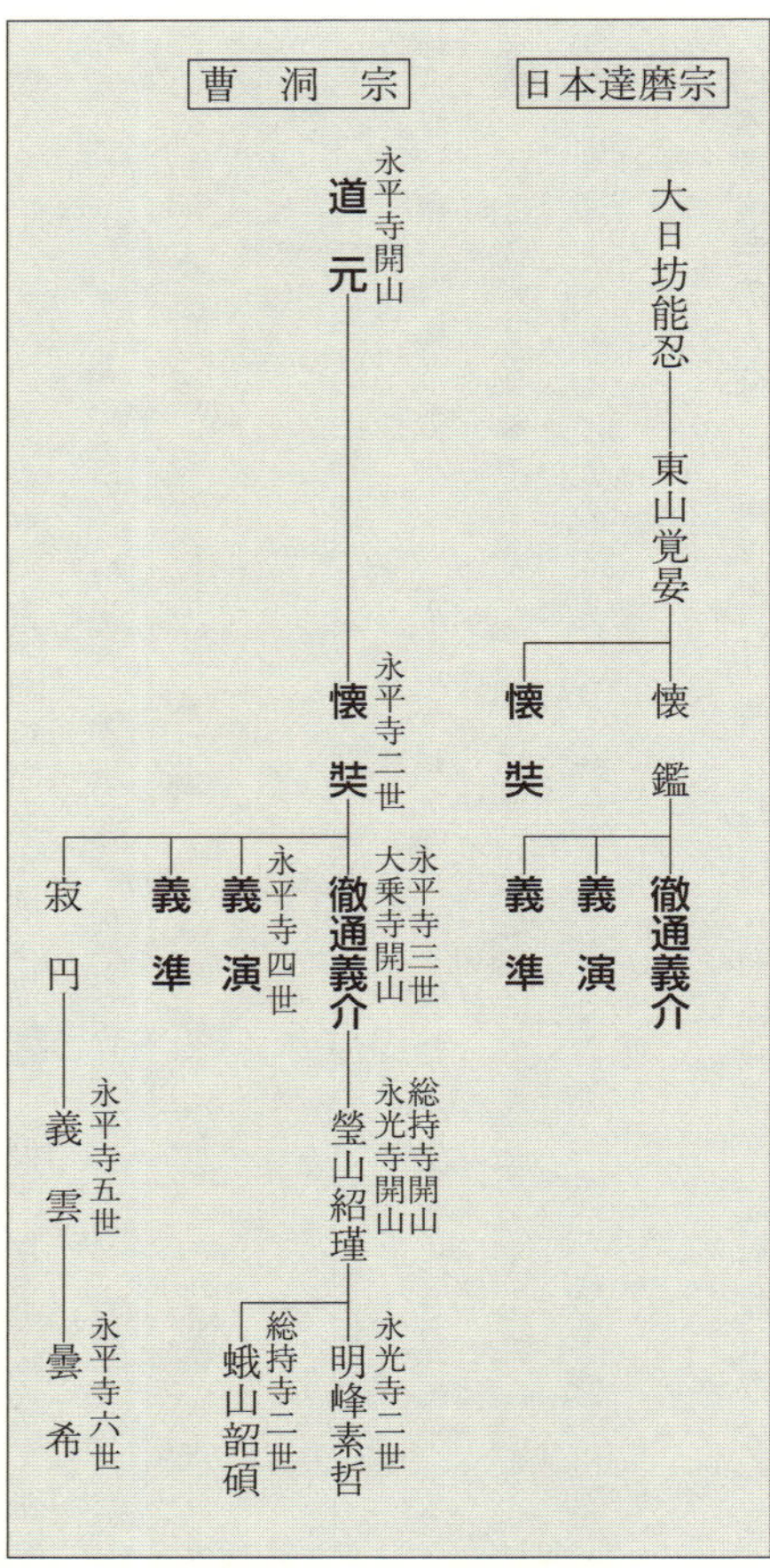

図71　曹洞宗と日本達磨宗の法系

しかし、天台宗は能忍を認めず、布教禁止を朝廷に訴えます。そのため、日本達磨宗は布教活動を禁止され、大日坊能忍とその門下は地方に追われます。能忍の死後、教団は達磨宗二世覚晏が入った大和多武峰（奈良県桜井市）と、覚晏の弟子、懐鑑を中心に越前波著寺（福井市成願寺町。江戸時代に金沢に移り、現在は廃寺）を拠点に修行を重ねました。

後の永平寺二祖懐奘は、はじめ覚晏とともに多武峰に居ましたが、やがて覚晏は亡くなります。懐奘は、専修禅

（坐禅のみを修行とする考え方）を唱える道元に共感し、道元教団に身を投じました。そして、懐鑑をはじめとする、波著寺に居た日本達磨宗の人々が集団で道元のもとへ参じます。この中には、その後の道元教団で中枢を担う人物が多く含まれていました。

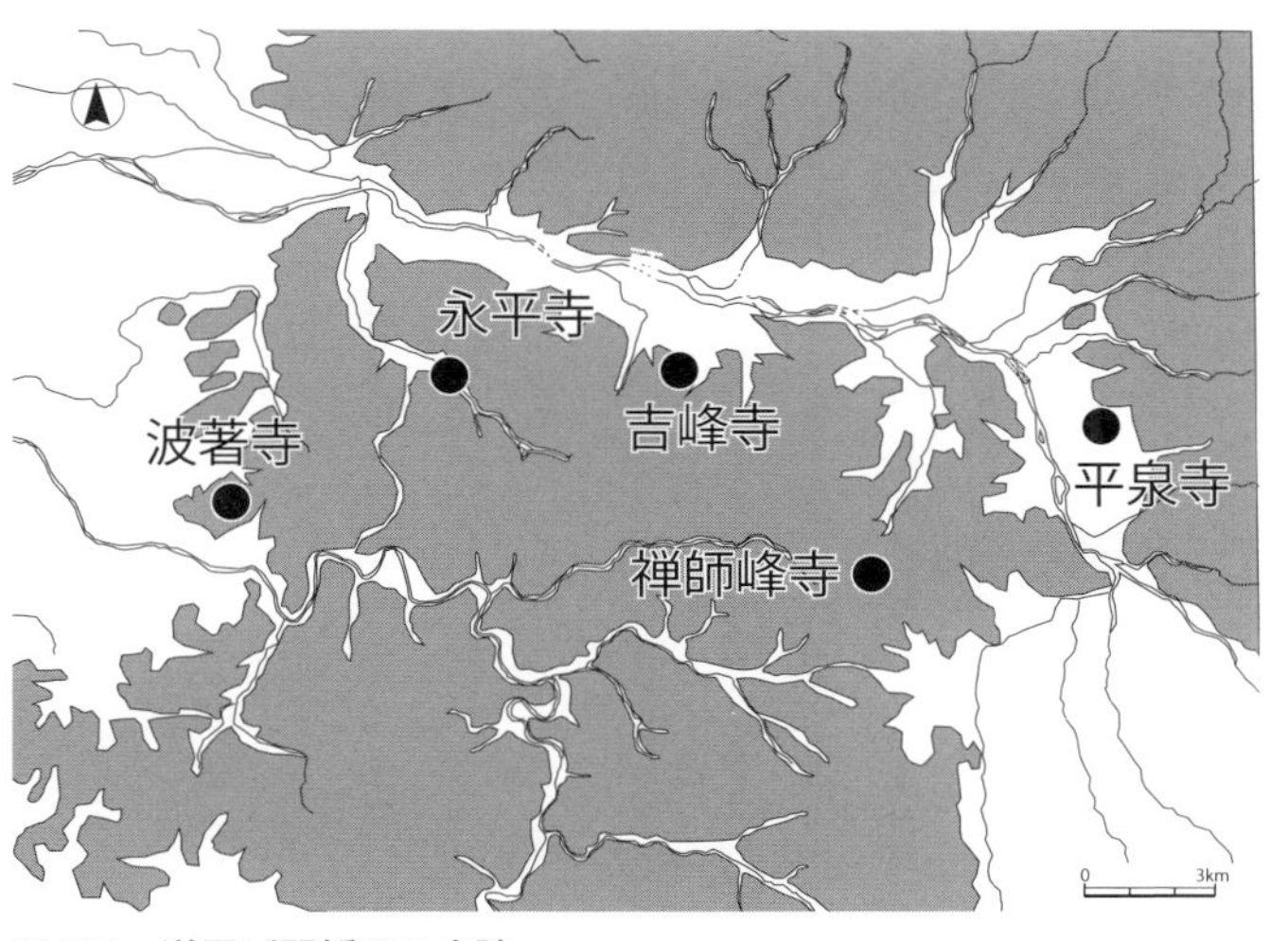

図72　道元が関係する寺院

道元教団と白山天台

道元が深草を離れ、越前へ赴いたのは寛元元年（一二四三）、宋から日本へ帰って一七年目のことでした。道元はどうして住み慣れた京都を遠く離れた越前に活動拠点を移そうと思ったのでしょう。その理由は、越前志比荘の地頭であった波多野義重が熱心に勧誘した結果といわれています。比叡山から受ける圧力が増し、どこかに拠点を移さざるを得なくなった道元にとって、波多野義重の申し出はありがたいものでした。これだけでも、越前に赴く大きな動機になりそうですが、懐鑑をはじめとする波著寺一派の存在が大きな理由だったと思われます。

波著寺は、平泉寺や豊原寺と並んで、泰澄が開いたといういわれを持つ格式ある白山天台寺院です。また、道元が越前へ入った後に滞在する吉峰寺（永平寺町吉峰）や禅師峰寺、永平寺の前身である大仏寺も、もとは白山天台の寺院だったのです（図72）。

つまり、道元が越前に入ってから永平寺を開くまでに滞在した所は、多くが白山天台寺院だったのです。そして道元門下の主だった人は、白山天台寺院である波著寺で修行していた日本達磨宗です。道元と白山天台との密接な関係が現れています。

そして、門下の中に、その後の教団の発展にとって最も重要と思われる人物がいました。後の永平寺三世徹通義介です。

徹通義介　徹通義介は、波著寺の懐鑑の弟子です。懐鑑が亡くなる時に、日本達磨宗の嗣書を受け継ぎました。その後、永平寺二祖孤雲懐奘から曹洞宗の嗣書を受け継ぎました。つまり徹通義介は、永平寺三世であると同時に、日本達磨宗四世でもあるのです。一人の人間が二つの宗派の嗣書を受け継ぐということは、とても珍しいことです。徹通義介がいかに重要な人物だったかが分かる出来事です。

また、義介は永仁元年（一二九三）に永平寺を退いた後、加賀の大乗寺（元は石川県野々市市、現在は金沢市に移転）に入り、真言宗から曹洞宗へと転じさせました。義介の弟子である瑩山紹瑾は能登に永光寺（石川県羽咋市）・総持寺（石川県輪島市）を相次いで建立し、曹洞宗の大発展を実現しました。これらの曹洞宗にとって重要な寺院の多くは、越前と同じく白山天台寺院で、宗旨替えによって一気に発展していったのです。曹洞宗が目覚ましい発展を見せたのは瑩山やその弟子たちの頃ですが、その基礎を築いたのは義介でした。

徹通義介は、この時代の僧侶には珍しくはっきり出自の記録が残っています。承久元年（一二一九）、越前国足羽郷稲津の生まれ。波著寺のすぐ近くです。一三歳の時に波著寺の懐鑑の下に参じ、一四歳の時に比叡山延暦寺で僧侶になります。出家前の姓は藤原氏。藤原利仁を祖先として、越前に一大勢力を築いた越前斉藤氏の一族、稲津氏の出身でした（図73）。

義介の一族には越前の有力者が多く含まれています。特に注目したいのは、系図に白山や平泉寺に関係した人物が多く認められることです。これを裏付けるような記述が「大乗開山義介和尚行状記」にあります。懐鑑が亡くなった時のことを話す段で、「故鑑公（懐鑑）は当国の名人、汝(なんじ)も又た長嫡(ちょうちゃく)なり、人多く知れり。当山を擁護して、須(すべか)く興隆を致すべし」とあり、義介が越前の名家の出身で、この地域で相当な有力者であったことが分かります。

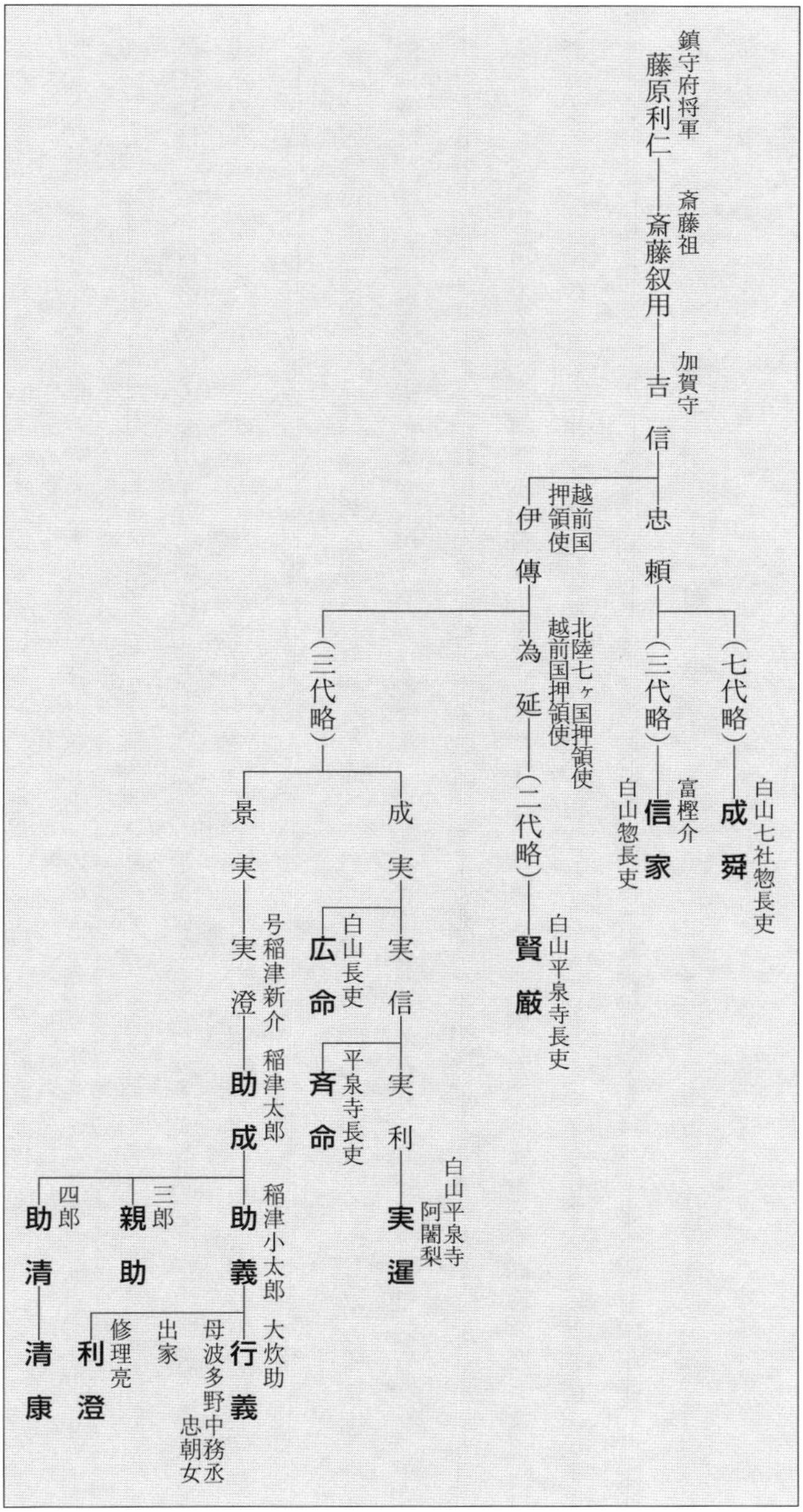

- 鎮守府将軍 藤原利仁
  - 斎藤祖 斎藤叙用
    - 加賀守 吉信
      - 忠頼
        - （七代略）— 白山七社惣長吏 **成舜**
        - （三代略）— 富樫介 白山惣長吏 **信家**
      - 越前国押領使 伊傳
        - 北陸七ヶ国押領使 越前国押領使 為延 —（二代略）— 白山平泉寺長吏 **賢厳**
        - （三代略）
          - 成実
            - 実信
              - 実利 — 白山平泉寺阿闍梨 **実暹**
              - 平泉寺長吏 **斉命**
            - 白山長吏 **広命**
          - 景実 — 号稲津新介 実澄 — 稲津太郎 **助成**
            - 稲津小太郎 **助義**
              - 大炊助 **行義** 母波多野中務丞忠朝女
              - 出家 修理亮 **利澄**
            - 三郎 **親助**
            - 四郎 **助清** — **清康**

図73　越前斉藤氏の系図

また、系図には、志比荘地頭の波多野氏や加賀一帯に勢力を張った富樫(とがし)氏との姻戚関係も読み取れます。波多野氏は道元が越前で教えを広めた地域の有力者で、富樫氏は義介とその弟子が布教してゆく地域の支配者です。北陸地方において曹洞宗が発展した場所は、ほとんどが義介の人脈がある場所だったことが分かります。

瑩山紹瑾　義介の後を継いだ瑩山紹瑾の頃に、曹洞宗は大きく発展します。それまで曹洞宗は、白山天台寺院を含む義介の人脈に沿って拡大してゆきました。瑩山の代になってから、真言宗や熊野修験・稲荷信仰等の地域信仰も巧みに取り込んで曹洞宗の教えを拡げてゆく様子が窺えます。

瑩山は、修行中に近畿地方にいた高名な禅僧たちの所を回って自分の考えを固めていきました。この時瑩山と交わった禅僧は、様々な信仰に造詣が深い人が多かったのです。また、臨済宗の考え方もこの時に学んでいるようです。瑩山は義介の人脈に加え、自分が修行中に身に着けた人脈を使って曹洞宗を全国に拡大します。

しかし、瑩山以降の曹洞宗が様々な信仰を取り込んでいったとは言え、白山天台が一番重要な布教線だったことは変わりません。瑩山が永光寺の事を中心に記述した『洞谷記(とうこくき)』（一三一二～二五年頃の書）の中で、自分は白山氏子であると書いています。彼が白山天台との関係を非常に大事にしていたことの現れでしょう。また、瑩山が開いた永光寺や、後に永平寺と並んで曹洞宗本山の一つとなる総持寺は、元々白山天台寺院であったと言われているのです。

ま と め

道元が宋から持ち帰った仏教思想は、非常に激しいものです。お経を読んだり加持祈禱をしたりすることを真っ向から否定し、坐禅こそが仏の教えと位置付けます。その結果、当時最大の仏教勢力であった天台宗は、朝廷に働きかけて道元を京都追放に追い込みます。道元の教えは、それまでに日本に広がっていた仏教全体を否定するものと捉えられ、天台宗は激しく反応したと思われます。

しかし、捨てる神あれば拾う神あり。京都を離れざるを得なくなった道元には、元日本達磨宗の門人が付いていました。彼らは平泉寺を中心とする白山天台と密接な関係にあり、道元を越前へ導く役割を担いました。道元が越前に入った後、教団の発展を推進する力になったのは、白山から派生する山中で活動していた日本達磨宗という信仰背景と、越前の武士団であった斎藤氏の一員で、波多野氏・富樫氏・白山平泉寺の長吏(ちょうり)とも姻戚関係を併せ持つ、義介であったと思われます。そして、越前を飛び出した義介と瑩山の弟子たちによる興隆もまた白山信仰と重なります。初期の道元教団にとって、白山天台は比叡山の迫害から逃れるための庇護者であり、最も有力な教線であったと考えられます。

今も曹洞宗の中で続く、白山への特別な思い。毎年行われる白山登拝にそれが現れています。白山を凄いスピードで登っていく修行僧たちは、皆同じ言葉を呟きながら登ってゆきます。

「仏法大統領白山妙理大権現」

道元が白山をどのように考えていたのか、はっきりしたことは分かりません。しかし、道元が白山を信仰する人々に支えられて布教したことは確かです。白山という美しい山が、道元を守り、曹洞宗が広がってゆく礎となっているのです。

【参考文献】
石井修道「徹通義介の「身心脱落の話」について」『駒澤大学仏教学部研究紀要』第六八号、二〇一〇年

今枝愛眞『道元　坐禅ひとすじの沙門』日本放送出版協会、一九七六年
永平寺町教育委員会『永平寺町史』一九九三年
鏡島元隆『道元禅師とその周辺』大東出版社、一九八八年
佐藤俊晃「「白山」の位相―曹洞宗教団史研究の一試考―」『駒澤大学仏教学部論集』第一九号、一八八八年
大本山永平寺祖山傘松会『懐奘禅師研究』一九八一年
大本山永平寺『永平寺史』一九八二年
村上博優『白山信仰』グリーン美術出版、二〇一二年

⑧ 中世大野と平泉寺

佐々木伸治

はじめに

北陸の小京都ともよばれる越前大野の城下町は、金森長近（かなもりながちか）が整備したといわれています（図74）。長近は、美濃の生まれで、織田信長の家臣として越前一向一揆と戦い、天正（てんしょう）三年（一五七五）越前国大野を与えられました。その後、柴田勝家、豊臣秀吉に従い戦功をかさね、天正一四年飛驒高山へと移り、初代高山城主となりました。飛驒の小京都とよばれる高山の美しい町並みも長近の整備によるものです。彼は、城下町建設の名プランナーといえるのではないでしょうか。また、茶道への造詣が深く、千利休の子をかくまったとの話もありますし、落語の祖といわれる安楽庵（あんらくあん）策伝（さくでん）は長近の弟と言われています。文化や教養に富む、長近の人物像がうかがえます。

では、長近によって城下町が整備される以前の大野は、どのような町だったのでしょうか。中世の大野郡には、平（へい）

図 74　大野城と土橋城

泉寺(せんじ)という巨大な宗教都市がありました。戦国時代には、朝倉氏の一族が郡司として大野にいたようですが、町場としての詳しい状況はよくわかりません。天正二年に平泉寺が焼亡すると、この地域では江戸時代に大野と勝山という二つの城下町が発展し、現在の大野市、勝山市のもとになっています。

(1) 中世大野の城と町

平泉寺が栄えた中世の大野は、江戸時代の絵図や現在の町並みから推測するほかありません。戦国時代までの町場の中心は、大野郡司であった朝倉景鏡(かげあきら)の居城とされる土橋城(どばしじょう)と推測できます。また、大野にはもうひとつ、亥(い)(居)山(やま)城と呼ばれる城があったようですが、その場所は諸説あり確定には至っていません。そこでまず、亥山城の位置を検討してみましょう。

中世の亥山城から大野城、亀山へ　『朝倉始末記』には、「都合六〇〇〇騎ニテ推寄(おしよせ)テ、式部大輔楯籠玉(たてこもりたま)フ居山ノ城ヲ取巻テ」とあり、天正元年(一五七三)に朝倉景鏡が立て籠もった亥山城を、織田勢が六〇〇〇騎で取り巻いたという記述があり

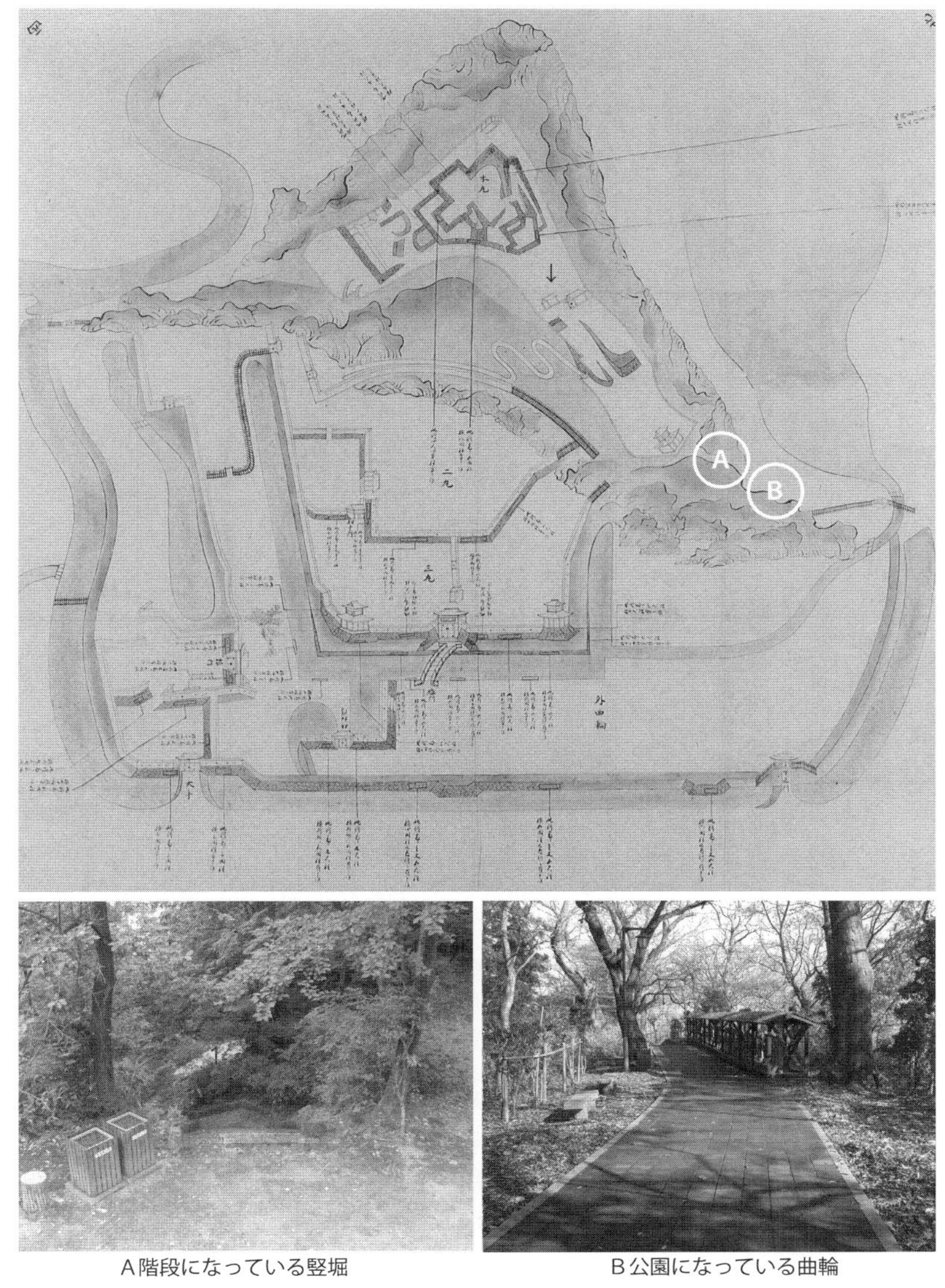

A階段になっている竪堀　　B公園になっている曲輪

図 75　「越前大野城石垣破損覚図」（大野市蔵）**と中世の曲輪・竪堀**

図 76　土橋城跡（日吉神社）**の堀**

ます。亥（居）山と呼ばれる山は現在みあたりません。しかし、中世の文書には「亥山の裏水落」という地名がみえ、「水落（みずおとし）」は現在でも亀山の北側にその名を残しています（「洞雲寺文書」）。江戸時代の地誌でも亀山は亥山の城に比定されています（『深山木』）。では、実際に現地をみてみましょう。

江戸時代後期の「越前大野城石垣破損覚図」には山頂周辺の本丸と麓の御殿のほかは明確な施設はみられません（図75）。しかし、亀山をくまなく踏査すると、曲輪（くるわ）をはじめ竪堀（たてぼり）や堀切など絵図にはない遺構が全体に残っていました。また、尾根から麓近くまで、幅約一〇メートルの竪堀が真っすぐにのびています。残念なことに、これらは明治以降、一部が破壊され、現在、曲輪は公園、竪堀は階段になっていますが、中世にさかのぼる遺構と思われます。これらのことから亥山城は亀山に存在したと考えられます。

では、中世の亥山から亀山へ名が変わったのはなぜか。おそらく、金森長近が亀山と名付けたのではないでしょうか。長近は大野を去った後に、飛騨高山（岐阜県高山市）、美濃上有知（こうずち）（岐阜県美濃市）へと移りました。上有知にあった小倉山城は、長近が尾崎丸山から京都の小倉山にちなんで名前を変えたと伝わります。亀山も京都の小倉山にある地名にならって改名された可能性があります。

土橋城　もう一つの大野の中世城郭、土橋城は、現在の日吉神社付近にあったといわれています。土橋城と大野城、この二つの城は、直線でわずか一キロの距離にあり、中世大野の町場はこの範囲内が中心だったと考えられます。今でも日吉神社の南西側に堀跡が残り、江戸時代に描かれた絵図の写しには、現在よりもさらに広い範囲に堀が描かれていました（図76・77）。

大野城下町に残る中世の街区　つぎに、この絵図の道路に注目してみましょう。大野城下町の街区は、東西六本・南北六本の道路によって、碁盤目状に区画されています。南北道路には一番町・二番町・三番町・四番町・五番町、東西道路には六間町・七間町・八間町など、連続する数字を冠した名称がつけられています。のちに、長近が整備した飛騨高山や美濃上有知でも同じように数字を町名としていました。これは長近の城下町プランの特徴といえるでしょう。

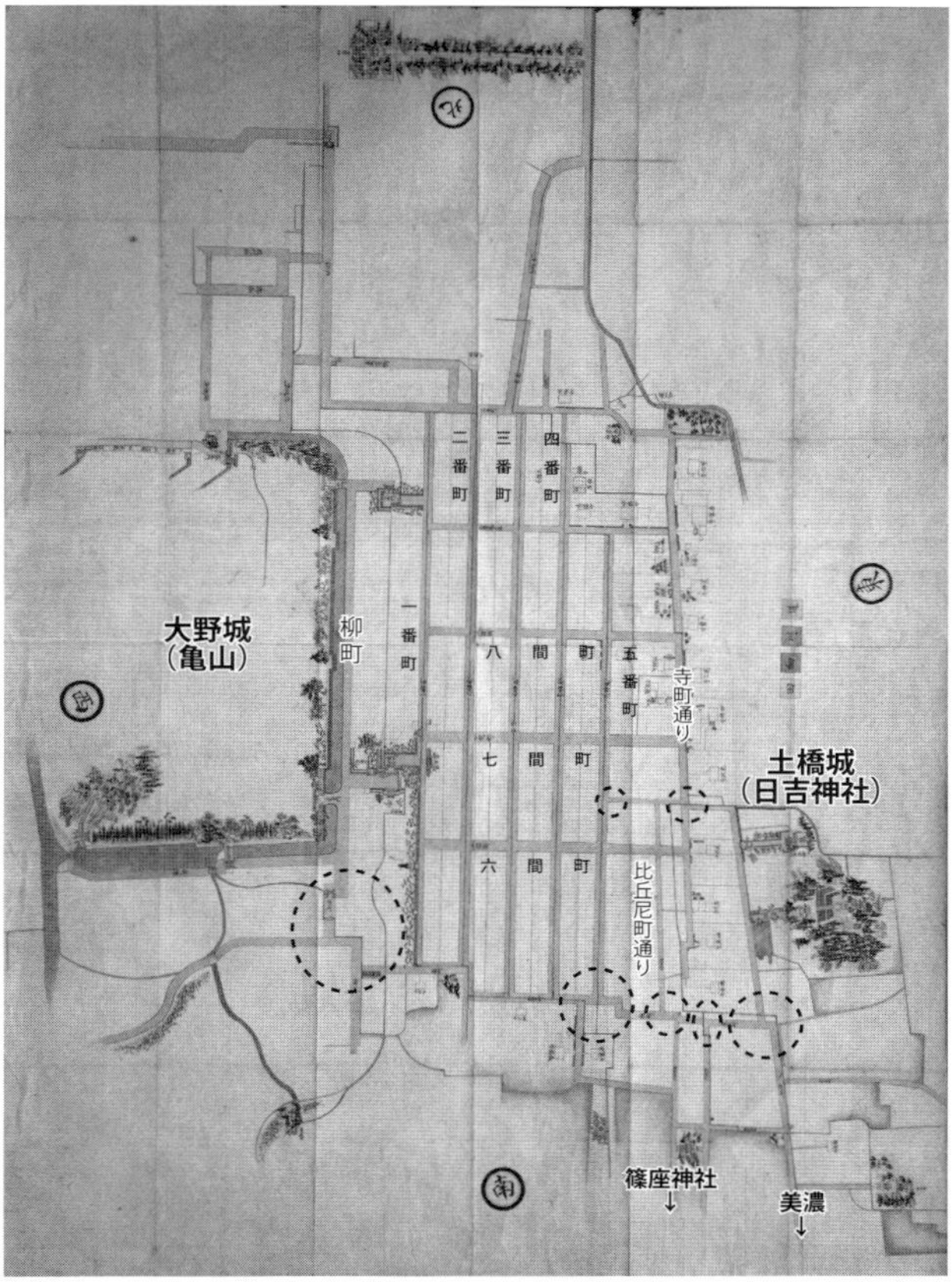

道路の方向をみると、日吉神社の西側の道は、これらの街区とは方向がやや異なります。この道は、美濃街道へとつながるので、大野にとっては生命線ともいえる幹線道路でした。また、その西側にある比丘尼町通りも篠座神社の前を通って小山荘へと向かう

図77　大野城下町と土橋城周辺の町割り（「大野町絵図」，大野市蔵）

図 78　篠座神社の霊泉

重要な道でした。これらは数字を関する町名をもつ長近の城下町の町割りとは食い違いが生じています。土橋城との関係からもみても、これらは城下町整備以前からの道路と判断して良いのではないでしょうか。

都市計画の面でも、一番町から五番町まではそれぞれ約七〇メートル間隔で道が設定されていますが、日吉神社周辺の寺町通りとその一本西側の比丘尼町の道は、二〇～三〇メートル間隔とかなり狭くなっています。さらにもう一か所、長近の地割りと異なる道路があります。それは大野城がある亀山の東側の道で、通称「柳町」といわれる外堀に沿った道です。ここにも食い違いがあります。つまり、日吉神社周辺と柳町付近は、中世の大野の姿を残していると考えます。

(2)　大野の白山信仰

篠座の霊泉とおながみ　金森長近は、天正十四年（一五八六）に白山別山山頂の社殿再興を願い、大野郡の篠蔵野にて本尊聖観世音菩薩を鋳造させました（「平泉寺文書」）。大野の領主として、平泉寺や白山の復興を助けたのです。

また、大野の白山信仰の拠点として、篠座神社を挙げたいと思います。篠座神社は、『延喜式』に記載されている式内社の一つで、平泉寺と同じく、養老元年（七一七）の創建と伝えられています。

拝殿は、飯降山の山頂を真西にした位置に建てられています。境内には、泰澄の伝説が残る「篠座の目薬」と言われる霊泉があります（図78）。伝説によると泰澄は白山へ登る際に、一〇日間ほどこの地で休息し、登山した帰りにまたこの地に立ち寄ったそうです。その時、虚空に「我、大己貴命（おおなむちのみこと）なり。林泉の勝地、降遊する」という声があったので、泰澄が祠を作ったと言われています。

大野盆地の北西部の乾側地区に位置する尾永見（おながみ）という集落には、雨乞い踊りという踊りが伝わっています。伝説によると雨乞い踊りを踊りながら弁財天女を篠座神社に移したといわれており、「おながみ」という集落の読み方から推察して、平泉寺の南側にある女神川（おながみがわ）との関係がうかがえます。このように、平泉寺に関わる伝説と類似した空間を作り出していると考えます。

図79　飯降山を背にした秋分の日没

おわりに

最後に、秋分の日に飯降山の山頂に日が沈む様子です（図79）。春分・秋分の日には、鳥居・社殿を結ぶ延長線上にある飯降山の山頂に太陽が沈みます。その光景を見ていると、やはりこの場所は、選ばれた神聖な場であったと感じてしまいます。飯降山は、大野の人たちに通称「おたけさん」とも呼ばれ親しまれており、古くからの神体山としての信仰が白山信仰として結びついていったのではないかと思えるのです。

【参考文献】

大野市史編さん室『大野市史　社寺文書編』一九七八年
大野市教育委員会『奥越史料　第一〇号』一九八一年
大野市史編さん室『大野市史　史料総括編』一九八五年
大野市史編さん室『大野市史　地区編』一九九一年
大野市文化財保護委員会『越前大野城と金森長近』一九六八年
大野市歴史博物館『絵図が語る大野』一九九四年
門井直哉「大野の城下町プランと町名について」『福井大学地域環境研究教育センター研究紀要』第14号、二〇〇七年
坂田玉子『大野の町名』二〇〇七年

第Ⅲ部　白山平泉寺の世界史

❶ 白山平泉寺とその時代
――寺・城・館――

中井　均

はじめに

戦国時代は身構える時代でした。

戦いに備えて身構えたのは武士だけではなく、寺社や農民にいたるまで、すべてが身構える時代でした。一方で白山平泉寺（はくさんへいせんじ）がもっとも栄えた時代でもありました。ここでは寺院と武士が築いた山城や居館との関係について、特に石垣に注目しながら考えてみようと思います。一般的にお城といえば石垣というイメージが強いと思います。しかし、城はその字の通り、土から成るものであり、戦国時代の城郭は山を切り盛りして築いた土木施設だったのです。日本の城郭に本格的な石垣が導入されるのは、天正（てんしょう）四年（一五七六）に織田信長によって築かれた安土城からです。安土築城には石垣（高石垣）、瓦（金箔瓦）、礎石建物（天主）という三つの要素が導入されます。

以後、信長の一門や家臣団の築城はこの安土城の要素を取り入れます。信長政権を引き継いだ豊臣秀吉による築城もこの三つの要素を忠実に引き継ぎます。こうした信長・秀吉の斉一性の強い城郭を織豊系城郭と呼びます。それまでの土造りの軍事的防御施設であった城郭が、統一政権の見せる城へと大きく変化したのです。こうした織豊系城郭の成立は、日本城郭史における革命的変化であり、以後の日本の城郭はこの三つの要素を引き継いで築城されます。

ところで、白山平泉寺では、発掘調査によって一五世紀から一六世紀にかけて構築された非常に立派な石垣や石畳道が検出されています。こうした遺構の検出により白山平泉寺では安土城に先行する時代より大規模な石に関わる技術や石の文化を持っていたことが窺えます。ここではまず最初に白山平泉寺の石の文化がどのように成立し、伝播したかを見ていくこととしましょう。

(1) 寺院が身構える時代

白山平泉寺の城　平泉寺は単なる寺院ではなく、中世の都市であったと言われています。そこで城郭研究の視点から注目したいのは、平泉寺の周囲に小規模な山城が構えられていることです(図2参照)。

北谷の尾根頂部に一辺約二〇㍍の方形に区画された平坦地があります。周囲には土塁が廻らされ、その外方には横堀も廻らされています。東側には副郭となる平坦地も造成され、東側の鞍部(あんぶ)には堀切が構えられて尾根筋を遮断しています。小規模ですが、見事な山城が白山平泉寺を守るように尾根筋に構えられているのです(図80)。

平泉寺周囲の尾根筋には城郭以外にも堀切が設けられ、敵の侵入を遮断しています。また、平泉寺の正面には堀切や土塁が構えられ、さらに坊院群にも堀切が設けられ、平泉寺の身構えた姿を随所に見ることができます。

(2) 石を切る、石を積む

一五世紀の寺院と石垣

石垣を積むには、その石材が必要となります。白山平泉寺の場合は、南側を流れる女神川(おながみがわ)の河原から持ち運んだ石で石畳道を造り、山石を切り出して石垣を築いています。白山平泉寺では発掘調査によって一五世紀後半の石垣が検出されていますが、その石垣の意義を考えるうえで、全国の同時代の石垣を検討したいと思います。

殿村(とのむら)遺跡(長野県松本市)では、発掘調査の結果、一五世紀から一六世紀の石垣が検出されました。発掘当初は土豪会田(あいだ)氏の居館前面の石垣ではないかと考えられましたが、出土遺物の様相より、どうも寺院前面に築かれた石垣だと考えられています。横長の石材を横位に約一メートルほど積み上げています。

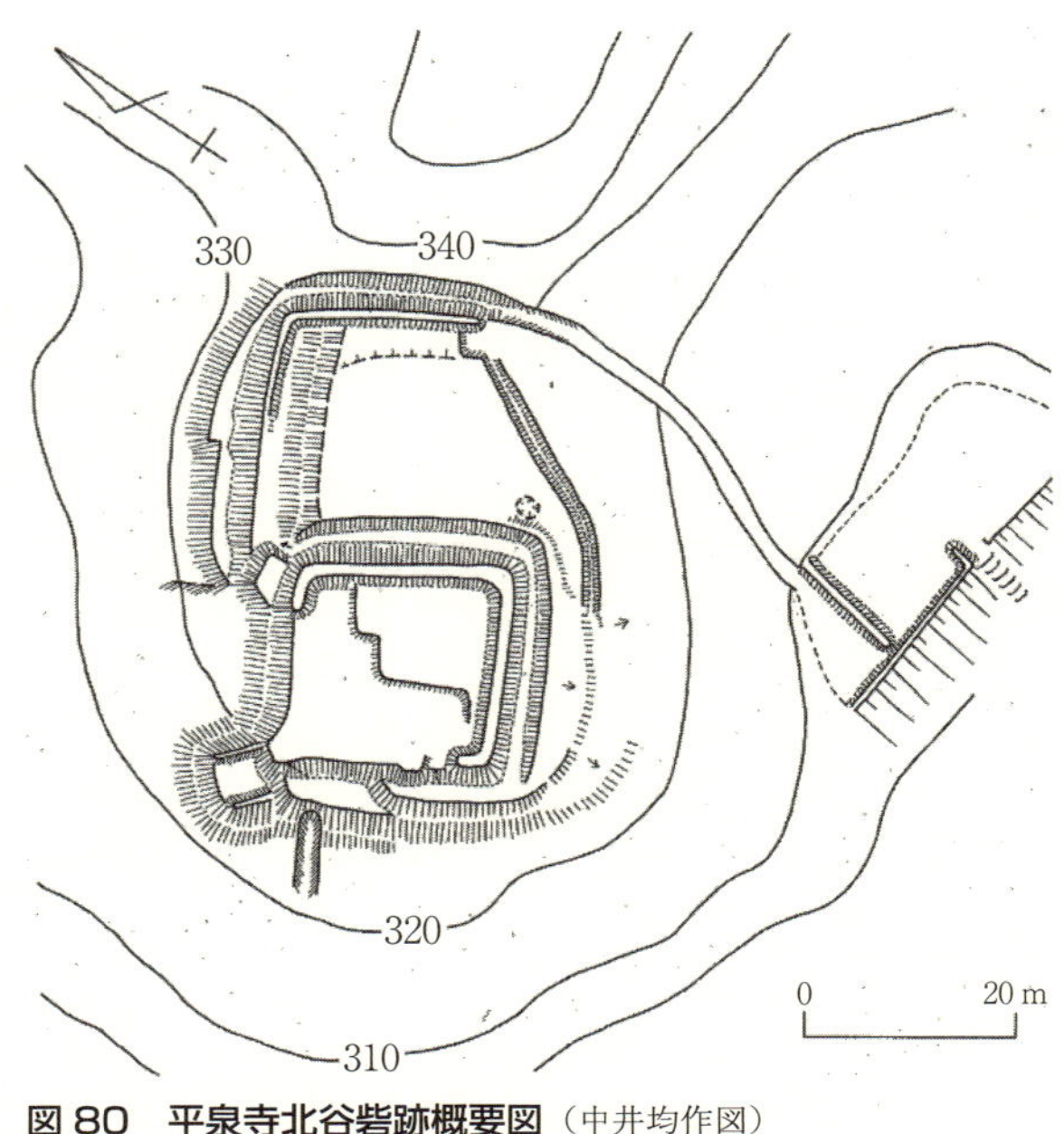

図 80　平泉寺北谷砦跡概要図(中井均作図)

この殿村遺跡の背後には標高一一一三メートルの虚空蔵山(こくぞうさん)がそびえています。遠方より虚空蔵山を望むと信仰の山であったことが一目瞭然で、その山の名の虚空蔵もそうした信仰から命名されたものであることがわかります。山頂付近には懸け造りの社殿のある岩屋神社があり、信仰の山であることがわかります。山頂は東西に尖った稜線が続きますが、やや広くなった最高点に峯ノ城が構えられています。また、中腹東尾根には秋吉砦が、西尾根には中ノ陣が構えられており、いずれも石垣を伴っています。

また、両城間の谷筋は水ノ手と呼ばれ、五段程度の平坦地が段々に築かれており、その切岸面は石垣によって築かれています。この水ノ手では近年継続的に発掘調査が実施されており、一五世紀末から一六世紀初頭に築かれた石垣が検出されています。さらに松本周辺の山城では、林小城、山家城、桐原城、埴原城、青柳城で高さ二〜四メートル程度の石垣が築かれています。これらは安土城に先行する石垣として注目されます。

おそらく松本周辺では一五世紀後半に寺院側が殿村遺跡に石垣を導入し、その寺院側の技術が虚空蔵山城で最初に築城された水の手周辺に導入され、一六世紀の後半には虚空蔵山の秋吉砦や中ノ陣、さらには周辺の山城で石垣が築かれることとなったものと考えられます。つまり寺院の技術が山城の築城に大きな影響を与えたと考えられます。

能仁寺遺跡（滋賀県米原市）は、応永八年（一四〇一）に没した湖北の守護京極高詮の菩提寺でしたが廃寺となり、その場所も定かではありませんでしたが、発掘調査によって京極家の菩提寺である徳源院の隣接地で遺構が検出されました（図81）。ここでは参道に沿う形で高さ三メートルにおよぶ石垣が検出されました。ほぼ垂直に積む石垣で、下方に巨石を用い、上部は人頭大の石材を用いていました。

石垣の勾配は古いほど緩勾配だと思われがちですが、実は発掘調査で検出された一五世紀の石垣はすべて垂直に積み上げられているのが特徴となっています。松本周辺の寺院や山城で検出された石垣も垂直であり、能仁寺跡も垂直で、この垂直の勾配が時代的特徴を表しているのはまちがいありません。

花の寺で有名な勝持寺（京都市西京区）では発掘調査によって坊院跡の石垣が検出されました（図82）。一五世紀中頃とみられる石垣は高さ約四メートルにおよぶもので、その勾配はやはり垂直に近いものでした。この勝持寺の石垣は自然

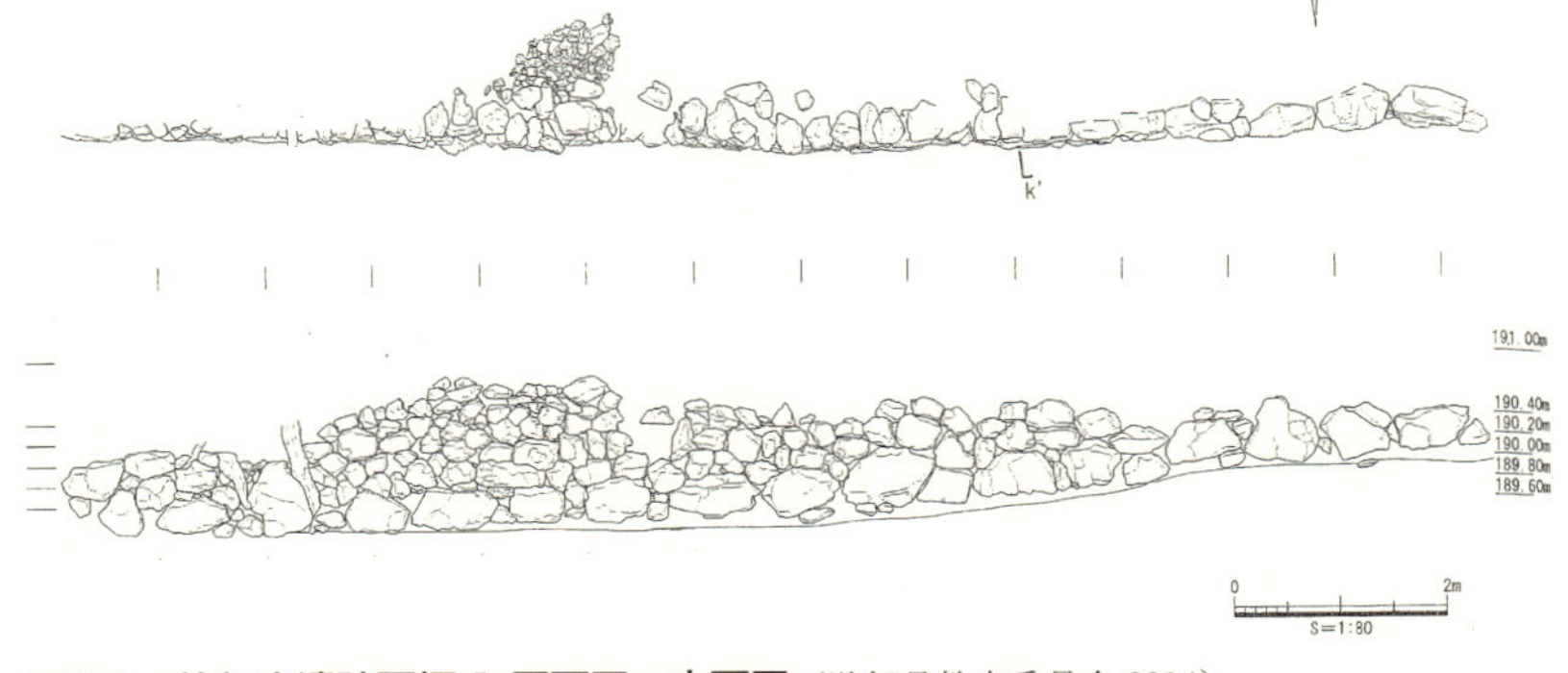

図81　能仁寺遺跡石垣1平面図・立面図（滋賀県教育委員会2014）

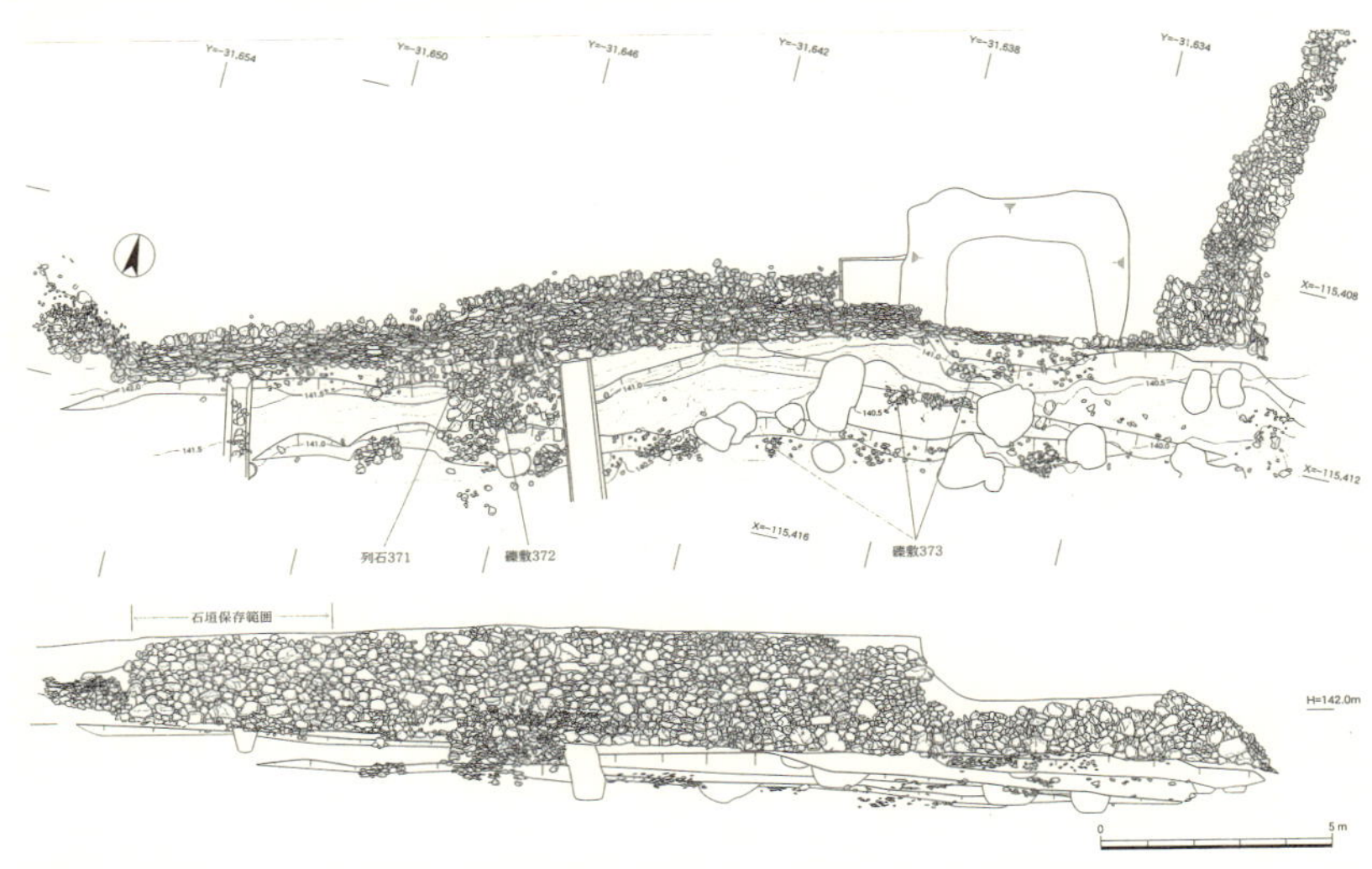

図82　勝持寺1区石垣65平面図・立面図（(公財)京都市埋蔵文化財研究所2012）

の斜面の前面に石を積み上げて石垣を築いたものではなく、石垣を積むために土を盛り、その前面に石を配すると、また土を盛り、その前面に石を配し、また土を盛り、石を配するという工程を繰り返しながら、高さ四メートルもの石垣を構築していました。

　こうした技法は現在のところ、まだ他の遺跡からは検出されていません。石を積む際に土を盛り上げた段階で地鎮を繰り返し行っていたようで、発掘調査では地鎮に際して数千点におよぶ土師器の皿を敷き詰めた状況が盛り土を行うたびに実施されたようで、幾重にもびっしりと敷き詰められた土師器の皿が出土しています。

京都の東山に位置する慈照寺（銀閣寺）は、室町八代将軍足利義政の建立した東山山荘として著名です。ここでも一五世紀中頃の石垣が発掘調査によって検出されています。検出された石垣は側溝の側壁として築かれたもので、垂直に約四メートル積まれていました。この高さを積むことはとても難しく、まず高さ二メートルまで積み上げ、いったん犬走りを設けてセットバックさせてさらに二メートルを積み上げるという段築によって積まれていました。

さらに、この銀閣寺で検出された石垣で注目できるのは人工的に割った石材を使用していることです。石垣に用いられていた花崗岩には一辺に歯形のような楔の痕跡が残されており、人工的に割られた石であることを物語っています。こうした楔痕を矢穴と呼び、その技法を矢穴技法と呼んでいます。矢穴技法で石を割る行程は、まず母岩に列点状に溝を穿ち、そのひとつに金属製、もしくは木製の楔を挿入し、それを玄翁で打ち叩くと、列点に刻まれた溝に沿って母岩が割れるということとなります。つまり切手のミシン目と同じ仕組みで石を割ることができるのです。割れた石と割られた石の両側に当初刻んだ溝が歯形のように残ることとなります。

こうした矢穴技法が城郭の石垣で認められるのは天正末年頃（一五八〇年代前半）からで、普遍的に用いられるのは関ヶ原合戦後の築城となります。その矢穴技法が一五世紀中頃に築かれた慈照寺の側溝石垣に用いられていたのは驚きです。この段階で石を割り、石を積む石工集団の存在したことは確実です。

この花崗岩を矢穴技法で割り、垂直に積んだ同様の石垣が田辺城（京都府京田辺市）の発掘調査でも検出されています。田辺城は応仁・文明の乱から山城国一揆頃にかけて田辺氏の居城でした。その虎口は枡形状を呈し、石垣によって構えられていました。その石材も花崗岩で、矢穴が穿たれていました。国人田辺氏は南都興福寺と強い関係があり、田辺城の枡形虎口の石垣は興福寺に関わる石工の援助によって築かれた可能性も充分に考えられます。

石仏に残された矢穴　岩瀬谷古墳（滋賀県湖南市菩提寺）は古墳時代後期の群集墳であり、横穴式石室を伴う円墳三基の発掘調査が行われました。この古墳は谷筋部に構築されているのですが、その調査地内に矢穴の刻まれた花崗岩が認められました。矢穴は二列に穿たれており、幅三尺の石材を割ろうとしていたようです。矢穴は長さ一八㌢を測り、断面は舌状となり、一見して古いものであることがわかりました。矢穴は基本的には長い方が古く、新しくなるにつれて短くなるようです。ただ、古いといっても具体的な年代まで絞り込むことは不可能でした。

ところが、岩瀬谷古墳群では古墳の横穴式石室を石工が作業小屋に利用したようで、一四世紀の土師器皿が出土しており、矢穴の年代が想定できました。そこで岩瀬谷古墳周辺の石造物を調査してみると、廃少菩提寺に所在する南北朝時代の石造地蔵菩薩立像は背面に長さ一八㌢、断面舌状の、岩瀬谷古墳の矢穴と同様の矢穴が認められました。また、善水寺の砂かけ地蔵と称する石造地蔵菩薩立像も背面に岩瀬谷古墳の矢穴と同様の矢穴が残されていました。岩瀬谷古墳の立地する地域には廃少菩提寺、湖南三山と呼ばれる常楽寺、長寿寺、善水寺などが所在しており、近江の仏教文化の中心地のひとつであり、そうした文化圏に石造物は必需品であり、石を切り取り加工する石工集団が居住していたと考えられます。

こうした石を切り取り加工する技術は中国から伝わりました。重源による東大寺再建に伴い中国からやって来た工人が矢穴技法によって石を切り取ったものとみられます。その最古例が東大寺南大門の背面に置かれた狛犬です。こうして日本に伝わった矢穴技法が各地の有力寺院に伝播し、それぞれの地域で五輪塔や宝篋印塔をはじめ石仏などが造られたのでした。

観音寺城の石垣構造　観音寺城跡（滋賀県東近江市・近江八幡市）は近江守護六角氏の居城として南北朝時代に築かれます。戦国時代には、繖山全域に一〇〇〇を数える曲輪を構える巨大な山城になります。こうした曲輪の大部分が石垣によって築かれており、信長の安土築城以前の本格的な石垣として注目されます（図83）。

湖東三山のひとつ、金剛輪寺(こんごうりんじ)の会計簿である「下倉米銭下用帳」の弘治(こうじ)二年（一五五六）の記録に、「御屋形様惣人所下石垣打」、「御屋形様御石垣打」などの記載が散見されます。ここでは守護六角氏の家臣である三上氏の使者谷十介という人物が金剛輪寺の西座衆と談合している様子も記されています。西座衆とは金剛輪寺のなかの寺普請を扱う部署と考えられることより、守護側（武家側）が御屋形（観音寺城）を石垣で構えるために寺院側（宗教側）と会議をしたことを記したものとみられます。

図83　観音寺城の石垣

いま一つ観音寺城で注目されるのが、石垣の石材に矢穴技法による割石を用いていることです。観音寺城の石垣が安土城の石垣に先行するだけではなく、二〇年後の安土城でも用いられていない矢穴技法をすでに取り入れて石材を確保していたのです。金剛輪寺という寺院側の技術に矢穴技法があり、その技術を取り入れた観音寺城の石垣石材の確保にも当然矢穴技法が用いられたのです。

さらに興味深いのはその矢穴技法です。通常矢穴は割りたい線に沿って点々と溝を彫っていくのですが、観音寺城の矢穴は割られた石材の一辺の端部に二〜三個しか溝を穿っていないのです。

おそらく石工が石の目を見て、最小の溝で石を割ることができたのであろうと考えられます。いわば熟練工の仕事であったものと見られます。

さて、その観音寺城の石垣ですが、高いところでは五メートルを超え、勾配は一五世紀の石垣に比べると出てきていますが、やはり垂直に近いものとなっています。

ところで、観音寺城はその名が示す通り、繖山にはもともと西国観音霊場である観音正寺という寺院がありました。観音寺城の本丸が山頂ではなく、繖山の八合目くらいの尾根筋に構えられているのは、山頂部が観音正寺の奥ノ院であったためです。また階段状に規則正しく配置されている曲輪が認められます。そして山下から山上まで一直線に道路が貫いています。こうした道路は防御を目的とした山城にはふさわしくありません。その道路の両側には階段状に曲輪が配置されており、道路が参道、曲輪が坊院であったことを示唆しています。こうした構造は、繖山のなかで城郭と寺院が対立していたのではなく、共存していたことを示しています。

なお、六角氏領である湖南では、佐生城（東近江市）、小堤城山城（野洲市）、三雲城（湖南市）で、観音寺城と同様の矢穴技法によって割られた石材を用いた石垣が認められます。これらの石垣も寺院側の技術によって積まれた石垣として評価できます。

一六世紀の寺院石垣　根来寺（和歌山県岩出市）も戦国時代に武装化する寺院として有名です。ここでは、白山平泉寺と同じく谷筋に展開する坊院は階段状に石垣によって構えられています。この坊院の一角で一六世紀の高さ五メートルを測る高石垣が検出されています。その構造は織豊系城郭の打込接そのものです。さらに下層からは一五世紀の石垣が検出されています（図84）。

一五世紀の石垣は高さ一メートル程度の低いものですが、それが一六世紀には一気に五メートルを超える石垣が積まれます。根来寺の山内で石垣技術の飛躍的な発展が起っていたのです。

(3) 寺と城

寺をまもる城　敏満寺（びんまんじ）遺跡（滋賀県多賀町）はその名の通り、古代〜中世に栄えた敏満寺の跡地です。この敏満寺も戦国時代には武装化し、浅井長政、織田信長らによって攻め落とされます。この敏満寺には寺を守るための城も築かれていました（図85）。

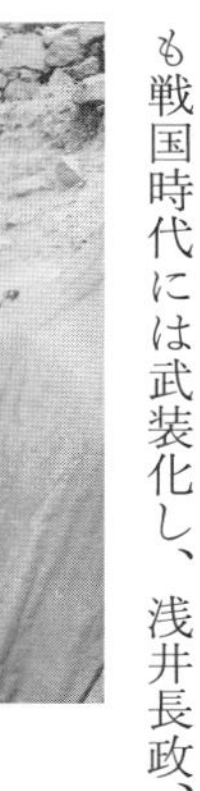

図84　根来寺の石垣

城は敏満寺の中心からは少し離れた尾根の先端部に選地しています。曲輪の周囲に幅の広い土塁を廻らせ、尾根筋には三重の堀切を設けて、尾根からの敵の進入を完璧に遮断しています。注目されるのは門の構造で、直進をさせず屈曲させて出入りさせるように工夫されており、さらに門の片側は分厚い土塁で固められ、土塁上には櫓のような建物が建てられ監視をしていたと見られます。こうした門の構造は寺院ではなく、明らかに城郭の虎口として評価できます。

この敏満寺遺跡では発掘調査の結果、全面で焼土が検出されました。記録では織田信長によって攻められ、焼き尽くされたと伝えられています。焼土はこの際の戦闘によって実際に焼き落されたことを示しています。

敏満寺遺跡は、敏満寺という巨大な寺院とはやや離れた位置に築かれています。それは尾根の先端であり、まさに寺院を守るための城を築くには最良の場

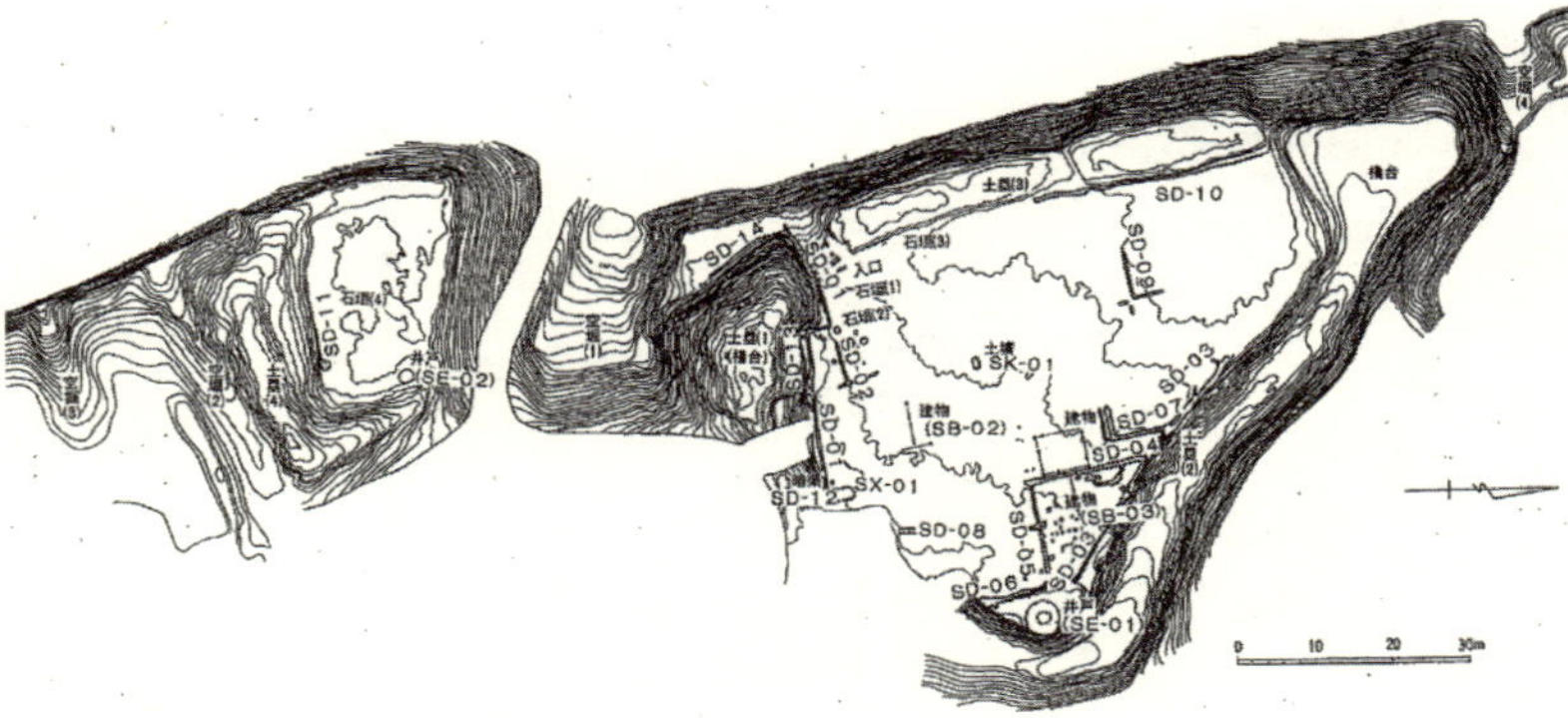

図85　敏満寺遺跡遺構平面図（滋賀県教育委員会 1998）

所といえます。敏満寺も白山平泉寺の北谷と同じように、寺院を守るため周囲に城を配して、信長と戦ったのです。

根来寺も大門の門前に前山という丘陵が横たわっています。この山には堀切や土塁が設けられており、明らかに寺院を防御するための城が築かれていたようです。こうした構造も白山平泉寺と同じように、寺院の周囲に城郭を築いて防衛ラインを作る城の配置といえます。

城塞化した寺内町　こうした構造と少し違う城塞化した寺院に、本願寺の寺内町があります。本願寺では戦国大名や他宗派からの攻撃から身を守るために、土塁と堀を構え、寺院だけではなく、町屋までをもその中に築きます。山科本願寺（京都市）は周囲に高さ一〇メートルを超える土塁と、三重の堀を廻らせています。中心には本願寺が位置し、内堀と中堀の間は本願寺の一門の住むエリアとなっています。そして中堀と外堀の間に寺内と呼ばれる町屋が形成されていました。

この山科本願寺は従来一五世紀の中頃に本願寺八世蓮如によって築かれたと考えられていました。しかし、近年の発掘調査によって一六世紀前半に築かれた施設であることが明らかになりました。これは創建は蓮如ですが、城塞化するのは天文年間（一五三二〜五五）に法華宗からの攻撃を防御するために証如の時代だと考えられます。『経厚法印日記』の中で、山科本願寺が法華宗の攻撃によって攻め落とされるときの様子に「山科本願寺ノ城ヲワルトテ」と、山科本願寺を城と記していま す。絵図に描かれた山科本願寺の土塁をみると、塁線が随所で屈曲しており、横矢が掛かるように工夫されており、天文年間の戦国大名の居城に比べても非常に発達した城郭構造となっています。つまり石垣だけではなく、城郭の生命線でもある縄張りと呼ばれる設計まで、寺院側の技術のほうが発達したものでした。

山科本願寺焼失後、本願寺は大坂へ移ります。この大坂本願寺も、「其構営大、殆如城郭」（其の構え営大、殆ど城郭のごとし）と記されています。では、実際に大坂本願寺の造営に関わったのは誰かというと、築城のプロフェッショナルです。証如の日記である『天文日記』に、「城作り松田」という人物が登場します。また、加賀から城作りが呼ばれたとも書かれています。「城作り」とは城郭を造る職人集団のことですから、彼らが大坂本願寺の造営に関わって、城郭のような寺院造りを指導していたわけです。

中世寺院から近世城郭へ　寺院は宗教施設であり、城郭は軍事的な防御施設ですから、まったく違うものと考えられがちですが、戦国時代では寺院も身構えており、その構造には多くの共通点があったのです。寺院も自らを守るために、周囲に城郭を構えたり、寺院自らが城塞化するという方法を選択しました。

巨大な寺院は宗教権力として、世俗権力と敵対したり、自己を防御するために城を築きました。その構造は武家側の築いた城と同様のものであり、寺院として特別な構造のものを造ることなどありません。

なお、ここで注意しておきたいのは、構造はむしろ寺院側の方が先進的であったことです。石垣ももちろんですが、縄張りについても寺院側が先行し、武家側はそれを導入したようです。つまり中世寺院の有していた技術こそが近世城郭に非常に強い影響を与えたのでした。日本城郭の革命的変化である信長の安土城の三大要素である、石垣も、瓦も、高層建築もすべて寺院側の持っている技術の集大成と位置付けできるのです。

本来、寺院が持っていた石を積む、あるいは石を割る技術が、戦国時代の後半に武家側に導入され、それが飛躍的に発達して姫路城や彦根城の石垣、天守に至ったのではないかと考えています。寺院の技術が実は寺院だけで終わるのではなく、さまざまな施設に導入されたのです。そのルーツのひとつが、白山平泉寺までさかのぼるものだと思っています。

白山平泉寺から一乗谷へ　こうして全国的な動向から改めて越前の状況をみますと、白山平泉寺や一乗谷（いちじょうだに）で石垣が多用されていることに注目できます。おそらく両者には共通の技術の存在が指摘できます。それは白山平泉寺という寺院の技術が朝倉氏という武家側に導入されて一乗谷の石垣が誕生したものと考えられます。

白山神社の拝殿には巨石を配した石垣が認められます。それは石垣というよりも石壁といえる構造です。こうした巨石を用いる石垣技術が一乗谷の下城戸（しもきど）の虎口部分石垣に認められます。さらには永禄（えいろく）一〇年（一五六七）に織田信長によって築かれた岐阜城の信長居館でも発掘調査によって検出されています。石を積むという石垣と、こうした巨石を用いるという技術があり、そのルーツが白山平泉寺に認められるのです。

さらに白山平泉寺の坊院の石塁石材に矢穴が認められ、矢穴技法によって割られた石材が用いられていたことが認められます。ここでも矢穴技法が寺院側のものであったことがわかります。一乗谷朝倉氏遺跡に残された石垣を丹念に見ていくと、矢穴技法によって割られた石材を見ることができます。例えば義景館跡の正面館内側の石垣や、武家屋敷の土塀の基礎となる石塁などに認められます（図86）。

実は一乗谷朝倉氏遺跡も安土城に先行する石垣を用いた戦国時代の城館なのです。この一乗谷の石垣についてはこれまでほとんど語られることはありませんでしたが、巨石や矢穴の存在することより、白山平泉寺の持つ技術が導入されたものであることは明らかです。

図86　平泉寺と一乗谷の石垣と矢穴（上段：平泉寺，下段：一乗谷）

おわりに

このように中世の寺院や城や館は違った技術で築かれたものではなく、同じ工人集団がかかわっていたことは明らかです。そうした関係を分析することによって戦国時代の歴史をさらに明らかにすることができるのではないでしょうか。その鍵を握っているのが白山平泉寺だと思います。今回述べてきたように、日本列島各地の寺院と城館との関係を総合的に研究することによって、より鮮やかな白山平泉寺像を蘇らせることができるのではないでしょうか。

最後に、平泉寺には南谷に二ヵ所、矢穴を穿った石材を見ることができます。平泉寺には数多くの石垣が残されています。たった二ヵ所の矢穴を見つけるのは大変ですが、ぜひ探してみて、平泉寺の石の文化に触れていただければ幸いです。

【参考文献】

勝山市教育委員会『史跡白山平泉寺旧境内発掘調査報告書』二〇〇八年
公益財団法人京都市埋蔵文化財研究所『勝持寺旧境内』二〇一二年
滋賀県教育委員会『敏満寺遺跡発掘調査報告書』一九九八年
滋賀県教育委員会『清滝寺遺跡・能仁寺遺跡Ⅱ』二〇一四年
中井均・齋藤慎一『歴史家の城歩き』高志書院、二〇一六年

❷ 比叡山延暦寺と白山平泉寺

下坂　守

はじめに

中世寺院は、現在の寺院とはかなり異なるものです。その運営を担っていたのは、「衆徒」「大衆」と呼ばれた僧侶たちで、かれらが集まって行う会議のことを「衆議」、「集会」といい、寺のことはなにごともそこで議論をつくして決めるのが原則となっていました。衆議・集会での決定は、寺院全体（「惣寺」、「満寺」という）の意志となり、衆徒はその決定にしたがうことになっていたのです。中世の比叡山延暦寺や白山平泉寺は、そのような衆徒が運営する巨大な惣寺として存在していました。

惣寺の組織体としての基盤は大きくわけて三つあります。一つは衆徒の武力（軍事力）です。また二つ目は衆徒の経済力、そして三つめが自立した領域です。

中世寺院においては、その領域内では寺院独自の法律が適用されました。その意味で一般の人びとが寺院の領域に入るにはたいへんな緊張感があったと思います。中世寺院が領域としてきわめて高い自立性を保持していたことを忘れてはなりません。また、衆徒はその惣寺の領域を守るため強力な武力と、豊かな経済力を保持していたのです。惣寺内の衆徒の屋敷は、「坊（房）」と呼ばれています。坊（房）の主が「坊主（房主）」で、僧侶の別称「坊主」という言葉はここからきています。

中世、平泉寺には六〇〇〇もの坊舎が存在したといわれます。ただ残念なことに、平泉寺の惣寺がどのような形で衆徒によって運営されていたかを伝える史料はほとんど残されていません。そこでここでは比較的史料が豊富に残るいくつかの天台宗の惣寺の事例を参考としながら、平泉寺の惣寺について考えていくこととしましょう。

(1) 描かれた衆徒

近江の惣寺 越前の隣国・近江は、周りを山で囲まれ、中央に琵琶湖を抱えるというきわめて特異な地勢下にあります（図87）。山を越えることなく近江に入ることができるのは、今も新幹線や名神高速道路の通る東北部の美濃からの通路だけです。関ヶ原を通る道です。

このような近江には天台宗の総本山比叡山延暦寺が所在したこともあり、中世には交通の要所に多くの天台宗の惣寺がありました。湖東では「湖東三山」と呼ばれる西明寺、金剛輪寺、百済寺や、湖西では「高島七ヵ寺」と総称された七ヵ寺等がその代表的な寺院です。

これらの惣寺がいかに交通の要所に存在したかは、戦国時代になるとその多くが城郭に改修されていることがよく物語っています。たとえば湖東三山はいずれも城にはなっていませんが、すぐ近くの観音寺は近江守護六角氏によってその居城・観音寺城に作り替えられています。また、湖西の高島七ヵ寺は戦国時代にはすべて城となっており、その北方の台地に位置した清水寺も戦国時代には城となっています。このほか湖北でも弥高寺・太平寺といった数多くの惣寺が城に改造されています。

これらの惣寺の頂点に君臨していたのが比叡山延暦寺です。延暦寺の惣寺としての規模は、天台宗の総本山にふさわしく巨大なもので、山上に根本中堂、釈迦堂、楞厳院（横川中堂）の三つの本堂を持ち、衆徒はその三つの本堂を核として、東塔、西塔、横川の三つのエリア（「三塔（三院）」）に分かれて居住していました。衆徒の人数は盛時には三〇〇〇を数えたといいます（「三千衆徒」）。衆徒は多数の児や同宿（弟子）、さらには下部にかしずかれていましたから、比叡山上には少なくとも数万人の人びとが住んでいたものと推定されます。

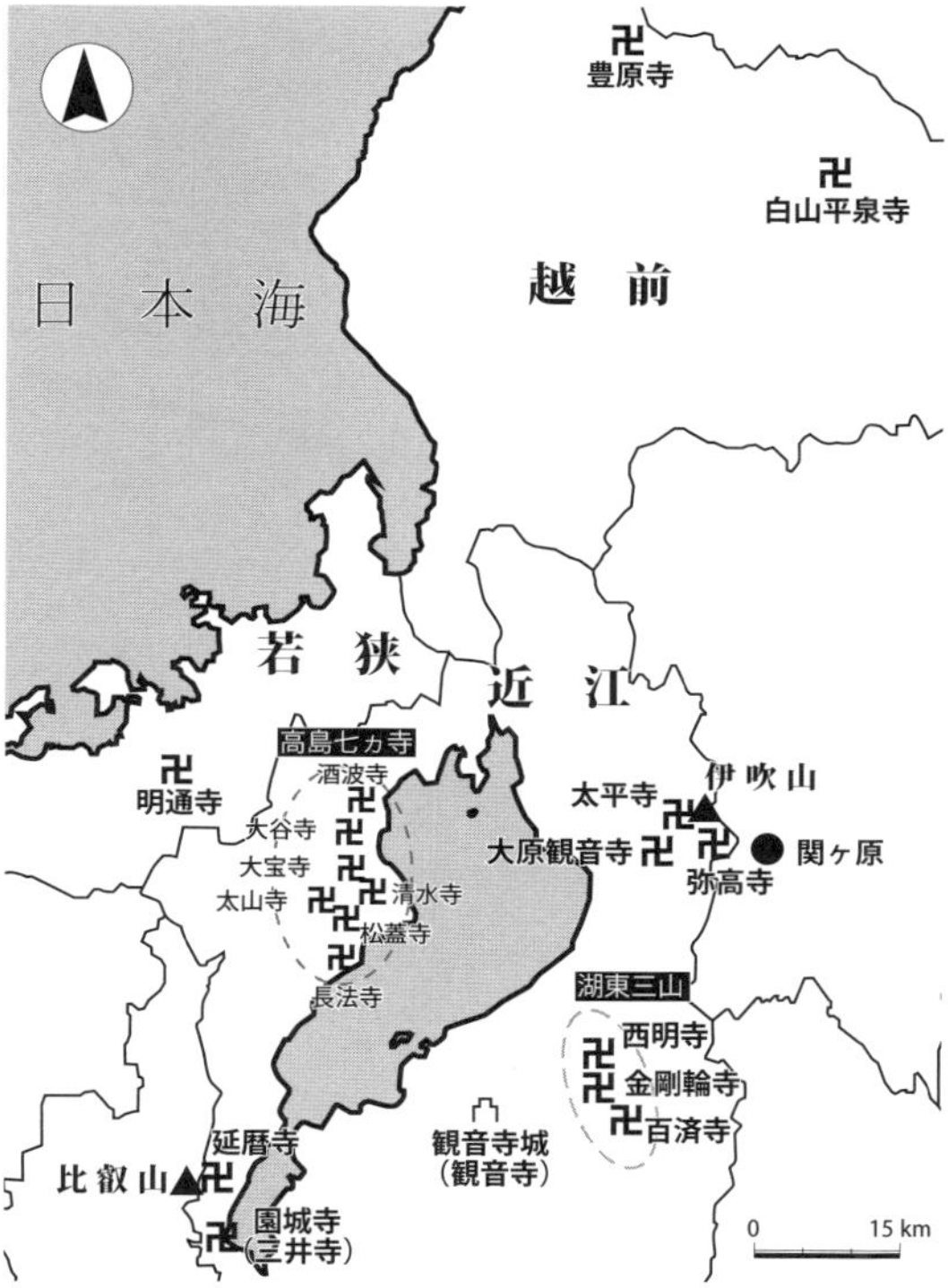

図87　近江・若狭・越前の関係地

また、中世、近江には今一つ大きな天台宗の惣寺が存在しました。それは延暦寺（山門派）から分かれた天台宗寺門派の総本山園城寺（三井寺）です。園城寺もまた北院・中院・南院の三つのエリア（三院）に分かれて、盛時にはあわせてその坊の数は一〇〇を越えたといわれます。

衆徒の姿　では、このような惣寺にあって、僧坊に住み寺を運営していた衆徒とは、具体的にはどういう人びとだったのでしょうか。

鎌倉時代に作られた『一遍上人絵伝』（正安元年〈一二九九〉の成立）には、園城寺の衆徒の姿があざやかに描かれています。一遍の率いる僧たちの踊り念仏を見物する場面です。そこでは園城寺の衆徒は、覆面、裏頭（頭を包む布）姿で塗りの高下駄を履く姿に表現されています。

園城寺衆徒の姿はやはり鎌倉時代に作られた『天狗草紙絵巻』にも登場しますが、彼らはそこでも裏頭の姿をしています。同絵巻には裏頭せずに衣の下に鎧をつけた衆徒も登場しますが、これはのちに触れる「若輩」の衆徒を表現したものでしょう。

武装した僧の姿といえば、時代が下っては、戦国時代の『七十一番職人歌合』に、衣の下に鎧を着る延暦寺の「山法師」と奈良の興福寺の「奈良法師」の姿が見えます（図88）。ただ、彼らは裏頭しておらず、衆徒ではなくその下で働いていた身分の低い僧（下僧）であったと推定されます。

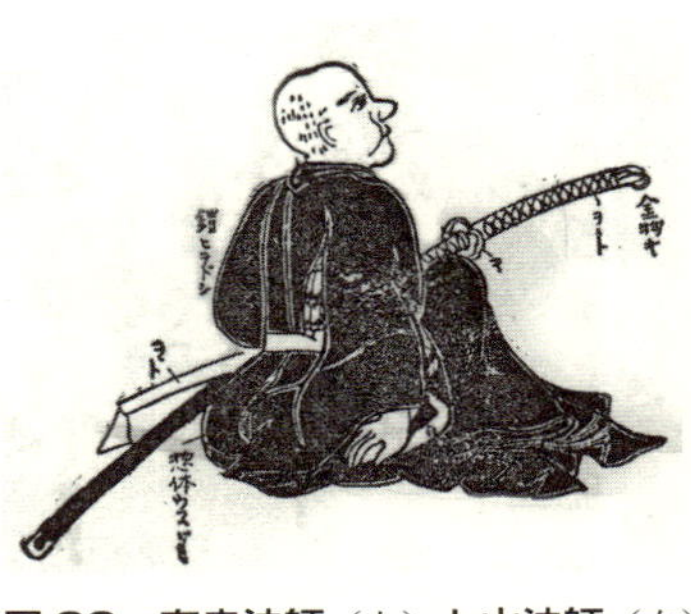

図88　奈良法師（左）**と山法師**（右）（『七十一番職人歌合』）

衆徒は戦時には彼らを率いて出陣しており、『七十一番職人歌合』の「山法師」「奈良法師」は、その衆徒にしたがった下僧の姿を描いたものと考えられます。なお、鎌倉時代の『慕帰絵巻』（南北朝時代）にも、戦いにそなえて武装する衆徒の家来（下僧や俗人の下部）たちの姿があざやかに描かれています。

このような衆徒のありかたは平泉寺においてもまったく同じです。『遊行上人縁起絵』には正応五年（一二九二）他阿弥（一遍の後継者）が時宗の布教のため府中の惣社に参詣したとき、それを妨害するため同社に赴いた「平泉寺法師等」「数百人の勢」の姿が描かれていますが、そこに見える平泉寺の衆徒は、やはり裹頭で塗り下駄を履いています（図89）。また、彼らは他阿弥たちへの投石を配下の稚児、同宿、下部に命じており、その下に多数の配下をしたがえていたことがうかがえます。次に引用したのは、その場面を説明する『遊行上人縁起絵』の詞書の一節です。

図89　平泉寺の衆徒（『遊行上人縁起絵』京都市金蓮寺蔵）

> （平泉寺）衆徒等是非をいはす、社壇をうちかこみて、時（関）をつくり、廻廊の中へ責入て、飛礫を打事しけき雨のことくなりけれとも、時衆一人にもあたらす。かくて半時はかりにも成ぬらんと思程に、念仏の声も絶す、合掌の手もみたれさりけれハ、衆徒等力及すして帰ける……

この絵巻が描くところによって、平泉寺にも延暦寺・園城寺と同じく稚児、同宿、下部を多数従えた衆徒が存在し、彼らが惣寺として寺を運営していたであろうことがわかります。

(2)　延暦寺と平泉寺

本末の契約　『平家物語』三〇によれば、久安三年（一一四七）四月、延暦寺の衆徒が「白山平泉寺を以て旧のごとく天台の末寺」となすべし、という訴えをかかげて鳥羽法皇のもとに押しかけるという事件が起こっています（『華頂要略』『平家物語』）。これはかつて平泉寺衆徒の希望によって同寺が延暦寺の末寺となっていたにもかかわらず、近年、園城寺の末寺となったことに抗議したもので、鳥羽法皇はすぐに延暦寺の訴えを受け入れ、平泉寺を同寺の末寺にすることを通達しています。

このときに延暦寺の衆徒が提出した訴状には、「去んぬる応徳元年、白山の僧等、彼の平泉寺を以て当山の末寺に寄進す」とあり、これによって平泉寺衆徒がはやく応徳元年（一〇八四）に寺のすべてを延暦寺に「寄進」するという条件でその末寺となっていたことがわかります。平泉寺衆徒はみずから望んで、寺を差し出すことで延暦寺の末寺の資格を獲得していたわけですが、ではなぜかれらはそれほどまでして平泉寺を延暦寺末寺としなければならなかったのでしょうか。他寺の例をもってこの点を考えていくこととしましょう。

次に引用したのは、宝徳二年（一四五〇）白山麓の美濃馬場・長滝寺の衆徒が「山門西塔院南尾一切経蔵院末寺」となるにあたって、衆議で決定した「定」の最末尾の「しからばすなわち本末の芳契を未来際に約し、真俗の昌栄を万代に期すべし者。衆議により加署すのみ」という文章です（「経聞坊文書」）。

これにより長滝寺の衆徒が「衆議」で延暦寺の末寺となることを決定していたことがわかるとともに、両寺の本末関係が「契約（芳契）」として存在したことがわかります。これは長滝寺に限られたものではありません。同じ例は若狭の明通寺でも確認できます。

同寺も平泉寺と同様かつて延暦寺の末寺でしたが、その関係が曖昧になったということで、応永三二年（一四二五）にいたり、改めてその「契約」を結び直しています。その時に明通寺の衆徒が作成した契約書（請状）の末尾は次のような言葉で結ばれています（「明通寺文書」）。

しかるといえども近年いささか本末の契約を乱し、中間退伝の間、今般山門根本法花堂の末寺たるべきの契約を成し、尽未来際その由緒を乱さず後々末代にいたり本末水魚の思いを成し、寺中は本寺の御下知に随い、真俗みな以て人々各々の坊領已下、法花堂に寄附せしむものなり。よって後証のため寄進□（衆力）中一同の連署状を奉ること件の如し。

これによって明通寺が「本寺の下知に随い」「各々の坊領已下」すべてを「（延暦寺）法花堂」に寄進するという厳しい条件を呑んで、延暦寺と間で「本末の契約」を結び直していたことが確認できましょう。

しかし、惣寺が延暦寺の末寺になるにあたり、その「契約」を成立させるために受け入れなければならなかった条件は実はこれだけではありませんでした。末寺には他に大きな二つの負担が課せられています。その一つは「末寺銭」と呼ばれた上納金であり、今一つは戦時の軍役です。

末寺の義務と本寺の義務　延暦寺の末寺は、本寺の延暦寺に「末寺銭」と呼ばれる銭を上納する義務を負うていました。時代ははるかに下がりますが、本願寺第一〇代法主証如の日記『天文日記』には、次のような記事が散見します。

①天文五年（一五三六）六月一〇日条
山門へ末寺銭、毎年の如く三千疋、かわし（為替）ニして遣し候。

②天文六年一二月二八日条
山門西塔院より末寺銭、催促のため、西学坊へ対し一院連署これあり。又かの坊書状もあり。又四至内坊状もあり。

③天文七年三月二日条
西塔院より去年の末寺銭催促候状、西学坊よりみせられ候。

いずれも延暦寺（西塔）に納める「末寺銭」について記したもので、①はそれを石山本願寺から「為替」で送ったことを、また、②③はその上納の催促を延暦寺から受けたことを記録したものです。

むろん法主に率いられた本願寺は惣寺ではありませんでした。しかし、同寺が延暦寺から宗教的な弾圧をかろうじてまぬがれることができたのは、このように「末寺銭」を定期的に上納する末寺となっていたからです。

浄土真宗では高田派の本寺専修寺も、やはり延暦寺（西塔）の末寺となることで弾圧をまぬがれています。永禄四年（一五六一）六月、本寺の西塔（執行代）が発給した「末寺銭」の請取状には「請け取り申す、専終寺末寺銭の事」「合わせ参貫百文」と記されており、専修寺も本願寺と同様に毎年、約三貫文の末寺銭を負担していたことがわかります（「専修寺文書」）。

次に軍事的な負担ですが、天文五年（一五三六）、延暦寺が京都において日蓮宗を弾圧したとき、同寺ではいっせいに近国の末寺に軍勢を派遣すべきことを命じています。

たとえばこの時、延暦寺（西塔）が専修寺に送った書状には、「京都の日蓮党類発向のため、来たる十八日手遣いこれある分に議定の事候。しからばその意を得られ、厳密に着陣の儀、肝要の由衆議に候」と記されています（「専修寺文書」）。いうまでもなく専修寺にただちに「着陣」することを求めたものです。

ただ、その要請にもかかわらず、すぐに軍勢を派遣しなかった末寺も少なくなかったようで、近江の大原観音寺には、延暦寺（西塔西谷）から届けられた次のような文章の書状が残されています（「大原観音寺文書」）。

　今度日蓮退治の儀について、諸末寺合力のところ、一行御無音に候。貴寺の事、殊に当谷遺書これある事に候。御返事により、その心得なさるべく候。

「諸末寺」が「合力」してことにあたろうとしているのに、なんの返事もないのは（「一行御無音」）どうしたことかという一文からは、軍役を末寺の当然の義務とする延暦寺の強い怒りが明快に読み取れます。

では、なぜ地方の惣寺の衆徒は定期的に末寺銭を納めるだけでなく、軍役を負担してまで、延暦寺の末寺とならなければならなかったのでしょうか。

それは紛争や訴訟が起こり中央政権（朝廷や幕府）との折衝が必要となったとき、本寺延暦寺を仲介者とすることが必要不可欠だったからと考えられます。

治承元年（一一七七）、延暦寺の衆徒が白山本宮の衆徒の要請をうけて、加賀国司（目代）の濫妨を朝廷に訴えようとしたときのありさまを『百練抄』（三月二一日条）は次のように記録しています。

天台の大衆、陣頭に参るべきの由、風聞の間、内大臣已下参内す。武士を差し遣わすべきの由、仰せ付けられる。その根本は、加賀師高の目代、白山を焼き払うの間、かの山の大衆、神輿を相具し、天台に向かい訴訟の故なり。

白山本宮の「大衆（衆徒）」が窮状をまず最初に延暦寺（「天台」）に訴え、それをうけて「天台の大衆」が朝廷（「陣頭」）に対する抗議行動を開始していたことがわかります。

室町時代においても末寺の幕府への訴訟は、本寺延暦寺がこれを取り次いでいます（「北野天満宮文書」）。文安四年（一四四七）、延暦寺の西塔が朝廷に提出した訴状には、多数の末寺からの訴えが箇条書きで列記されています。末寺からの訴えの朝廷・幕府への取りつぎが、本寺の義務となっていたことをよく示すものといえます。

末寺では朝廷・幕府に所領の安堵を求めるようなときも、その仲立ちを本寺延暦寺に求めています。一例をあげれば、「山門末寺伯州（大山寺）」では、永享年間（一四二九〜四一）の頃、室町将軍（「御判」）による「所々安堵」を得るために本寺（「（延暦寺）東塔檀那院」）にその申し出を行っています。これに対して本寺の檀那院ではすぐに「集会」でその申し出を認可し、山門使節を通じて幕府に申請を行っています（「大山寺文書」）。

ちなみに「山門使節」とは足利義満が創設した組織で、延暦寺衆徒と幕府の間にあって政治的な橋渡しをした機関です。メンバーは衆徒の有力者で構成されており、大山寺からの申し出は、彼ら（行泉坊代侶運、杉生坊暹賢、上林坊盛覚、円明坊兼宗、月輪院慶覚、金輪院弁澄）の連署書状をもって幕府にまで届けられています。末寺が中央政権に訴えや申請を行おうとすれば、本寺延暦寺を介さなければならなかったこと、延暦寺がそれをもって本寺の義務としていたことがよくわかります。

(3)「宿老」と「若輩」

衆徒の武力　では、次に視点を変えて、惣寺の衆徒が保持していた武力とは、具体的にどのようなものであったかを見ていくこととしましょう。

衆徒は惣寺において、大きく分けて二つのグループから構成されていました。老いた衆徒「宿老」と、若い衆徒「若輩（じゃくはい）」です。この二つのグループは、平和時には相俟って惣寺の運営にあたっており、両者の間に大きな差はありません。それが顕著となるのは、戦時のことです。

『太平記』二〇には、暦応（りゃくおう）元年（一三三八）、平泉寺の「宿老」と「若輩」が斯波（しば）高経（たかつね）の味方となり、新田（にった）義貞（よしさだ）との合戦に参加した話が載せられています。それによると、この頃、延暦寺と藤島荘（ふじしまのしょう）をめぐって争っていた平泉寺の衆徒は、かの荘園の領有を認めてくれることを条件に、「若輩ヲバ城々ニコメオキテ合戦ヲ致」し、「宿老ハ惣持ノ扉ヲ閉テ、御祈禱ヲ致」すことを高経に申し出たといいます。軍事的に苦境に立たされていた斯波高経がこの申し入れをよろこんで受け入れたことはいうまでもありません。そして、その結果、高経はみごと新田義貞との戦いに勝利します。

この『太平記』二〇に見える話は、平泉寺では、戦時には「若輩」が武器を持って戦いにおもむくいっぽう、「宿老」が寺で戦勝を祈願していたことをよく伝えるものといえます。

ちなみに『太平記』二〇は、高経の安堵を得たのちの平泉寺の「若輩」と「宿老」の活躍を、「衆徒是ニ勇テ、若輩五百餘人ハ藤嶋ヘ下テ城ニ楯籠リ、宿老五十人ハ、爐壇ノ烟ニフスボリ返テ、怨敵調伏ノ法ヲゾ行ハレケル」と記しています。同時代に平泉寺の惣寺を構成していた衆徒の人数、および衆徒のうち「若輩」と「宿老」がそれぞれ占める割合を知る上で興味深い記載です。

このような戦時には「若輩」が軍事を、また「宿老」が祈禱を担当するという衆徒のありかたは他の惣寺でも一般的に広く行われていました。

近江の伊吹山の麓にある大原観音寺では、元弘三年（一三三三）六月、後醍醐天皇の皇子護良親王からの要請をうけて武家方と戦ったとき、その軍功を「練行の老躰は仏前に参詣して御祈禱の懇念を抽んで、武勇の若輩は馬場に馳せ向い、戦功をいたす」と報告しています（「大原観音寺文書」）。また、和泉の松尾寺でも建武元年（一三三四）二月、宮方からの指令によって戦いに参加した功績を「宿老は専らに御祈禱の忠を抽んじ、若輩は金峯山に馳せ向かい、身命を捨て合戦に及ぶ」と記しており（「和泉松尾寺文書」）、戦時には「若輩」と「宿老」がそれぞれ軍事と祈禱を担当していたことがわかります。

「若輩」の軍事はともかく、「宿老」の祈禱が現実にどれほどの効果を発揮したかははなはだ疑問です。しかし、かの時代にはそれが戦いに勝利するためには不可欠のものと考えられていたことはまちがいなく、であったればこそ、合戦のときには必ず祈禱が行われたのです。

武士に劣らぬ武力　惣寺の衆徒が独自の武力を保持するようになると、そのような中からはやがて武士と変わらぬ武力を持つ衆徒が出現してきます。平泉寺でも何人かの衆徒が武力をもって勇名を馳せるようになっており、彼らは武士間の抗争にも積極的に参加しています。

一五世紀中頃以降の越前では、斯波、甲斐、朝倉の武士勢力が合戦を繰り広げていましたが、『大乗院寺社雑事記』長禄三年（一四五九）八月一八日条には、「屋形方ニ打（討）死の輩」として「平泉寺大性院・豊原寺成舜坊」の名が見えます。かれらは平泉寺・豊原寺の衆徒としてよりも、個人の資格で戦闘に参加していたようですが、いずれにしてもこれらの寺院の衆徒のなかに武士と互角に戦えるだけの武力を持つものが存在してことがうかがえます。

その後も彼らは積極的に武士間の戦いに参加しており、文明一一年（一四七九）には合戦に敗れた「朝倉方の法師原」が「自焼」したと『大乗院寺社雑事記』（一一月二七日条）は伝えます。「法師原」というのは僧侶に対する侮蔑的な呼称ですが、みずからの坊舎を焼き払って逃亡したというところからすると、平泉寺の衆徒を指すのでしょう。

さらに文明一二年四月、『大乗院寺社雑事記』（同月七日条）には「平泉寺・豊原両寺の法師共、次第ニ逢参（降参）ニ朝倉方ニ来ると云々」と見えています。この場合も彼らが平泉寺・豊原寺の衆徒の代表としての資格で朝倉に降参したのか、それとも個人の資格で惣寺とは関わりなく個人で降参したのかはわかりません。ただ、いずれにしても武士の戦いに彼らの武力が必要とされていたことだけはまちがいありません。

そして、事実、衆徒が文明の頃までは、まちがいなく武士にまさるとも劣らない武力を保持していたことは、延暦寺の衆徒が、室町幕府（東軍）の要請を受けて出陣した文明七年（一四七五）のできごとがこれをよく物語っています。このとき延暦寺の衆徒は東軍の京極・多賀といった武将と連合して西軍の六角の軍勢を撃破し、討ち取った頸一〇〇を京都の幕府（東軍）に届けています（『長興宿禰記』同年九月一〇日条）。衆徒が現実に戦場で武士とともに死闘を繰り広げていたことをよく示す出来事といえましょう。

(4)　衆徒の経済力

金融がもたらす富　衆徒の強力な武力の背後には、それを支えるだけの豊かな経済力があったと推測されます。延暦寺の衆徒が、中世、金融によって巨万の富を得ていたことはよく知られています。いっぽう平泉寺の衆徒もまた経済的にきわめて豊かな生活を送っていたことは、寺跡から発掘される多数の舶来の陶磁器（断片）からもあきらかです。

では、平泉寺の衆徒はどのようにしてこのような高価な品物を手に入れていたのでしょうか。残念ながら、史料を欠くためその詳細はわかりません。

ただ、禅僧亀泉集証（きせんしゅうしょう）の日記『蔭凉軒日録（いんりょうけんにちろく）』には、明応（めいおう）二年（一四九三）三月に、平泉寺の杉本坊という衆徒から「秘符（ひふ）三包、丸薬（がんやく）一包」を贈られたことが記されています（三月一六日条）。かれは大峰山（おおみねさん）（大和）で八度も修行を積んだ無双の山伏でもあったといいます。

当時、平泉寺の衆徒のなかには、山伏となって平泉寺の御札を全国に配り歩くものがいたことを伝える貴重な記録といえます。ちなみに杉本坊は集証に「丸薬」を届けていますから、あるいはのちの富山の薬売りのように、薬を諸国に売り歩いていたのかもしれません。

俗世の活力　さらに『蔭凉軒日録』によれば、当時、「平泉寺法師」の大半は妻帯していたといいます（同年三月二五日条）。杉本坊は妻帯していませんが、この頃になると、平泉寺にはところによっては女性・子供が住むエリアが存在したらしいことがうかがえます。

通常、惣寺ではその中心部に女性が入ることを禁止していました。たとえば、延暦寺では山上は「女人禁制」となっており、今も登山道にはこれより上に女性は登ってはならないという「女人結界」の碑が残されています。とはいえ、その延暦寺でも山下の坂本には妻帯した衆徒が居住していました。惣寺がその存続のために常に俗世の活力を受け入れていたことを示すものであり、平泉寺でも事情は同じであったろうものと推察されます。

むすび

中世という時代は、ともすれば武士の時代と思われがちです。たしかにこの時代、武士の力は前代に比べ格段に大きくなっています。しかし、かれらが依然として寺社の持つ宗教的な力を恐れていたことは、合戦に衆徒の祈禱（戦勝祈願）がいまだ必要にして不可欠だったことがこれをよく物語っています。

武士が仏神の権威から解放されるのは近世になってからのことで、その意味で中世はまだ仏神の時代であり寺社の時代であったといわなければなりません。そして、その仏神・寺社の頂点にあってかの時代を支配していたのが延暦寺とその末寺の寺々だったのです。

元亀（げんき）二年（一五七一）九月、延暦寺を滅亡させた織田信長は家臣に同寺の復興をかたく禁じたといわれます（『当代記』）。かれがいかに衆徒の形作る惣寺を恐れ、仏神の時代の再来を恐れていたかをよく示すものといえましょう。

中世、武士が寺社に抱いていた崇敬と畏怖の念を現代の私たちはなかなか実感することができませんが、平泉寺の歴史についても、今後はそのような観点から検証していくことが重要と考えられます。

【参考文献】

岩崎佳枝校注「七十一番職人歌合」『新日本古典文学大系61』岩波書店、一九九三年
下坂守『中世寺院社会の研究』思文閣出版、二〇〇一年
下坂守『京を支配する山法師たち 中世延暦寺の富と力』吉川弘文館、二〇一一年

③ 中世都市としての白山平泉寺の魅力

仁木　宏

白山平泉寺（はくさんへいせんじ）は「宗教都市」といわれています。しかし、私自身は、都市史を研究しておりますので、もう少し丁寧に「都市」という言葉を使って欲しいと思います。平泉寺がどうして「都市」といえるのか、学問的に説明することが大事です。

京都や鎌倉などの政治都市、三国湊（みくにみなと）や敦賀（つるが）などの港町は誰でも都市だと認めるでしょう。では平泉寺が宗教都市であるという時、その都市性をどういうふうに規定しているのか。もう少しこだわって考えてもいいのではないでしょうか。平泉寺が宗教都市であることを確かなものにするため理論武装したほうがよいと思います。

(1)　寺院から見直す日本中世史

中世は「武士の時代」か　教科書などには、日本の中世は武士の時代であると書かれていますが、私はそうではないと考えています。公家＝貴族、鎌倉幕府・室町幕府、それらと並んで寺社。この三者が全体として国家を支えていました。これを権門（けんもん）体制といいます。つまり鎌倉幕府ができたからといって、日本全国が武士の世の中になったのではなく、むしろ権門体制の一角に武家が加わっただけです。神様、仏様が中世の時代にはより大事にされていました。それで、中世を神仏の時代、寺社の時代といっています。

地域社会における寺院　中世の土地制度は荘園制で、この荘園の中にたくさんの村々があって、民衆たちはそこで暮らしていました。荘園の村々がいくつか集まって地域社会ができあがっています。そうした地域社会の中で武士が中心になっているのは、ごくわずかの地域です。むしろ寺社が核になって地域社会を経営している、寺院や神社が地域社会を統合しているというのが中世社会では普通です。一般には武士の活躍ばかりを取り上げて、鎌倉幕府を倒したのも、室町幕府をつくったのも武士だとしています。もちろん中央での政権を争う戦いはそうですが、地域では寺社が大きな意味を持っていたことが宗教都市を考える上で大前提です。

中世の地域社会における寺院は、政治・経済・宗教の三位一体で、これに文化が付け加わる機能をもっています。中世の地方社会では守護だけが政治を独占しているのではありません。裁判も近代社会とは違いますので、それぞれの地域で力をもっているものが裁判をします。そういう主体として寺院がよくあらわれるのが中世社会です。経済についていいますと、中世では武士はほとんど手出しができません。港町、宿場町、市場町などの大半は寺院が押さえています。商人集団も寺院に仕えたり、神社に従ったりしています。これが中世社会の特徴です。寺院を中心にみていかないと、中世の地域社会の本質はわからないのです。

織田信長は「坊主が信仰を忘れて政治に関与したり、金儲けしたりするのはけしからん。坊主は仏に仕え、民衆の信仰に関与していればよい。本来の道をはずれた寺院や神社は成敗する」といって比叡山と対決したとされています。

しかしこれは近世の徳川幕府の思想です。徳川幕府も宗教勢力が政治に関係したり、経済に関係したりすることを毛嫌いしました。こうした近世の歴史観をもとに、中世にお坊さんがそういうことをするのはけしからんという人もいます。私はむしろそうではなくて、中世の寺院は本来的に、それぞれの地域社会における政治・軍事・経済・文化をになっていたと考えます。寺院こそが地域社会の中心であり、社会や生活を動かしていたと思っています。それを忘れて信長以降の時代の歴史観をもとに、中世の寺院や宗教を評価するのは間違いです。

では、地域社会を動かしていた宗派は何でしょう。浄土真宗が巨大になるのは一六世紀以降です。中世では天台宗や真言宗などの顕密(けんみつ)仏教が主要な宗教や寺院でした。禅宗、日蓮宗は鎌倉新仏教といいますから、鎌倉時代から有力になったというイメージがあるかもしれません。法然(ほうねん)・親鸞(しんらん)・日蓮(にちれん)といった最先端の人たちがでてきたのが鎌倉時代だというだけで、実際はこれらの宗派は室町時代に教線をのばしました。鎌倉新仏教が社会的に大きな影響力を持つのは、一五世紀から一六世紀ですから、むしろ「戦国仏教」と言ったほうがいいという説も最近出てきています。これに対して平泉寺が奉ずる天台宗こそが日本中世のすべての時代を通じて地域社会を担う有力宗派でした。

(2) 戦国時代の寺院と地域社会

土豪と山の寺

次に、室町・戦国時代の天台宗などの寺院は地域社会とどういう関係にあったかをみていきます。

戦国時代は土豪や地侍などの村のリーダーが台頭していく、彼らが社会的に成長していく時代です。彼らは自分の先祖の菩提(ぼだい)を弔う事によって、先祖は極楽往生(ごくらくおうじょう)できると信じていたので、菩提を弔うための宗教施設を整備していきます。それぞれの屋敷の中にお堂をつくったり、近隣の有力な寺院と関係を結んだりしていく。長男は武士として家を継いでいく。次男以下の男子を幼い頃から寺に入れて修行させ、成長して立派なお坊さんになったときには、寺院のなかに坊や院というものをつくってあげる。そこが家の先祖の菩提を弔う施設になっていく。こうなっていきますと土豪や地侍などの村のリーダーを結接点として、有力な寺院と周辺の村々が結びついていく。平泉寺はそうした寺院の代表でした。

それ以前は平泉寺は勝山盆地や福井平野に荘園を持っておりますので、荘園の領主として村々と関係をもっていました。領主と、支配される領民の関係です。しかし、土豪が結節点となる関係では、もっと親密な深い関係になります。単に支配し、搾取（さくしゅ）されるのではなく、村々の土豪が坊院に入り込んで、平泉寺を盛り上げていくという関係になってきます。

一五世紀から一七世紀前半の時代は、一般的には戦争ばかりしていて、日本の国が荒れてしまった大変な時代とされています。もちろんそれは全くの誤りではないのですが、私は戦争だけの時代ではなくて、一六世紀からだんだんと経済が発展してきて、一六世紀末の豊臣秀吉の時代から一気に高度成長が進んだと考えています。この時代、それぞれの地域の土豪や村の経済力が豊かになり財力を持つ、人材を輩出する。そういう人たちが大名の家臣になっていくと同時に寺院に入っていく。一五世紀の後半から一六世紀の前半は平泉寺だけでなく、日本各地の山の寺は全盛期をむかえます。

各地の山の寺　ここで、さまざまな形の山の寺の図面を紹介します。図90は滋賀県米原市にあります弥高寺（やたかじ）です。平泉寺に比べるとコンパクトな寺院です。山の高い所にあり、本堂を中心にまとまった配置になっています。

次に、滋賀県で一番大きな山の寺である百済寺（ひゃくさいじ）をあげました（図91）。真ん中に道路が走っていて道路の両側にたくさんのテラスが分布します。一つ一つのテラスは平泉寺よりひとまわり小さいですが、結構数が多く、また高低差

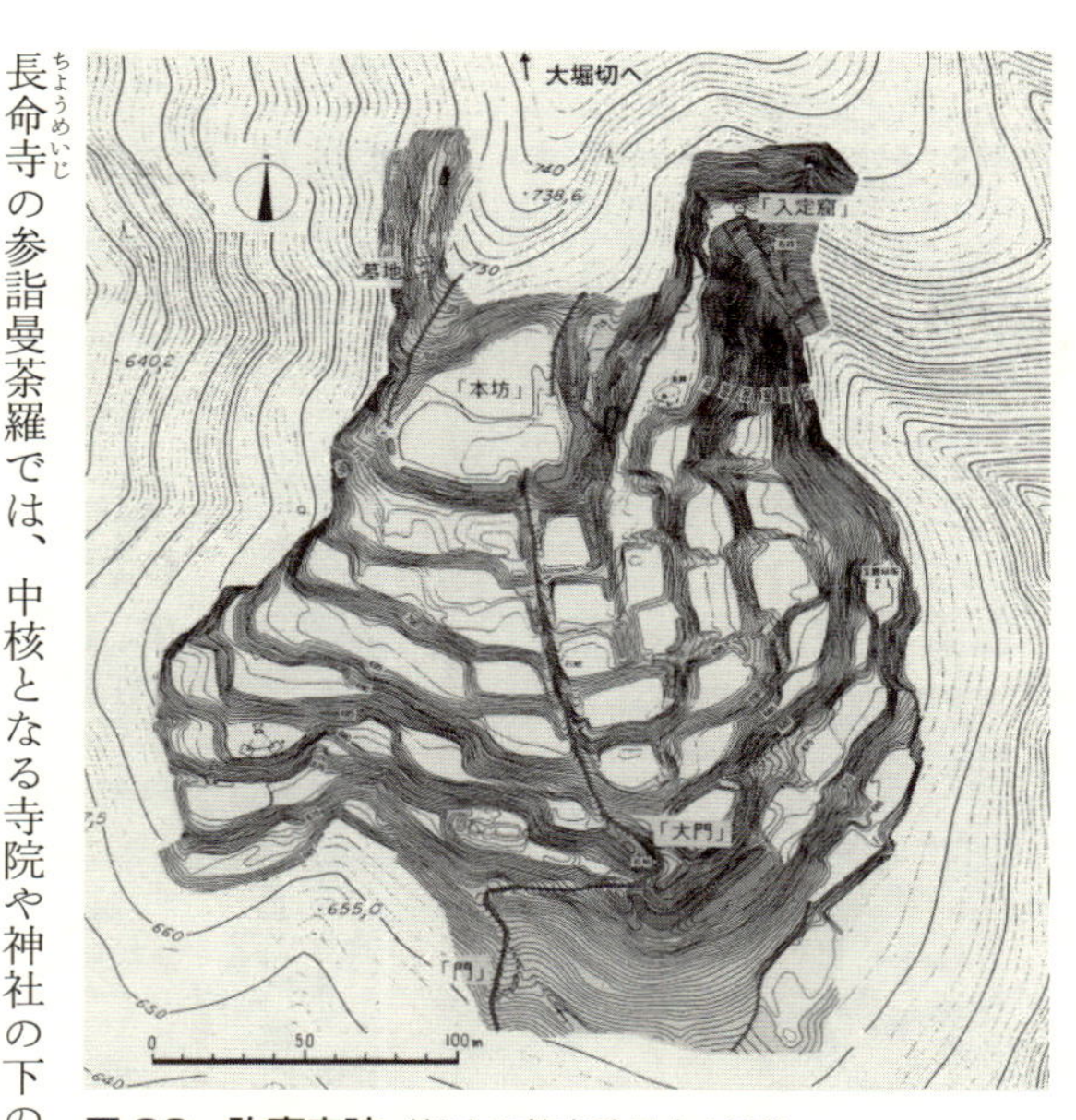

図 90　弥高寺跡（伊吹町教育委員会 1986）

があり急な斜面に立地しています。テラスごとに坊院が建っていました。百済寺の入口の結界に土塁と堀が掘られていまして、軍事的・宗教的な意味で出入口となる施設となっていました。

図92は平泉寺とならびたつ根来寺です。これは中世に描かれた絵図と考えられています。根本中堂を中心として、平泉寺と同じように数限りない坊院群が谷を埋め尽くすように描写されています。中心部は瓦葺き、周辺部は板葺きと瓦葺きというような地域による違いも表現されています。

さらに、この時代の山の寺は、参詣曼荼羅と呼ばれる絵画からもその内容が知られます。滋賀県近江八幡市の長命寺の参詣曼荼羅では、中核となる寺院や神社の下の山中にたくさんの坊院がならんでいます。ここで一番おもしろいのは、琵琶湖岸に商店が並んでいることです（図93）。舟でやってきて参詣して、帰りに商業施設で買い物をして帰るのでしょう。残念ながら平泉寺には参詣曼荼羅はありませんので、人々がどういうルートで参詣したのかよくわかりません。戦国時代には、平泉寺に参詣して、白山へは向かわず、そのまま帰った人も多かったでしょう。

戦国大名と地域社会の変化　このように一六世紀の前半ぐらいまでが山の寺の全盛期ですが、一五世紀の末には基軸の変化が始まりました。戦国大名が政治的に自らの領国を統合していきます。そういう戦国大名に土豪が臣従する

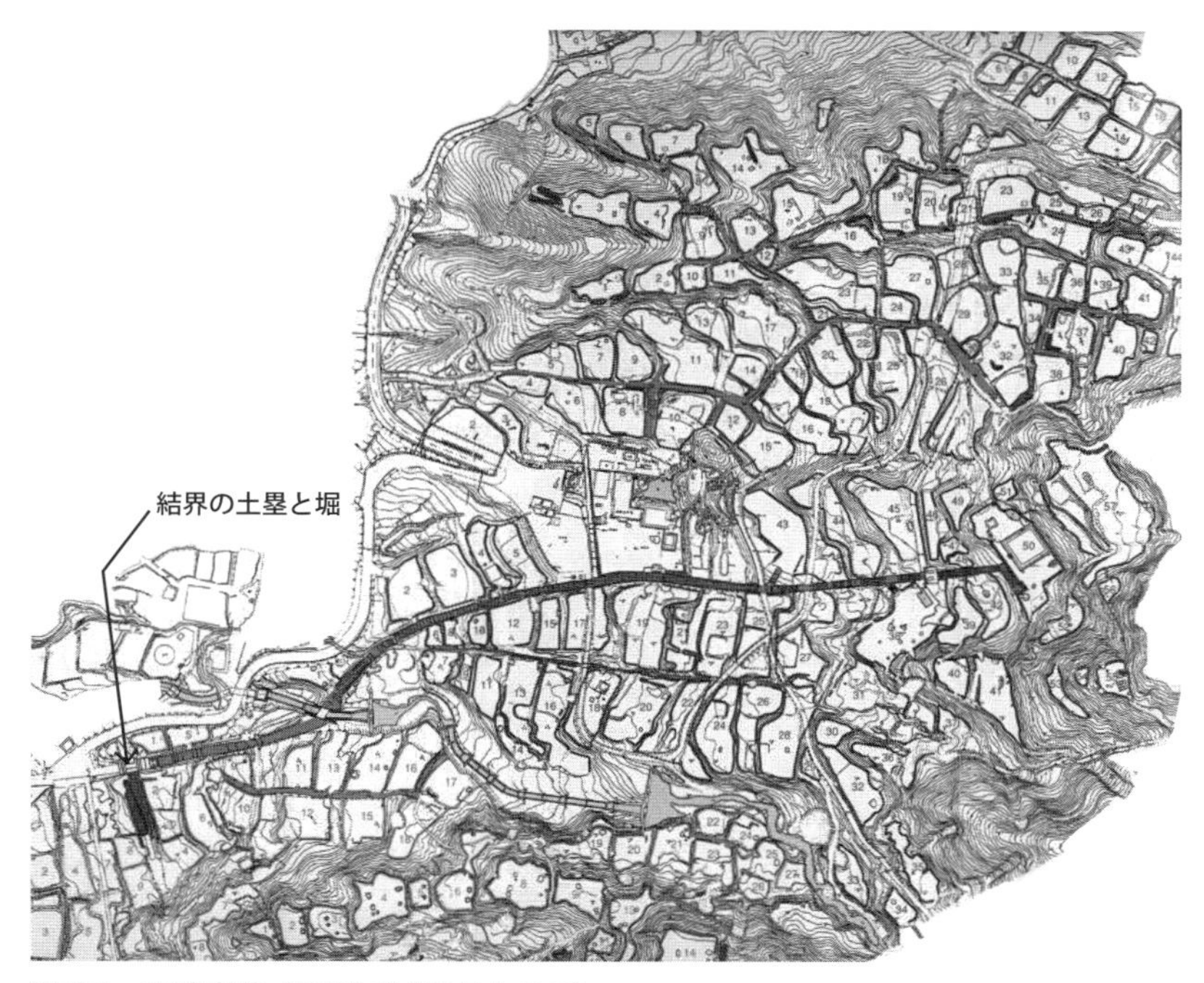

図 91　百済寺跡（愛東町教育委員会 2003）

図 92　根来寺伽藍古絵図（根来寺文化研究所画像提供）

ことによって、身分的上昇をとげていきます。一方、民衆は一五世紀から一六世紀に社会の表舞台に登場してきます。とりわけ一向宗（浄土真宗）が強い地域では民衆がそれに結集していく。これは越前国だけではなくて、全国的な傾向です。

戦国大名が地域社会に浸透してゆき、一方、一向宗に土豪や民衆が連帯していきまして、地域社会を変えていくことになります。ご存知のとおり、越前と加賀では戦国大名と本願寺がガチンコ勝負をいたしました。最終的に越前は朝倉氏、加賀は一向一揆とすみ分けがなされます。こういう厳しい対決をしたのは北陸だけで、畿内や近江では一向一揆はおこりますが、のちに融合する。両者のガチンコ勝負があり、影響力が大きくなる中で、山の寺の多くは一六世紀の初期をピークに凋落傾向になってゆきます。戦国大名が領国支配を広めていく中で、土豪が大名権力に組み込まれていく。さらに一向宗地帯では、民衆の多くがより強い組織力をもっている一向宗にうばわれる。このへんに山の寺が凋落する原因があります。

図 93　長命寺参詣曼荼羅の町屋（近江八幡市教育委員会）

中世の最後に織田信長が出てまいりまして、全国を統一するだけではなくて、天台宗、本願寺・一向一揆も組み伏す。ここで初めて武士の時代が出現します。このように考えてきますと、中世の最後に時代が大きく変化しますが、それはわずか数十年の間におこったことです。平安時代の後半から一五世紀末までの数百年の間は、地域社会の担い手は一向宗でもないし、武士でもなく、天台や真言の寺院でした。勝山市では平泉寺であったといえるでしょう。

（3）日本中世における白山平泉寺

中世都市の概念を変える　ここでは日本の中世における都市の概念を変えるために、平泉寺が大事な存在であることを述べます。都市というと皆様どのように考えられるでしょうか。おそらく都市イコール商業の空間、市場（いちば）、マーケットがあるところではないでしょうか。これは一つの考え方ではあるけれども、決してオールマイティではないのです。

日本では江戸時代になると、多くの城下町があり、港町が発達し、地域における商業がさかんになります。そういう所は確かに都市であり、商業が行われる、われわれ現代人から見てそれが都市だと理解しやすい存在です。しかし、経済がまだ十分には発達していない日本の中世社会において、同じように商業が行われていないところは都市ではない、そういう説明でよいのかどうかということを考える必要があります。越前国には、政治都市としての府中（越前市）と一乗谷、港町として三国湊・敦賀などがあります。それらの都市の推定範囲を同じ縮尺の地図におとしてみました（図94）。たとえば府中は、中世の段階では複数の寺院からできていたと推定されますが、はっきりとわかりません。三国湊や敦賀もよくわかりませんが中世はそれほど大きくなかったとする研究があります。それに比べて一乗谷はやはり大きいです。

府中・三国・敦賀より圧倒的に平泉寺の方が面積が広いのです。一乗谷（いちじょうだに）に比べてもひとまわり平泉寺が大きい。実際には港町の方が建物の密集度や人口密度が高いので、単純には比較できませんが、平泉寺が面積においても、人口においても戦国時代には一乗谷に引けをとらない越前国最大の都市であったと理解できるでしょう。これだけの規

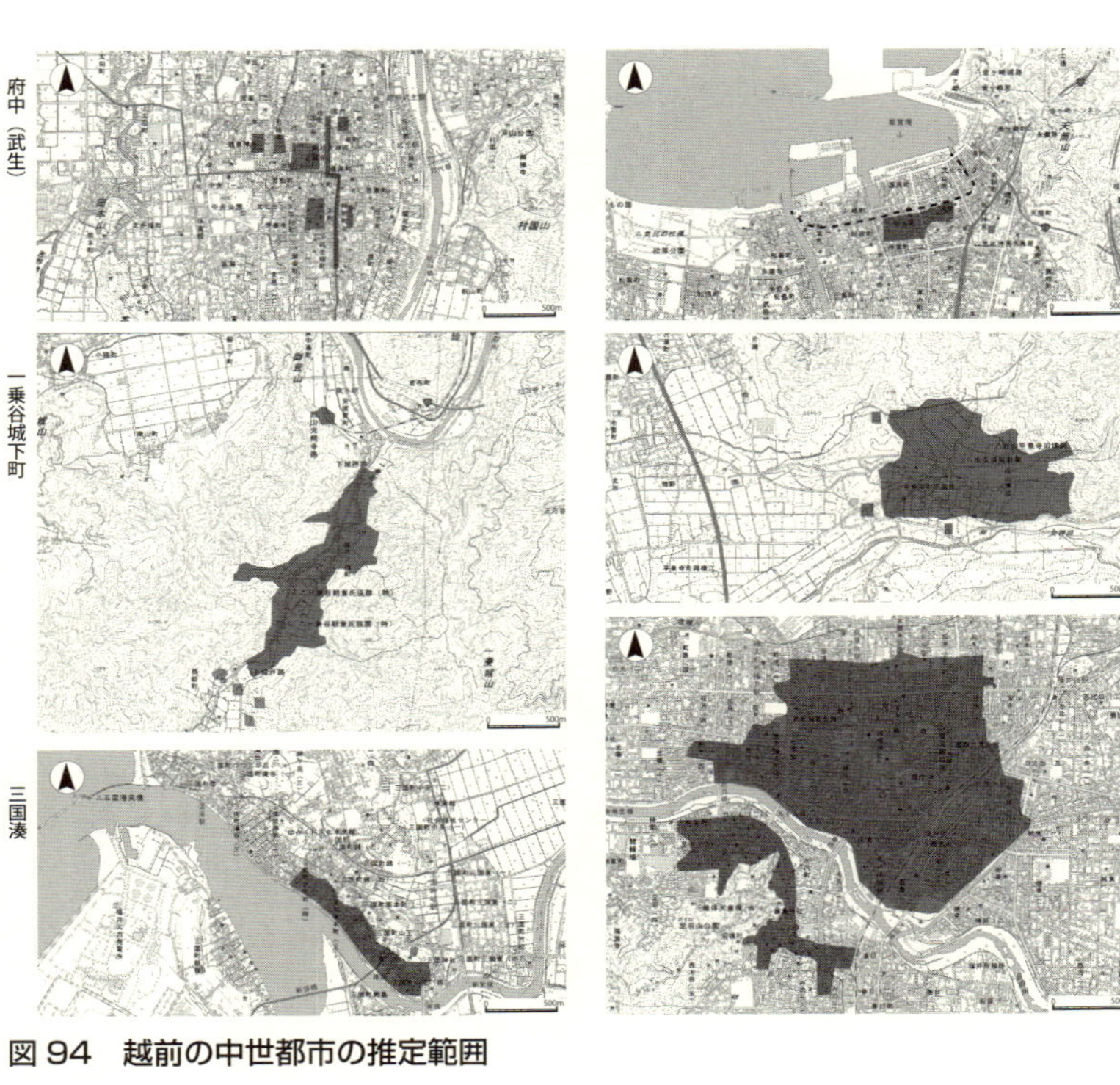

図94　越前の中世都市の推定範囲

模の存在を都市と呼ばないわけにいかないでしょう。しかし、平泉寺の内部には顕著な商業空間はありません。だとすれば平泉寺は寺院であって、宗教の場にすぎないのか。商業空間がないと都市といわないのか。越前国の歴史を考える中で、もしこの平泉寺を都市といわなかったら、大事なものを見落とすことになるのではないかと思います。ですから積極的に平泉寺を中世都市だと見ていく考え方もあるということを次にお話します。

平泉寺を中世都市と考える

都市とちがうのは村落ですので、村と平泉寺は何がちがうのかを考えてみましょう。まず一点目によくわかっているのは、富の集積です。たくさんの中国銭、ベトナム銭がたくわえられていたのが平泉寺の特徴です。

二点目に広大な敷地をもっている。北谷、南谷に数千に及ぶ坊院があった。その端に巨大な石垣がつづいていることが絵図に表現されています。都市の内部と外部を区別する結界です。惣構（そうがまえ）と一般的には申しますが、都市全体を囲う城壁です。これも都市の特徴です。戦国時代においては、京都もそうですし、堺もそうですが、敵の攻撃から防衛するために、都市は城壁で囲まれています。これも平泉寺を都市といってもいい理由です。

三点目には、高い技術が集積されていることです。町並みが非常に豊かな造形美をもち、都市計画に基づいて道路が造られています。白山神社の裏にある巨石、いろいろな伝説のある石ですが、これだけの石を切り出し、運搬し、すえつける技術は相当のものです。意識的に「見せる」設計がなされたのでしょう。

あと注目したいのは、石畳です。地元の方には何でもないのかもしれませんが、これはすごくめずらしいものです。他の山の寺でこれだけ全域に石畳が敷かれている例はありません。

石畳のすごさをうまく表現するために、よく似た二枚の写真をあげました(図95)。どっちが平泉寺でしょう。上段はイタリアのローマの近郊にある港町の古代の石畳です。下段が平泉寺ですね。二枚の写真は似ていますが、世界遺産に指定されるような古代ローマの遺跡の石畳と同じぐらいのレベルの石畳が平泉寺では縦横無尽に走っています。こういう石畳の道が続き、立派な水路を側溝にし、上に石垣と土塀がある。こういう町並みに豊かな造形美を感じることができるでしょう。ヨーロッパの中世都市の場合、都市そのものが持っている美しさが研究されています。そういう視点から今現在復元されている南谷地区を、造形美を象徴的に示している存在として評価していくこともできます。

四点目は文化です。文化として第一にあげられるのは、能面でしょう。平泉寺には三光坊という面打ちの上手がいて、彼を祖とする面打ち師の系統が近世には大変栄えます。なぜこういった人物が平泉寺から現れたのでしょうか。それは、平泉寺が能楽のパトロンであったために、平泉寺が能の拠点になっていたからでしょう。

さらに、現在の勝山市街地は平泉寺に付属する都市でした。平泉寺の中に顕著な商業空間はないのですが、外港として袋田地域をもっているのが平泉寺の特徴です。大聖院の木簡の発見によって、平泉寺の大聖院がこの地域に影響力を及ぼしていることがわかってきました。平泉寺と三谷遺跡、袋田が密接な関連をもっていたことが確認されます。

図 95　石畳道の比較（上段：オスティア・アンティカ，下段：平泉寺）

おわりに

最後に平泉寺の中世都市として歴史的意義をまとめておきましょう。一点目は平泉寺が中世における代表的な山の寺として、地域社会の核となっていたこと。日本各地で見られたように地域が寺院を核としてなりたっている。その代表例として平泉寺は重要です。二点目は中世の歴史は武士の歴史だけでは説明できなくて、各地域における寺院の積み重ねから成り立っている。それを示すために平泉寺は大きな役割をはたしている。三点目ですが、平泉寺は日本中世特有の都市概念を示している。つまり商業活動がされていないと都市ではないとするのではなくて、商業活動がなくても、都市計画があり、文化の拠点であり、軍事力をもっている。そういうものこそを日本固有の独自の都市とみる。都市概念を作り上げる大きな契機が平泉寺にはあるのです。平泉寺は数ある宗教都市の中でも最も魅力的な存在であるといえるでしょう。

平泉寺は平安時代末期から一六世紀にかけての歴史の中で、非常に大きな存在でした。平泉寺は遺跡の規模や内容だけではなくて、整備の進捗でも全国一です。寺院としては根来寺の方が大きいですが、残念ながら根来寺は遺跡の整備や保存が進んでいません。平泉寺は勝山市が非常に頑張って整備に力をいれています。そして地元の皆さんがボランティアとしても手をかしていらっしゃる。そのありかたは全国ナンバー1だと思います。ずっとこのままトップランナーでいてほしい。平泉寺ががんばっているということが、中世寺院を遺跡として整備したり、調査を進める他の地域の目標になっています。ぜひこのまま平泉寺を中心に皆さんが活動していかれますことをお願いいたします。

【参考文献】

愛東町教育委員会『百済寺遺跡分布調査報告書Ⅱ』二〇〇三年
伊吹町教育委員会『弥高寺跡調査概報』一九八六年
勝山市『勝山市史　第二巻　原始～近世』二〇〇六年
仁木　宏「日本中世における「山の寺」研究の意義と方法」日本遺跡学会『遺跡学研究』八、二〇一一年
仁木　宏「根来寺の都市論と首都論をめぐって」『ヒストリア』二四五、二〇一四年

④ 日本と世界の城郭史における白山平泉寺

千田嘉博

白山平泉寺は、日本を代表するひじょうに価値の高い遺跡です。しかし、その価値とはどういったものなのでしょう。ここではドイツの中世都市や日本の城下町との比較を行って、世界の城郭史の中で白山平泉寺の価値を明らかにしていきたいと思います。

(1) 白山平泉寺のすばらしさ

平泉寺の鑑札　平泉寺から少し離れた三谷遺跡で平成二四年(二〇一二)に、貴重な資料が発掘されました。表に「大聖院」の文字と花押(サイン)が、裏面に人名が書いてある木簡で、通行許可証として用いた「鑑札」でした(図96)。こうした実物の「鑑札」が発掘されるのは、たいへんめずらしいことです。しかし「鑑札」木簡を戦国時代によく用いたのは、文字史料から確認できます。城と比較してみてみましょう。

図96　三谷遺跡出土の大聖院木簡

織田信長が亡くなって、豊臣秀吉が天下人として力を発揮していくと、秀吉は関東を治めた北条氏に豊臣政権への服属を求め、政治的緊張が高まりました。そうしたなかで群馬県の沼田の帰属をめぐって、北条氏と真田氏との争いがつづいていた天正一五年（一五八七）、真田方の沼田城や名胡桃城を監視した北条氏の最前線の山城、群馬県の榛名峠城の兵士たちへ、在番中のルールを定めた「城掟」を北条氏が出しました（「榛名峠城法度」）。

この城掟には、城に到着して在番任務についた兵は、私の用事で城から降りてはいけない。よんどころない所用の時には、番頭と城主の許可「手判」を受けて城から出て、必ずその日のうちに帰り、「手判」を城主まで返却すること。毎度この手順を踏むこと。もし許可なく城から出た者を見つけたら、届出の必要なく、生害させなさい、と定めていていました。「手判」とあるのは、サインであった花押のことでしょう。敵と向き合った最前線の城であった榛名峠城の城掟はたいへん厳しく、在番城兵の逃亡に直結した無断外出は、死罪でした。

また、群馬県の前橋城（戦国時代には厩橋城と呼んだ）では、天正一六年に布告した定書で（「北条氏厩橋城定書」）、城の出入りは、小田原から派遣された当番頭といつも相談し、「手しるし」を確認して通用するよう定めました。やはり戦国の城の緊張感が伝わってきます。ここでいう「手しるし」も花押を据えた許可証を意味しました。つまり城内から外へ出る、城外から中へ入ることは厳しく規制され、責任者の花押がある証明証や「鑑札」がなければ、出入りはできなかったのです。

「大聖院」の鑑札は、白山平泉寺と密接に関連した寺院にともなう資料と考えられ、白山平泉寺の重要空間において、戦国時代の城と同様の厳格な通行確認をある時期に行っていたことを示します。たった一点の木簡の発見ですが、中世の白山平泉寺のくらしを具体的に考えられる、すばらしい資料だと思います。

全貌を見ることができる　さて、白山平泉寺は、絵図に描かれたほとんどの範囲を現地で実際に見られます。そして中世の境内全域が国の史跡として保護されています。これは本当にすごいことです。これほどの規模で中世の宗教都市を国史跡として保護した事例は、ほかにありません。地域にお住まいの方々や、勝山市をはじめとした関係のみなさまの卓見と実行力に敬意を表したいと思います。

白山平泉寺では、継続的な発掘調査によって中世の寺院と都市のようすが具体的に解明されてきました。ガイダンス施設の運用や発掘成果にもとづいた史跡整備も進んで、現地を訪ねれば、誰もが歴史を感じられるようになりました。日本には中世の寺社を中核にした町は数多くありますが、白山平泉寺のように全体を国史跡として保護し、宗教都市の歴史的景観や立地と、調査が進んだ個々の坊院などの詳細を来訪者が理解し、全貌を体感できるのは、日本において白山平泉寺をおいてほかにありません。つまり白山平泉寺は固有の歴史的な価値をもち、日本を代表する中世の宗教都市なのです。

整備が進む白山平泉寺　白山平泉寺を訪れて、中世の石垣や石畳道を体感できることは幸せです。近年では、中世の城跡をはじめとして、現地を歩いて歴史を五感で感じて考える歴史ファンが増えました。ただし山の中を歩いて、石畳や崩れかけた堀、土塁に魅力を感じられる方は、まだまだ少数派であるのも事実でしょう。もし最初のデートに草木に埋もれた中世の城跡や白山平泉寺を訪ねたら、恋が成就するか心配です。

ところが白山平泉寺には、すばらしいガイダンス施設を兼ねた博物館ができました。白山平泉寺歴史探遊館まほろばでは、調査で判明した実物資料を的確に陳列するだけでなく、これまでの発掘成果や文字史料について、最先端のデジタル器機によって、知りたい情報にオンデマンドでアクセスし、必要な画像などについては適宜、拡大・縮小して熟覧できるようになっています。本当によく考えられた施設で、これならデートに誘っても安心です。

先ほどもふれましたが、遺跡の整備も計画に沿って実施されています。従来は目を閉じて、心の中に白山平泉寺の姿を思い浮かべるしかありませんでしたが、門や土塀が復元されて、当時の姿を具体的に体感できます。いよいよデート先に選んでも、恋が成就することは間違いありません。このように白山平泉寺は、宗教都市遺跡の全体を適切に保護していること、重要な部分について発掘にもとづいた整備が進んで、中世の宗教都市をみんながわかりやすく体感できることが、ほかの中世宗教都市遺跡と比べた大きな特色になっています。

防御施設をもつ寺　さて一方で、城郭史の観点から白山平泉寺をみますと、堀や石垣、砦といった防御施設を備えた町であったことが注目されます。防御施設を備えた都市は、戦国時代にはたくさんありました。

たとえば京都の清水寺です。一六世紀に描いた「清水寺参詣曼陀羅（さんけいまんだら）」は、今と変わらぬ懸造りの本堂をはじめ、参詣者で賑わうようすを描きました。そして、やはり今日も人びとが行き交う清水寺へつづく参道に注目すると、そこにはいくつもの門を構え、鉄砲を撃ち弓矢を放てる小さな穴「狭間（さま）」を開いた塀を建てて、いざという時には軍事的な防御機能を発揮できたことが読み取れるのです。

中世の清水寺は、こうした防御施設を何重にも設けていました。現代のにぎやかにお店が建ち並ぶ清水寺の参道に立って、四〇〇年前には厳重に守っていたことをイメージするのは難しいでしょう。しかし戦国時代には清水寺も白山平泉寺と同じように、防御を固めていたのです。このような姿が中世の大きな寺社では一般的でした。

(2) ドイツの城と宗教都市

さて現代の都市には神社、寺院、キリスト教の教会などいろいろな宗教施設があります。宗教施設が都市の核になって町がまわりにつくられたのは、都市成立の起源にさかのぼる歴史的な形成のあり方でした。そしてこうした都市形成はもちろん日本だけではなく、世界の都市に見られた普遍的なものでした。王権のシンボルであった宮殿や城が都市核であったのとともに、宗教権を象徴した宗教施設が都市核になったのは、宗教と権力との関係を示すことでもありました。世界のさまざまな国や地域を代表する宗教施設が、今日では世界遺産として登録されています。そのなかで白山平泉寺をとらえ直すために、ドイツの城と宗教都市をみていきましょう。

ケルン大聖堂　世界的にも有名な巨大な宗教施設で、世界遺産に登録されたドイツのノルトライン・ヴェストファーレン州にあるケルン大聖堂は、天を突く高い塔が印象的な聖堂です（図97）。平泉寺が栄えたのと同時期の一六世紀のケルンは、大聖堂のまわりに城壁をめぐらせた防御都市でした。しかし城壁は残っていません。

図97　ケルンドーム

現在残っているのは、城壁に開いたいくつかの城門です。地下鉄工事にともなってケルンの歴史を解明するために行った発掘調査では、一五世紀には堅固な城壁で囲まれて、一七世紀には城門に大砲を撃つ要塞の砲座を設けたことが判明しました。しかし残念ながらケルンに中世の町並みそのものは残っていません。

教会の町クサンテン　ドイツ北西部に位置し、ノルトライン・ヴェストファーレン州にあるクサンテンは、教会を中心とした中世以来の町です（図98）。もともとは古代のローマンタウンに起源があり、郊外にあった教会が発展して、中世には教会を核にした町になりました。中世の都市城壁も残り、核になった教会のまわりは、城壁を二重にめぐらしていました。発掘調査によると、一一世紀頃には教会があって、すぐ横に城がありました。これらが核となり、周囲に町が発展していきました。一四世紀には高い塔を備えた門が追加されて、防御を強化しました。

図98　クサンテンドーム

現在も一部の城壁が残っていて、花を植え生垣にして、城壁があった当時のイメージを伝える工夫をしています。中世以来の教会を中心とした宗教都市の姿を整備し、地域の人にも、心地よい観光地として各地からの訪問者にも、親しまれています。中世の宗教施設を受け継いで活用している事例です。

ベーベンハウゼン修道院　ドイツ南西部のバーテンヴュルテンベルク州にあるベーベンハウゼン修道院は、当時の様子をよく伝える修道院です（図99）。今日訪ねると、ありふれた村のような感じですが、中世以来の修道院を中心にした城壁が一部残り、修道院を核とした防御都市だったとわかります。城壁には弓矢を射るための「狭間」が開けられ、戦うことを意識していました。宗教施設でしたが、厳重に守っていたのです。

美しく整備された修道院の大部分は、今日では博物館としても使っていて公開しています。ベーベンハウゼン修道院だけではありませんが、廻廊の長い床の下には、墓が並んでいます。そこを踏まなければ歩けません。日本人としてはこの場所に葬られたい気持ちはなかなか理解しがたいのですが、ドイツでお世話になった先生も、同じ気持ちとうかがいました。

中世のベーベンハウゼン修道院は、広大な領地をもっていました。その範囲は、六〇キロも離れたところにも及び、多くの関連施設を各地に配置し、経済・流通を把握して、大きな世俗的な権力をもちました。

ヨーロッパでは王や騎士だけが大きな力を持ったのではなく、宗教勢力であった教会がたいへん大きな力をもったのです。

城と教会の並び立つ都市　教会を中心とする都市が発達すると、宗教者が領主であり貴族でもあるというケースが出てきます。ドイツのバイエルン州にあるビュルツブルクでは、中世には山上に要塞化した修道院がありましたが、近代には町中に宮殿をつくり、移転してきます。この宮殿は世界遺産に指定されています（図100）。町のまん中には教会があります。城郭と教会が並び立つ形で都市がつくられています。

ビュルツブルクから南に下っていったところにバイエルン州のローテンブルクという町があります。ロマンティック街道を代表するロマンティックな町が、ロ

図99　ベーベンハウゼン修道院

図100　司教座都市ビュルツブルク

ーテンブルクです。

この町も見事な城壁をめぐらせて守っています。城門の多くは要塞化して守りの要の役割を果たしました。川の断崖絶壁に面した所に城跡があります。ローテンブルクの町並みは、聖遺物を祀り、一六世紀に活躍した彫刻家リーメンシュナイダーの祭壇で知られる聖ヤコブ教会を中心に広がっています。現在は城はなくなっていますが、もともとこの町は、教会と城が並び立った複核の都市でした。

ヘッセン州のハイデルベルクは歴史ある大学の町です。こちらも山の上に城があり、麓の町の中心には教会があります（図101）。私が二〇一二年から一三年にかけて滞在したバーデンヴュルテンベルク州の大学の町テュービンゲンでも、丘の上にホーエンテュービンゲン城があり、麓の町にはステファン教会があって、ふたつの都市核が並び立っていました。

ドイツをはじめとしたヨーロッパ社会においては、教会は宗教権の、城は王権や騎士といった封建権力の拠点でした。王権の拠点であった城下町であっても、王権が都市核を独占したのではなく、王権と宗教権の拠点がそれぞれ並立的に存在して、都市核を複合的に形成したのでした。

このようなヨーロッパの中世都市から改めて白山平泉寺を見直すと、白山平泉寺はヨーロッパの教会を中心とした都市と共通性が高いことがわかります。白山平泉寺は日本中世の特殊な都市ではなく、世界的な普遍性をもった人類に共通した価値を備えた史跡であるのです。

(3) 日本の城下町と寺内町

図101　ハイデルベルク

つぎに白山平泉寺を、今日の日本の主要な都市の起源になった、歴史的な城下町と比較して考えてみましょう。そのむかし「わたしの城下町」という歌があったように(小柳ルミ子さん、昭和四六年〈一九七一〉)、日本では都市というと城下町の印象が圧倒的に強いといえます。しかし中世にさかのぼって宗教との関係から、武家の拠点や城下町を検討すると、ドイツと同じように封建権力と宗教が都市に並び立って都市核を構成した姿が明らかになってきています。

武家の都・鎌倉　武家の都・鎌倉は鶴岡八幡宮(つるがおかはちまんぐう)が町の中心でした。鶴岡八幡宮から南に向かってまっすぐ設定された直線道路(段葛(だんかずら))が、都市の基軸になっていました。また、鎌倉幕府は鶴岡八幡宮のすぐ東側に位置していました。道路を南に進むと武士屋敷が立ち並び、さらに南側の由比ヶ浜(ゆいがはま)では職人や商人の活動を示す倉庫や小さな住居が発掘で見つかっています。つまり封建権力の拠点と宗教権力の拠点が都市の中心で並び立つ複合的な都市核を構成した鎌倉は、中世ヨーロッパの都市構造と共通していたのです。

城と教会が並び立った臼杵　実は、戦国時代に封建権力の拠点と宗教権力の拠点が並び立った城下町がありました。それがキリシタン大名の大友宗麟（おおともそうりん）が一六世紀中頃に居城とした大分県の臼杵（うすき）城下町でした（図102）。戦国時代には、今と異なって海は陸に大きく入り込んでいて、丘の上にあった臼杵城は半島のように海に突き出ていたと想定されています。

臼杵城から城下町を眺めると、城の大手門を起点にまっすぐ伸びた直線道路が、今日も確認できます。この直線道路は、発掘調査によって戦国時代に敷設され、道路に面して町家と思われる建物が建ち並んでいたとわかっています。そして、この道路をまっすぐ進んだ先には、イエズス会の教会が建っていました。

つまり大友宗麟は臼杵で、ヨーロッパ的な城と教会が並び立つ城下町をつくったと分析できるのです。しかし中近世の日本の城下町では、このような都市は例外でした。

図102　江戸時代の大分県臼杵城下町（「豊後之内臼杵城絵図」国立公文書館デジタルアーカイブ「正保城絵図」）

中世寺院を核とした都市、百済寺　平泉寺のように中世の寺社を中心とした、寺社が都市核となった事例を見てみましょう。滋賀県の百済寺（ひゃくさいじ）は、本堂から直線的な道路が伸びていました。その両側はもちろんのこと、直交する道路にも坊院群が建ち並んでいました。このように街区で区画したなかに坊院や館が並立的に集合して、ひとつの都市空

図 103　豊臣期の大坂城下町（「豊臣期大坂図屏風」オーストリア・エッゲンベルク城蔵）

間の中心をつくったというのが、日本の中世都市のひとつの基本形でした。

このような横並びの都市というかたちは、戦国時代の終わりから、江戸時代の初めにかけた信長・秀吉・家康の城づくり「織豊系城郭（しょくほうけいじょうかく）」によって大きく変化しました。

織田信長の安土城、秀吉の大坂城　それを象徴したのが織田信長の城です。安土城の頂上には天主が建つ詰丸（つめのまる）が信長の生活空間を構成し、その直下の本丸が政治空間として機能しました。そこから山麓に向けて重臣の屋敷、親衛隊や一般の家臣の屋敷を配置しました。

安土城は信長を頂点として、階層的に人びとを配置した城であり、都市であったのです。麓から見上げると、天主＝信長を中心にした政治秩序を具現化した都市であったことを、当時の人びとも痛感したでしょう。信長の跡を継いで天下人になったのは、豊臣秀吉でした。秀吉が城を築いた大坂は、戦国時代には本願寺を核に厳重な防御をめぐらした宗教都市でした。豊臣秀吉が大改造して生み出された大坂城下町は、もちろん城下に多数の寺社がありましたが、都市核として機能したのは、唯一、大坂城だけでした（図103）。秀吉は信長の城づくりを忠実に継承していました。

近世城下町の典型、福井城下町　白山平泉寺の地元である福井でも、戦国時代の終わりから江戸時代にかけて武家権力は、数多くの城と城下町を生み出していきま

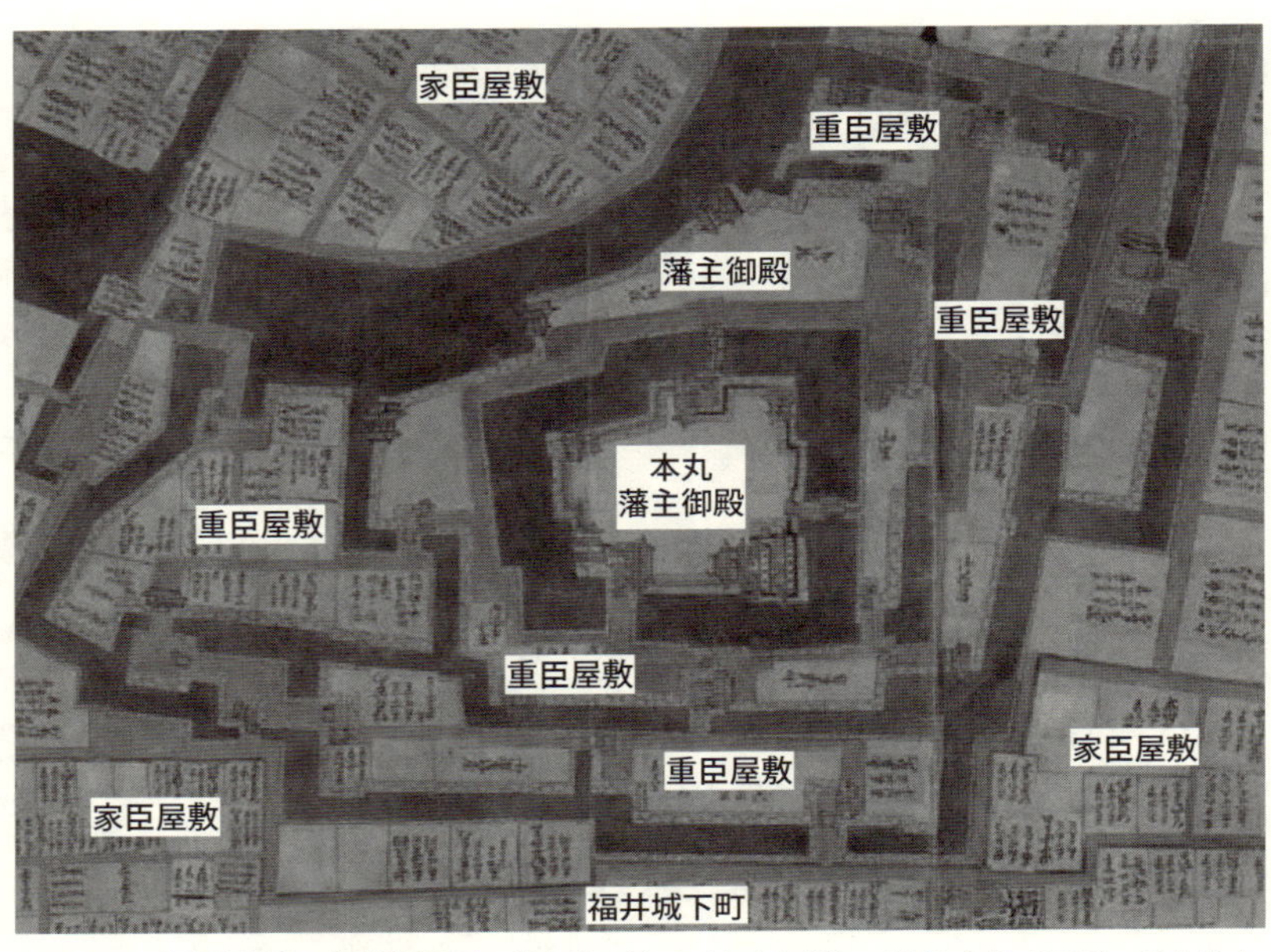

図 104　江戸時代の福井城下町（「御城下絵図（寛文年間）」〈松平文庫（1319）福井県立図書館保管〉に加筆）

した。

そこで地域を代表した近世城下町であった福井城下町を見てみましょう（図104）。城下町における圧倒的で唯一の都市核は福井城でした。福井城の中央に位置した本丸には大名の居住・政治空間があり厳重な堀と石垣で防御しました。その周囲には重臣屋敷があり、ここも堀と石垣で守りました。さらにその周囲に一般家臣の屋敷があって、堀と石垣で守りました。ようやくその外側に町屋や、寺院・神社があって、全体としてひとつの都市を構成しました。中世には都市核として都市の中心にあった寺社は、寺町として都市周縁部に集められ再編成されました。このように都市の構造が、武家と寺社が並列的、複核的だった中世都市と大きく異なって、封建権力であった武士の拠点・城のみを核としたきわめて求心性の高い一元的な都市構造へと変化したのです。

日本の主要な都市は、近代以降もこのような構造を残しています。とくに福井では、福井城の本丸跡に福井県庁と福井県警があって、信長・秀吉の時代に確立した求心的な都市構造の頂点に行政機関が今なお君臨していま す。勝山市も勝山城跡に市役所があります。こうした行政府の城内への立地は、近代以降の行政機関に、歴史的な統治の正統性を担保する効果があるでしょう。しかし福井県庁と福井県警が近世初頭の歴史的権威に二一世紀になっても頼り、それに疑問を感じないとすれば、わたしたちの時代の民主主義のありようが問われるのではないかと思います。

福井県庁と福井県警が象徴するように、都市構造は封建権力であった武士と宗教権力が並立した中世的な姿から、近世初頭に武士の拠点に一極集中した近世城下町へと変化し、現代日本の都市構造を今なお規定しているのです。

(4) 白山平泉寺の世界的普遍性

中世には白山平泉寺のような寺院を中心とした宗教都市がたくさん存在していました。それらはドイツの中世都市と比較して見てきたように、人類史上の普遍性をもちました。そしてドイツでは、今でも中世に成立した都市構造が都市の主要な骨格として機能し続けています。

ところが日本では戦国末から近世初めにかけて、武士が宗教勢力との戦いに勝利し宗教勢力を圧倒して、城のみが都市核として君臨した近世城下町を日本列島に一斉に成立させました。このため中世的な構造を保った宗教都市の多くは失われ、残ったのはわずかでした。そして大名を頂点にした近世城下町が、今日の日本列島の主要都市となったことで、城下町が都市のイメージや歴史的な権威性を独占して受け継いできたといえるでしょう。白山平泉寺はそうした中で語られてきた日本の近世・近代・現代と続いてきた都市の発達史の単線的なイメージを打ち破る、重要な史跡ではないでしょうか。

白山平泉寺で中世に栄えた無数の坊院は遺跡化していますが、寺院が並立的に建ち並び、大規模な宗教都市をつくり出した全貌を体感できる希有な場所なのです。城下町がなんとなくよいと思ってしまう日本の人びとに、改めて白山平泉寺の歴史的な意義を知ってほしいと思います。白山平泉寺歴史探遊館の展示・活動と、発掘の成果によって、白山平泉寺を誰もがわかりやすく体感できるようになったのは、すばらしいことです。こうして検討してきたように、白山平泉寺の歴史的な重要性は、日本の歴史の視点から考えるよりも、たとえばヨーロッパの中世都市と比較して考える国際的な視点の方が、浮き彫りにできるように思います。そこに白山平泉寺がもつ世界史上の普遍性という大きな特色が表れています。

すでに日本の国史跡として高い歴史的価値が認められていますが、近い未来に世界遺産として、白山平泉寺の本質的価値が世界に評価されるのを願っています。

【参考文献】
千田嘉博『織豊系城郭の形成』東京大学出版会、二〇〇〇年
千田嘉博『信長の城』岩波新書、二〇一三年
千田嘉博「ドイツの史跡整備」『文化財学報』31、二〇一三年
千田嘉博監修『世界の城塞都市』開発社、二〇一四年

⑤ 世界の宗教都市と白山平泉寺

宇野隆夫

はじめに

白山平泉寺（はくさんへいせんじ）を理解するためには、周辺を含めて一つの巨大な宗教都市としてとらえ、世界的なスケールで比較する必要があると考えています。そこで、まず世界の都市の歴史からみていきます。

世界の都市の歴史は、ほとんどが宗教都市の歴史です。世界の宗教都市には二つの大きなピークがあり、第一のピークは古代帝国の都市です。ローマ帝国もそうですし、漢帝国もそうです。古代帝国の都市も宗教都市から発展したものです。いっぽう、第二のピークは、古代帝国が衰退して以降、一四～一六世紀の大航海時代、宗教の役割が高まる時代です。中世には、宗教の権威やネットワークなどを基盤に世界中で宗教都市が栄えました。白山平泉寺とその周辺は、第二のピークを代表する宗教都市といえます。

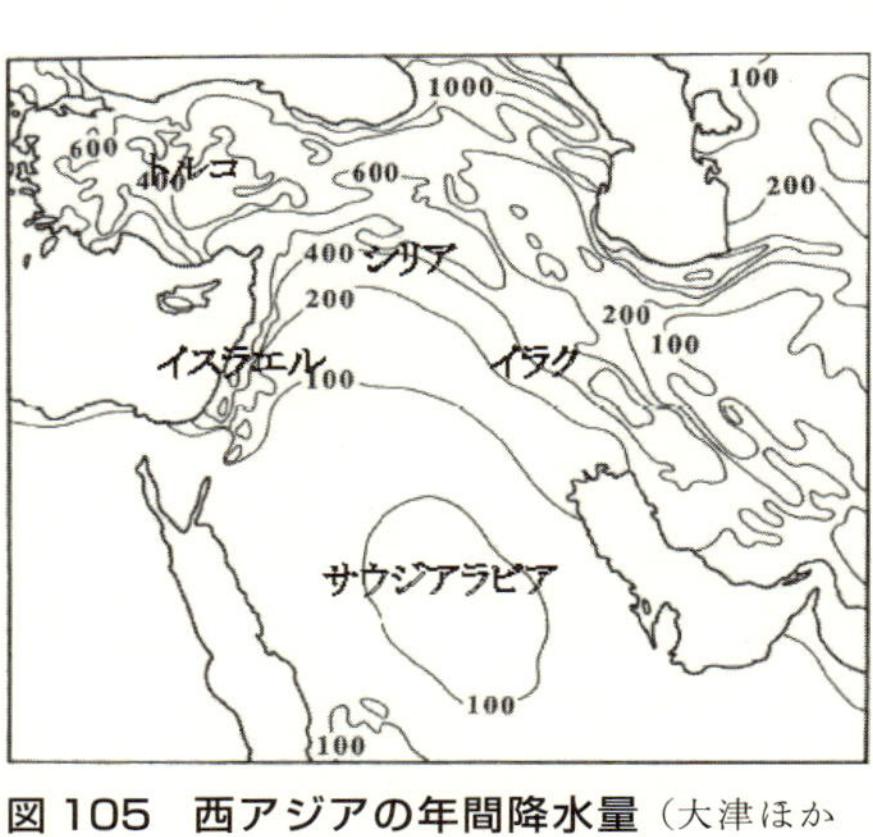

図105　西アジアの年間降水量（大津ほか 1997）

近代以前には、町（まち）、湊、巷（ちまた）、都（みやこ）などと呼ばれることはあっても、「都市」という言葉はありません。都市は、ある時代・地域において特に重視するべき大きな内容をもった大型集落に対する近代の学術用語です。中世の頃に平泉寺に住んでいた人たちが、それを都市と認識していたのではないのです。私たちが平泉寺を世界的・歴史的に考える場合、都市として評価するとわかりやすいということです。

(1)　西アジアの宗教都市

神殿都市のはじまり　世界の都市は、人類の文明の歩みでもあります。そのはじまりは、西アジアです（図105）。農業が年間降水量二〇〇〜四〇〇ミリの肥沃（ひよく）な三日月地帯で始まるのに対して、最初の都市は、年間降水量二〇〇ミリ未満の農業に不向きなメソポタミアで生まれます。メソポタミアでは、用水路を引いて灌漑する新しい農業が始まり、その後、神殿都市が誕生しました。

たとえば、イラクの国名の由来ともいわれる紀元前四千年頃の神殿都市ウルクは、ユーフラテス川沿いに城壁を構え、約一〇〇ヘクタールの都市域に二万人ぐらいの人が住んでいたと推定されています。これは現代的な見方でも十分に都市といえます。

神殿都市ウルクの主神はイナンナという金星の神様です（図106）。当時すでに、天文学が発達していて、星の中でも特殊な動きをする太陽や月や惑星が神様として認識されました。この神様へ無償の労働力を提供する「奉仕」、織物など特産物、あるいは穀物の「奉納」が税金の起源です。その代わり神による恩恵として、用水管理や耕地開発や一定の福祉がありました。このような神殿による経済・物流が盛んとなり、都市が発展していきます。

神殿都市から都市国家へ　シュメールの神殿都市が国家として発展していく様子が非常によくわかる例が、エリドゥです（図107）。紀元前五〇〇〇年頃のエリドゥの祭りの場は小さな祠ぐらいですが、紀元前四千年紀に、非常に巨大化し神殿へと転換します。この時期にエリドゥでは、巨大な城壁を建設するなど都市国家としての形を整えていきます。

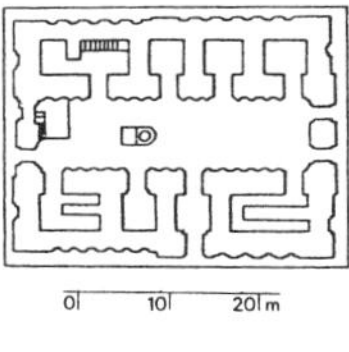

図 106　ウルク・アヌ神殿域の白色神殿プランと推定復元図（大津ほか 1997）

シュメールには多くの都市国家ができますが、それぞれの都市に固有の神様が存在しています。都市国家にも力の強弱があり、やがて統合され古代帝国ができあがっていきます。

都市国家から古代帝国へ　この地域で最初に成立した古代帝国がアッシリアです。紀元前一九〇〇年から紀元前一五〇〇年頃、メソポタミアからシリア・レバノンあたりまでの都市を統合していきました。そして広大な領土をもつ国家として、それまでの都市国家よりもさらに巨大な都市が建設されました。

紀元前一三世紀のアッシリア王が築いたイラク北部の都市遺跡ニムルドでは、神殿だけで三〇ヘクタールの広さがあり、全体では一〇〇〇ヘクタールを越えます。それまで都市国家は一〇〇ヘクタールから三〇〇ヘクタールくらいですが、古代帝国では一桁ちがう数千ヘクタールの大都市が生まれました。また、アッシ

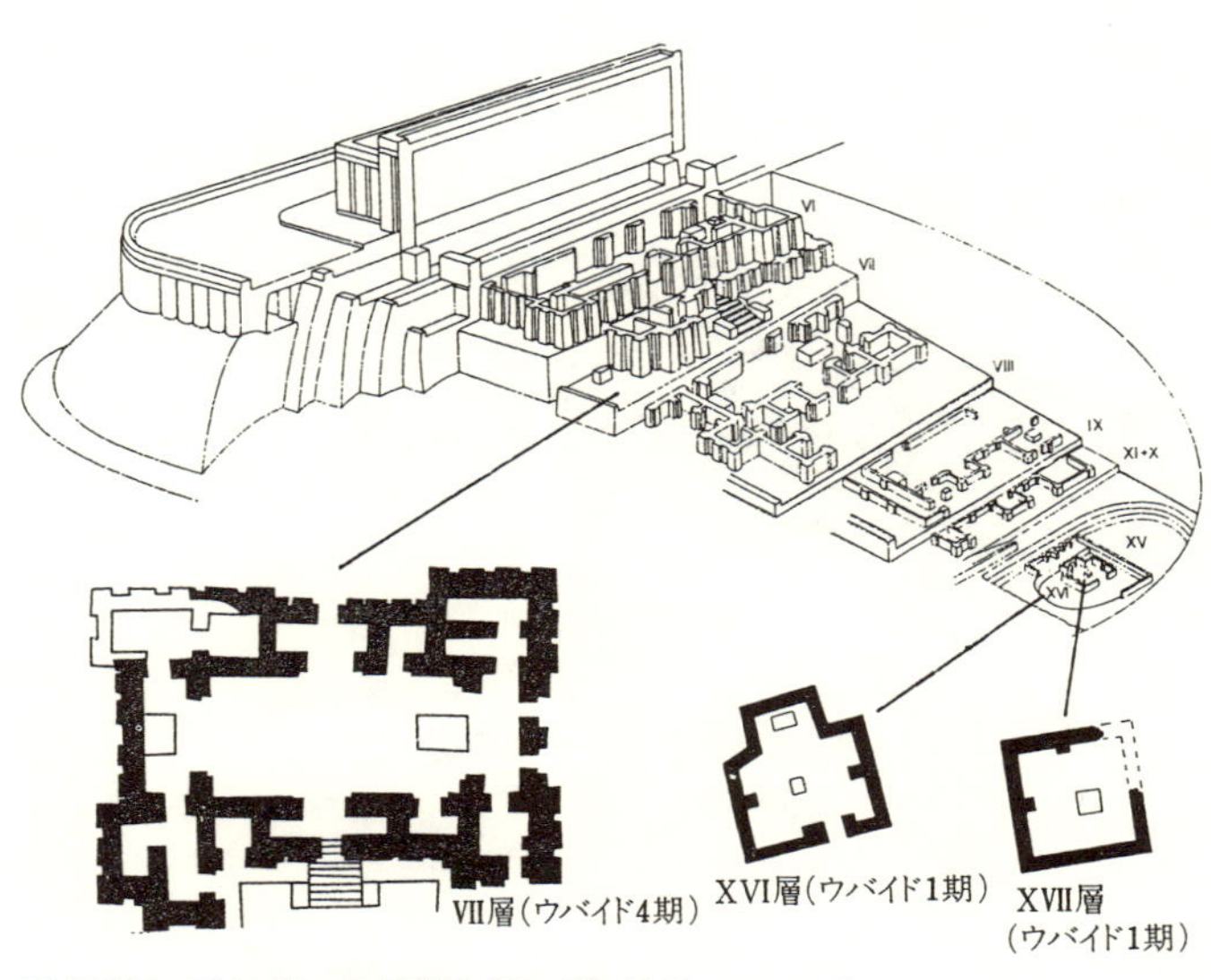

図107　エリドゥの神殿シリーズ（大津ほか1997）

リア帝国の国土全体の神様アシュールができます。都市国家のさまざまな都市神から国家の統一された帝国の神が現れるのです。

人間の王は、アッシリアの国土神アシュールから王権を与えられる存在でした。古代帝国の神と王の関係を象徴的に示しているのは、紀元前一七五〇年頃、有名な人類最古の法律を記録したハンムラビ法典の石柱です。石柱の上にある浮彫りには、太陽神シャマシュからハンムラビ王が王権を与えられる様子が表現されています。つまり、ハンムラビ王の地位を神が正当化しているのです。

また、アッシリアの行政は市民会アールムにより運営されました。アールムはギリシャや初期のローマの政治の仕組みの起源になるものであり、すでにアッシリアで確立しています。これが西アジアを舞台とした宗教都市の第一のピークです。

しかし、古代帝国はそのまま宗教都市としてあり続けたわけではなく、王権が強まったり、官僚制度が整ったりしてきます。都市は宗教によってはじまり、宗教は重要な役割を持ち続けるのですが、宗教都市としての色彩はやや弱まっていきます。

(2) 東アジアの宗教都市

な役割を果たしています。

宗教都市を規定する生命観　東アジアの黄河文明論や長江（揚子江）文明論でも、都市の歴史において宗教が重要な役割を果たしています。

しかし、宗教の社会的機能を規定した生命観は、西アジアと東アジアで大きく異なります。西アジアでは神と人は別であり、神は人を超越し、人は神からいろいろな付託を受ける存在です。

これに対して東アジアでは、神と人間との境が曖昧です。そして人間の魂と肉体はどちらも同等の重要なものと考えることが特色です。生命の誕生は、魂と肉体との出会い、死は魂と肉体が分離することと考えます。東アジアでは、人間が死ぬと魂が昇天します。そして、魂が祖先神となって、子孫を守護します。子孫が祖先神を大切に祀ると子孫を手厚く守ってくれますが、逆に祖先の祀りを怠ると罰をくだすこともあります。地上にいる時は人間ですが、死ぬと魂が祖先神になるのです。この点が神を人間と区別する西アジアとは大きく違うところです。この違いが宗教都市の違いとしてあらわれてきます。

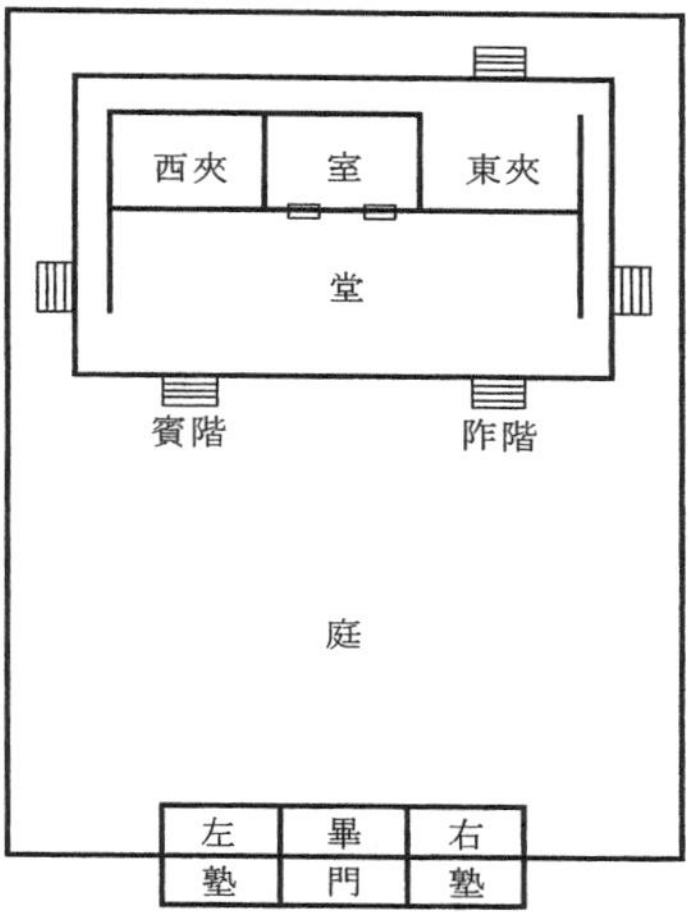

図108　「尚書」から復元した宮室（岡村2003）

中国初期王朝の都市と宮殿　紀元前一五〇〇年頃の中国商王朝の首都であった河南省鄭州商城は、南辺は約一・六キロ、面積は約三〇〇ヘクタールです。西アジアのウルクの三倍くらいの面積です。

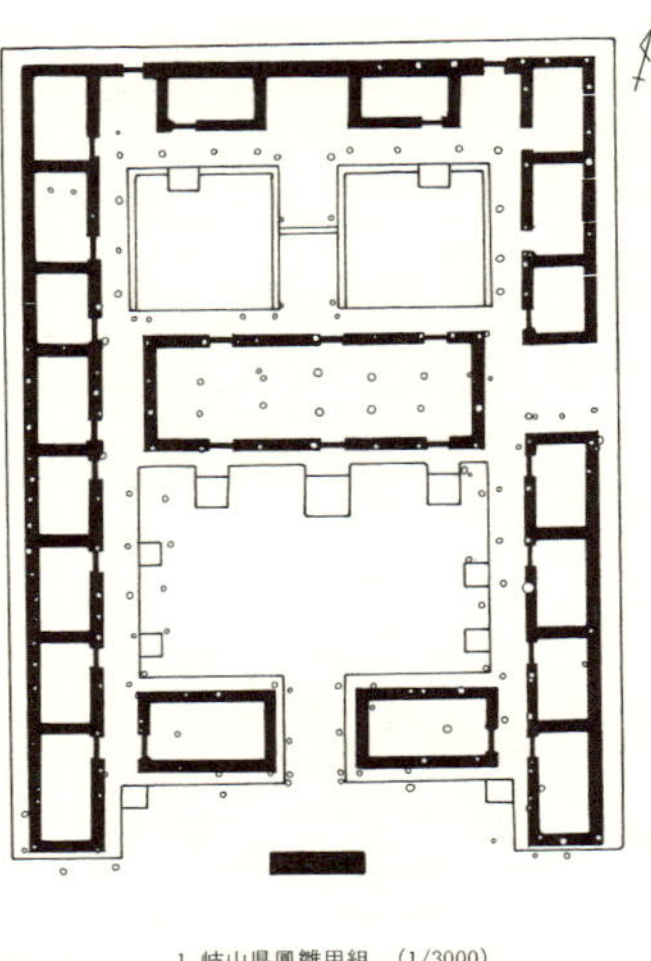

2 鳳翔県馬家荘　(1/3000)　　1 岐山県鳳雛甲組　(1/3000)

図109　中国初期王朝期の宗廟建物（黄2000）

鄭州商城の中心は、王の宮殿です。しかし東アジアでは宮殿と神殿はほとんど差がありません。宮殿で国家を統治していた王が死ぬと王朝の祖先神になるため、人間と神を西アジアほどに厳密に区別していません。

河南省偃師二里頭遺跡では、紀元前二〇〇〇年頃の夏王朝の宮殿が発掘されています。宮殿には三つの部屋があり、宮室の起源とされます。後の時代の宮室では中央の部屋に王、右の部屋に皇太子、西の部屋に后がいたと推定されます（図108）。宮殿の前には広場があって、臣下が集まって儀礼や政治などを行っていました。日本でも、邪馬台国女王卑弥呼は『三国志』「魏志倭人伝」に、「宮室樓観城柵嚴設常有人持兵守衛」と記録され、宮室＝宮殿でマツリゴトをしていたことが分かります。

さらにこれとは別に、宗廟がありました（図109）。その奥の部屋には今でいえば仏壇の位牌に相当するものがあり、亡くなった方の魂が年に二回、天から祖先神としておりてきます。祖先神をきちんと祀ることにより、都市の繁栄を願ったのです。東アジアでは、王＝宮殿と祖先神＝宗廟が一体化して都市の中心をなしていました。

天上界と地上界の支配者　古代中国では、世界は天上界・地上界・地下界という三つから成り立つと考えられています。中国湖南省長沙の馬王堆漢墓からは約二千年前の絹織物がみつかっています。この絹織物は、墓に葬られた貴婦人の葬式で旗指物として用いられ、最後に棺の上にかけられたものであり、天上界・地上界・地下界の様子が描かれています（図110）。

地上界では貴婦人の死の場面が描かれ、天の迎えが来て魂が昇天する寸前です。地下界には棺があって遺体が納められています。しかし、綬という紐でまだ魂と肉体がつながっているので、まだ死後ではありません。だから食べ物を供えています。

天上界は右に太陽、左に月があります。太陽と月の間に上半身が人で、下半身が蛇の神様がいます。この神は、天上界を司る北極星です。北極星は地上界の支配者＝皇帝をあらわすものです。皇帝は北極星の生まれ変わりであり、地上にいる間は人ですが、死ぬと天上界の神になります。

東アジア古代帝国の都市　約二千年前の漢王朝は、陝西省の長安城を首都としました。長安城の中軸道路は南北の方位をきちんと測量して、設定したものです。中軸道路の北の延長線上には初代皇帝劉邦と呂后の墓が並んでいます。さらに、その先の関中平野の北端には天文台を設置してあります。

天上界
地上界
地下界

図110　中国湖南省馬王堆漢墓帛画の世界観（黄2000）

また、唐長安城の南には天壇という、皇帝が天の祖先神を祀る施設がみつかっています（図111）。北極星＝皇帝ですから、地上界における皇帝の住まい（首都）は天上界を司る存在として投影し、南北の正方位を軸とした設計を行っています。このような都市設計は、東アジアに独特のものです。

八世紀、唐王朝の首都でもあった長安城は、この時期の東アジア各国の首都に強い影響を与えています。渤海の上京龍泉府、日本の藤原京と平城京など、長安城を模した国家の首都では正方位設計を採用しました。日本では奈良の上ツ道・中ツ道・下ツ道なども正方位を基本として設計しています。

唐長安城の中心部には、太極宮という区画ができます。これは太極＝北極星＝皇帝のいる宮という意味です。平城京跡で復元されている大極殿も同じです。ここは天皇が臣下や外国使節と謁見する場でした。天上界を司る北極星を地上界の皇帝や天皇の居所に反映させるという宗教思想に基づいて首都建設を行ったことが、東アジア古代帝国の宗

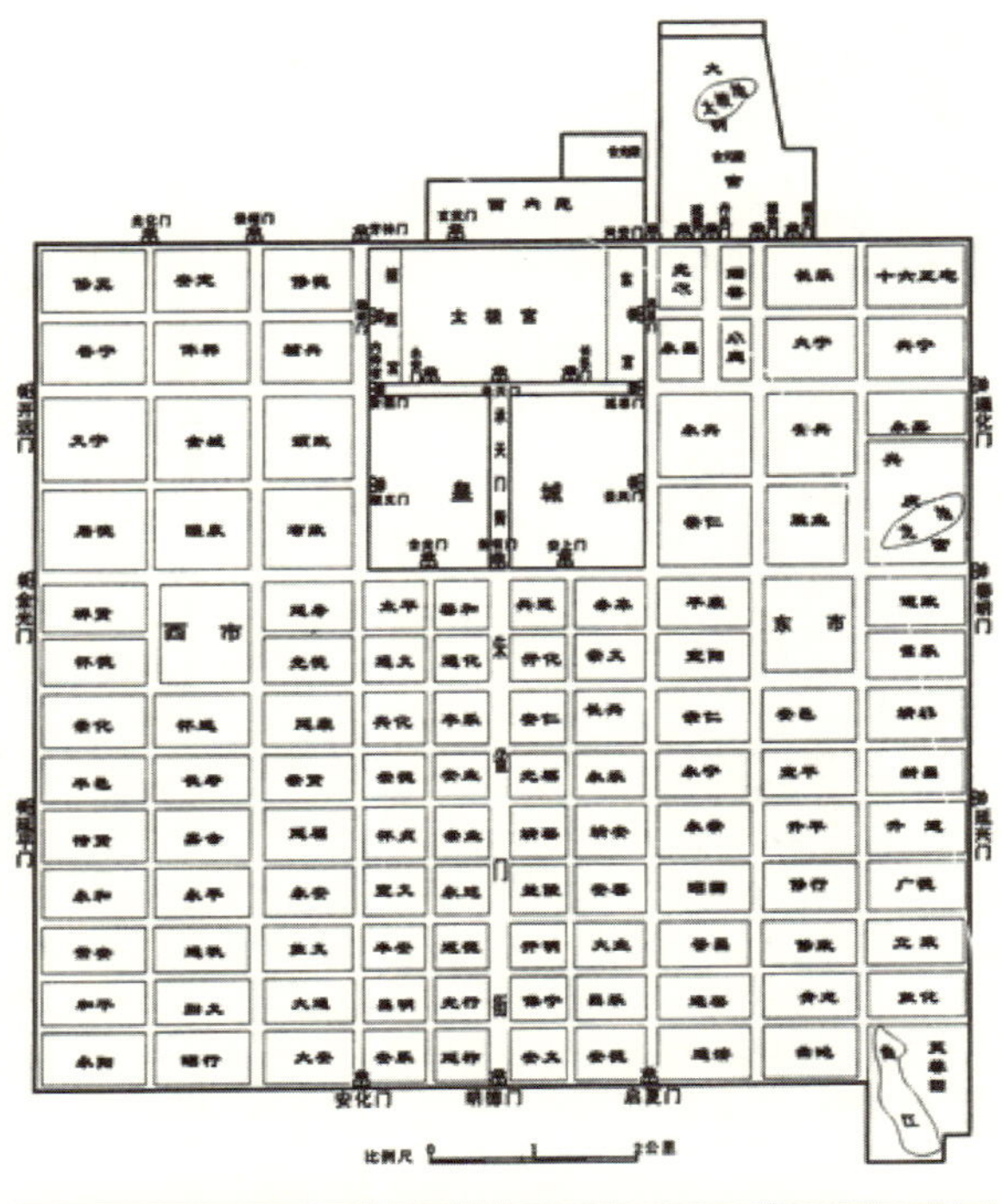

図 111　唐長安城のプランと天壇（宇野 2005）

教都市の特徴です。祖先神と支配者という関係を都市建設の根幹に据えた営みが、東アジアにおける古代帝国の首都を生み、宗教都市の第一のピークをなしているといえます。

(3) 世界の新しい宗教都市

新しい宗教都市のはじまり　古代帝国において宗教都市の第一のピークが到来しましたが、皇帝はじめ支配層の権力が強まり統治機構が整備された結果、宗教色が徐々に弱まる傾向も生じました。

ところが、九・一〇世紀になると、ユーラシア大陸全般において、帝国が分裂して国家が分立する傾向が強まりました。ヨーロッパでは西暦八四三年にフランク帝国が分裂し、中国でも九世紀になると唐の勢力が弱まり西暦九〇七年に滅びています。その後に成立した北宋王朝では大きな社会変化があり唐宋変革と呼ばれています。

このような現象は、宗教勢力による諸活動の活発化と表裏の関係にあります。たとえば、すでに八世紀のヨーロッパでは教会の前での交易活動が盛んになり新しい町が生まれますが、中東でもイスラム勢力が勃興して新しい仕組みができてきます。日本でも寺院に人を集めて商売をしていることが多いと批判する記事が、『続日本紀（しょくにほんぎ）』にあります。これらが第二の宗教都市が生まれる契機であり、それが九、一〇世紀の頃に明確な宗教都市の形になってくるのです。

なお、新しい宗教都市が発展する一方で、王権や皇帝権と関わる世俗的な城塞都市もあります。宗教都市と世俗的な城塞都市のどちらか一色に染まることはありません。イスラム圏でもないと思っています。両者が全体としてどんなバランスで配置され、それぞれの社会ができあがっているのかを考えることが第二の宗教都市の段階の重要な点です。

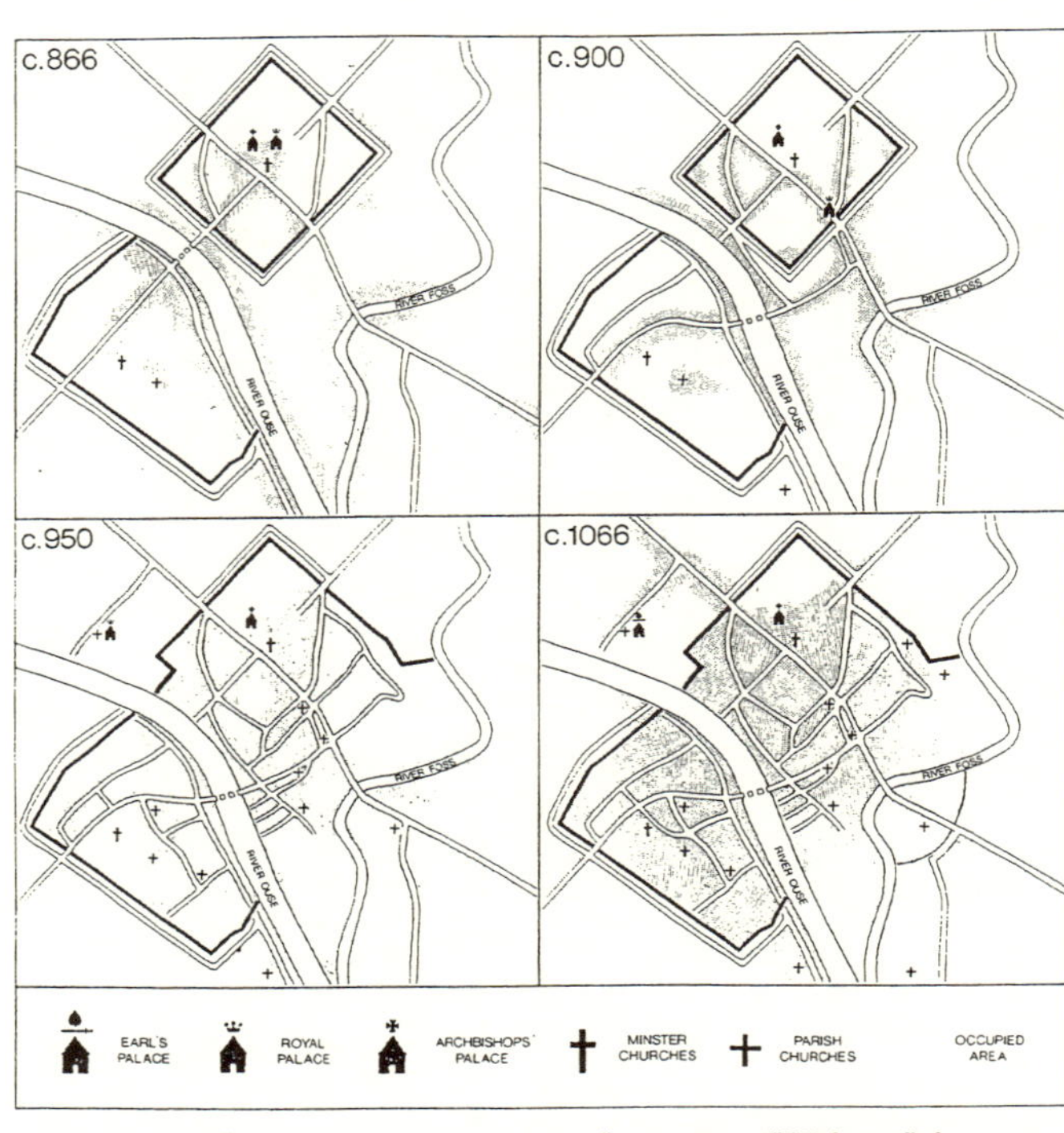

図112　イギリス・ヨークにおけるヴァイキング都市の成立（宇野1998）

宗教勢力のネットワーク　宗教勢力の世俗勢力に対する最大の力は広いネットワークを持っていることです。宗教勢力は軍事力で卓越しているわけではありませんが、カトリックや白山信仰のように大ネットワークを形成します。白山は、平安時代の終わり頃、比叡山延暦寺と本末関係を結んでからは、日吉社（ひえしゃ）とともに中世最大の宗教勢力となります。このような宗教ネットワークと商工業者が結びつくことが、新しい宗教都市の大きな特色であるといえます。

ヨーロッパ中世都市の萌芽　ヨーロッパでも中世の交易都市は、宗教勢力を基盤として、力が強まるとともに、王から自治権を勝ち取っていきます。

イギリス北部のヨークは紀元七一年に創設された古代ローマ帝国の植民都市であり、直線道路が直交する都市設計を採用しています。その後、ヨークは八六六年にヴァイキングの支配下となり、その後、交易都市として発展しました。このころから直線道路をショートカットしていく曲線の道ができてきます（図112）。

そして一〇世紀の半ば頃になると、市街地が拡大し、最終的には川の両側に町並みが広がって、入り組んだ道路網を完成させていきます。イギリスのケンブリッジも同じような道路網を持っていますが、道路は社会的な単位であり、「鍛冶（かじ）屋道」とか「衣服屋道」などがあって、どの道へ行けばどういう種類のものが購入できるかがだいたい決まっています。こういうあり方がヨーロッパにおける中世都市の源流です。その伝統は、現在まで続いていて、ヨーロッパではいくらでも目にすることができます。

ヨーロッパの中世都市の多くは、ローマ時代以来の直線道路による陸運中心の都市から、蛇行する河川に沿う水運中心の都市へ転換していきます。直線・方格の区画から、広場を中心とする不定形な形をとり、放射状、環状道路網へと変化します。

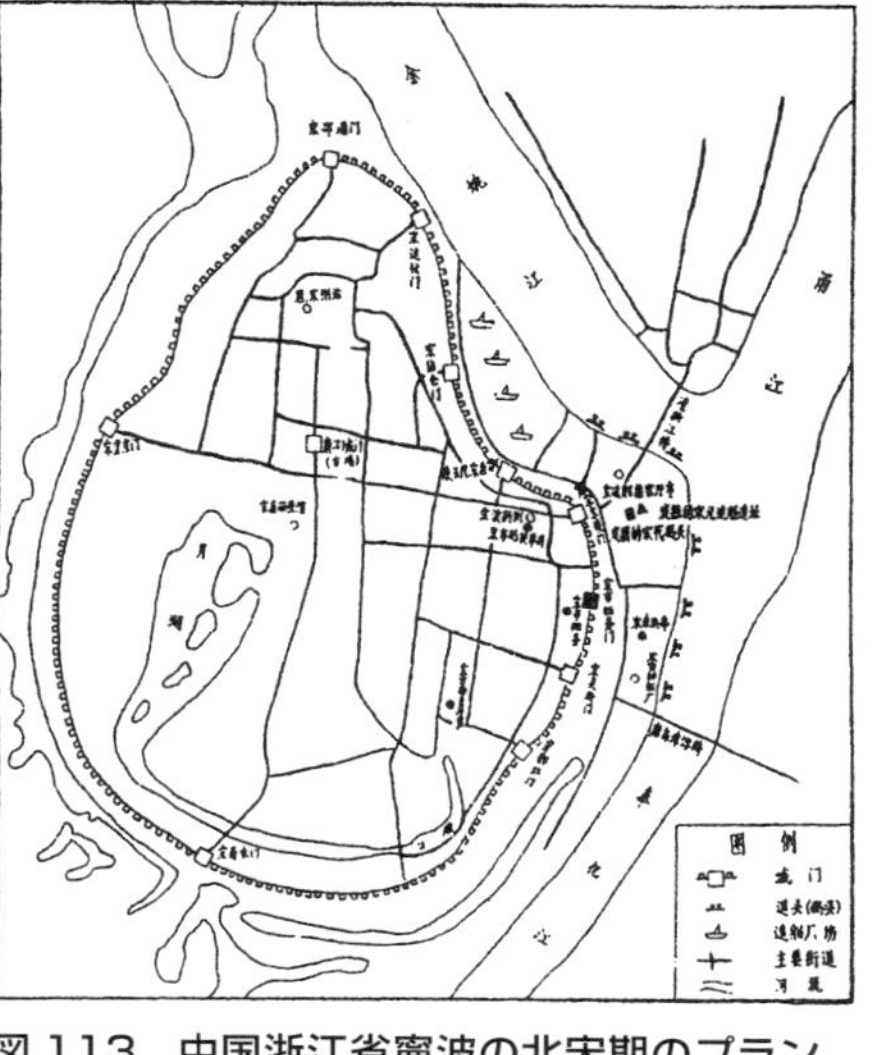

図113　中国浙江省寧波の北宋期のプラン
（宇野 2005）

パリでも、ロンドンでも基本は一緒です。中央広場に沿って教会、行政施設があり、広場は教会の宗教行事や定期市の場となりました。そして定期市は次第に常設市となり、都市の規模が大きくなっていくことが、ヨーロッパの一〇世紀以後の都市の基本的な動きです。

中国南方の中世都市　この頃ユーラシアでも、陸のシルクロードから海のシルクロードに物流の重点が移っていきます。中世では水運が非常に大切であり、港湾都市が栄えていきます。

中国の港湾都市である浙江省寧波（ニンポー）は、現代でも旧市街は雑

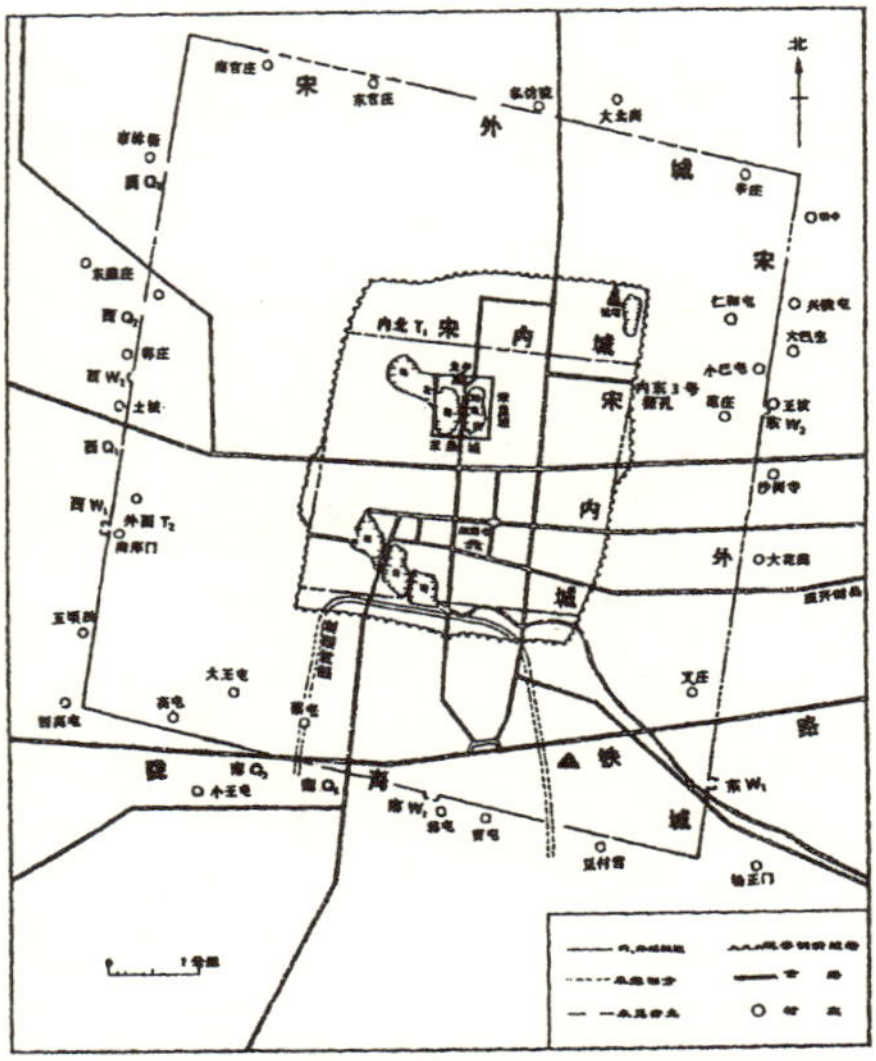

然としていますが、一〇世紀以来、川の合流点を巧みに利用して碁盤の目とはほど遠い道路割りの不定形な市街地を作り上げてきました（図113）。

なぜこのようなレイアウトができたのでしょうか。中国では皇帝が都市を建設してから、大勢の人をそこへ移り住まわせることが一般的です。しかし、寧波は港があり、自然発生的に人々の営みが盛んになり、人口が増えていきました。そのような町並みは、外からの攻撃があった時には防御が弱いため、統治責任者が既存の市街地に合わせて運河で堀をめぐらせて、城壁を築いたことが記録されています。都市の由来が全然違うのです。また、道教の寺院とか、マニ教の寺院、イスラム教の寺院などさまざまな宗教施設が混在し、多くの民族の船が行き交っていたことが明らかになっています。

このように中世にはヨーロッパでも中国南方でも、曲線を基本に効率を重視した道路網を持つ、水運に適った港湾都市が栄えていました。

図114　中国河南省開封市北宋東京城のプラン（宇野 2005）

中国北方の中世都市　中国の北方では依然として四角い都市が基本です。しかし河南省開封市にある一〇世紀頃の北宋の首都東京城（とうけいじょう）では、城壁をGPS（全地球測位システム）で測ってみると、方位は南北の正方位から大きく外れています。道も方位はあまり意識していません。唐の長安城は、誤差を測れないほど正しい方位であったことに比べると、おおよそ南北を意識したという程度の精度しかありません（図114）。

東京城は黄河に近く、洪水に対して非常に危険な場所ですが、輸送や交易という点からみると抜群の立地です。また、当時の基幹運河はすべて東京城に集まってくるように設計されていて、物資を集める力を重視したといえます。このように、世界的な陸運から水運への転換によって、都市形態や立地にも大きな変化がみられるようになります。

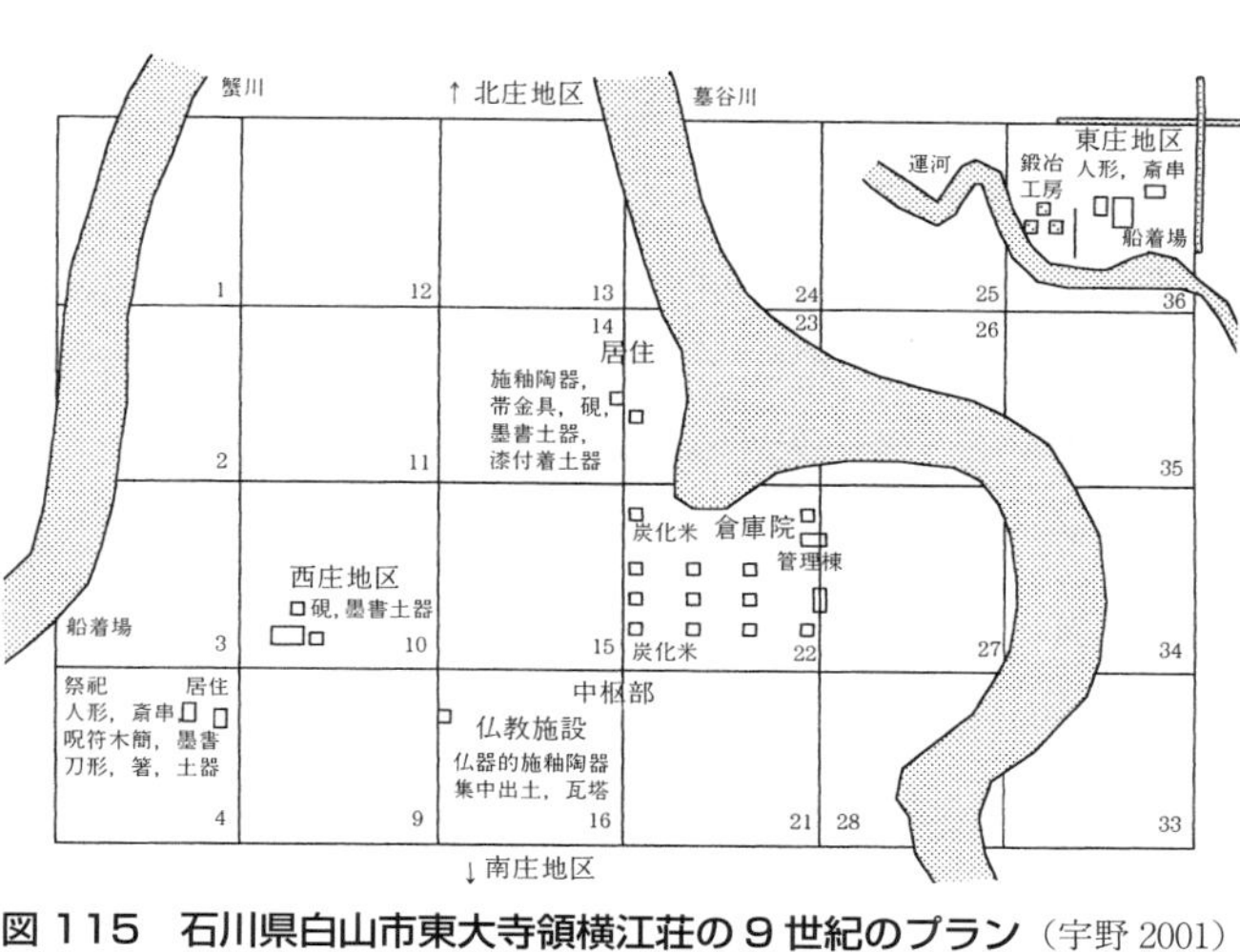

図115　石川県白山市東大寺領横江荘の９世紀のプラン（宇野 2001）

古代寺院から中世山岳宗教勢力へ

日本でも同じような現象がみられます。たとえば、石川県白山市にある東大寺領横江荘遺跡では、一辺約一〇九メートルの条里地割があり、その境を道路が走っています。川ないし運河が南から北に流れ、屈曲した場所に人工的に船がつけられるようになっています（図115）。

九世紀の横江荘では、中央に東大寺の倉庫や宗教施設があり、四方には東荘、西荘、南荘、北荘という四つの荘園経営拠点がありました。東荘で「道」という墨書土器がたくさんみつかっているので、東大寺に協力した在地豪族である道君氏の拠点と考えています。運河を遡ると道君氏の氏寺であった末松廃寺があります。横江荘は、在地豪族が国家中央の勢力と結びついて形成した都市的な場であり、宗教都市の第一ピークからの流れに位置づけられる例です。

ところが、横江荘では九世紀と一〇世紀の境に、計画的な景観が一変しました。この転換は、中央政府が地方政治に介入しなくなった時期と一致しています。それまでは、国司が定められた税よりたくさんのものを民衆から取り立てたら、犯罪でした。しかし、この頃から決められた税を中央に納めたら、残りの利益は国司の収入として認められるようになります。そのため国司は経営に力を入れて、より多くの利益を得ようとしていきました。

一〇世紀の横江荘は、帳簿の上では東大寺領ですが、東大寺と関わる公的な地区がなくなり、比較的自由なレイアウトになっています。船着き場など商業活動の場や、宗教的な場などが、あまり統一的ではなく、運河にそって配置されています。

また、在地豪族の氏寺であった末松廃寺はほぼ廃絶しています。古代の平地寺院は、第一のピークで栄えたいろいろな場を支えましたが、それに代わって白山、比叡山、高野山をはじめとする山岳寺院・山岳宗教が盛んになったと考えます。

横江荘を流れる運河をさかのぼると手取川から、白山の山々に至ります。また国衙の港から、霊山である白山の山頂までを大きな川や運河がつないでいく空間ができますが、これが中世後期に巨大な宗教都市が生まれるはしりだと考えています。

世界に冠たる日本の宗教都市

日本の中世都市には、古代以来の系譜をひく平安京・京都、奈良（南都）、各地の府中、武家の都市であった奥州平泉、鎌倉などがありますが、いずれも宗教が大変重要な役割を果たしていました。たとえば鎌倉では都市建設に先立って河内国から鶴岡八幡宮を勧請し、また由比ケ浜の律宗寺院極楽寺は、交易を取り仕切っていました。都市のスタートと商業活動に宗教勢力が深く関与しているのが中世都市の一つの基本形だと考えています。

また、水運機能を重視した港湾都市も重要です。北陸では三国湊、輪島湊、岩瀬湊などが代表であり、それぞれ湊の適地であると同時に、河口に位置して海運と河川水運・陸運の接点をなしています。著名な広島県の草戸千軒町遺跡は、このような中世に多く栄えた湊町の一つの例です。

そして、宗教都市は、寺社そのものが都市的規模をもつものです。平泉寺の場合は南谷と北谷を合わせるだけでも十分に都市といっていいほどの人口、規模を持っています。こういうレベルの宗教拠点は、白山平泉寺、比叡山延暦寺、紀州根来寺、大坂本願寺などくらいであろうと思います。これらは日本の宗教都市の中で、中身が最も充実したものであり、世界的にも冠たるものであると考えています。

中世前期の一二世紀から一三世紀、一四世紀にかかるくらいの頃までは、宗教的な交易場がどんどん増えていきます。しかし都市的景観をもつものは、古代の系譜をひくものと、武家の都市にほぼ限られていたと思います。一五世紀から一六世紀の中世後期になると、寺院や墓地、寺社と関わり定期市や常設市が開かれる都市的場が急成長して、白山平泉寺のような本格的な宗教都市ができあがっていきます。

白山平泉寺をとりまく景観

そこで白山平泉寺をどのように理解するかが問題です。それは白山平泉寺は少なくとも、白山山頂から勝山、大野、三国湊といった範囲でとらえていくべき宗教都市と考えています。この都市の最小単位は、平泉寺、南谷、北谷からなる中心部であり、それを詳細に調査することが重要です。

同時に、白山という霊山、そこにむかう禅定道と行場や宗教施設、山麓の拠点平泉寺、人や物資の動きをあらわす街道や九頭竜川の水運といった景観を平泉寺に関するまとまった空間として認識できます。平泉寺を結節点として三国湊から大野に至る景観を、一つのまとまりと考えると、世界に冠たる宗教都市の姿がみえてきます。白山平泉寺を核とする巨大な空間は、アジアやヨーロッパのなかでも特筆すべき規模です。さらに、加賀・美濃の景観を加えていくことで、白山の文化的景観を総合的に理解できるでしょう。なお私は、白山平泉寺の情報は世界の第二の宗教都市の見直しにもつながる可能性を持っていると予測しています。

(4) 宗教都市の終焉

宗教都市の衰退と王権の強大化 宗教都市の変容が一六世紀から一七世紀にかけて、ヨーロッパでも日本でも、イスラム圏でも進んでいます。この頃からイスラム都市といえども、いろいろな制度が整備されて、宗教の影がやや薄くなっています。イスラムの最高の宗教的権威であるカリフよりも、世俗的権力、君主であるスルタンの力が勝るようになりました。この時期のイスラム圏も東アジアやヨーロッパとほぼ同じような道を歩んでいました。

世界的にみて、中世には宗教と商工業者が結びついていましたが、第二のピーク以後は王権が商工業者との結びつきを強めていきます。それが宗教都市の変容の最大の背景です。

そのキーパーソンは西ではルターとヘンリー八世、中国ではヌルハチ(清の太祖)、日本では織田信長です。中世にはいろいろの戦いがありましたが、武家権門(けんもん)と宗教権門が全面的に戦うことは、平安時代末に平氏が東大寺を焼き討ちした例を除くと、あまり一般的ではありません。荘園支配をめぐる争いは少なくありませんでしたが、いろいろな調停の機能がある社会でした。むしろ宗教勢力と宗教勢力、武家勢力と武家勢力、あるいは宗教勢力と武家勢力の連合同士が戦うことが中世の戦いの多くを占めています。

これを一変させた者が織田信長でした。安土城では山上に天主と総見寺があります。本来、武家の館は山麓の裾にあって、背後のやや高いところに菩提寺(ぼだいじ)があるのが一般的です。しかし、安土城では総見寺を天主より低い位置に配置しています。そして天主へ上る道を歩いていくと、石仏が顔を表に向けて埋められていて、顔がすり減っています。

おそらくそれを信長が踏み、皆にも踏ませていたのでしょう。一乗谷朝倉氏遺跡などでは石仏や五輪塔は周辺の尾根上の墓地にあることと比べると、大きく違う価値観といえます。

安土城からの移動コストをGIS（地理情報システム）を使って分析すると、軍事的にはあまり適地ではないことがわかります。六角氏の観音寺城と比べると自然の守りがない場所です。なぜこの場所に築城したかというと、琵琶湖岸に港があって、城下町をつくり、そこに商工業者を集めるためでした。そして、中世寺社や公家、朝廷をはじめとする諸勢力が抑えていたさまざまな規制や利権、特権を根本的に解体するために楽市楽座の政策を実施します。

また安土城からの眺望を分析すると、今津を含む高島郡周辺と大津周辺までがよく見える場所であることがわかります。琵琶湖は、日本海と京を結ぶ水運の大動脈であり、北の今津と南の大津は主要な港です。安土城は、今津・安土・大津の航路を一望して、水運を掌握できる位置にあるのです。

宗教の社会的地位の変化　中世の宗教は、社会のすべてを統括する場を提供するものであり、心の救済に加えて社会のあらゆる活動に深くかかわっていました。僧兵という、お坊さんが武器をもって戦うことを、誰も不思議に思わない時代です。お坊さんがいろいろな経済活動をするのも当たり前ですし、戦争をするのも神仏との共同作業、そういう時代が、中世です。

これに対して、近世以後は宗教の本来の役割を、心の救済に特化させる圧力が強まりました。このような宗教の社会的地位の変化は、ヨーロッパではカトリックとプロテスタント、日本では中世宗教と近世宗教の違いとして表れています。新興の商工業者は、宗教勢力のネットワークによる中世的利権を打ち破るために、武家に接近していきました。戦国末から近世初頭の豪商であった京都の角倉了以は、初めは天竜寺などに出入りしていましたが、後には幕府に接近して代官になっています。これによって角倉家は、中世では考えられない規模で南蛮交易を行い巨大な富を得たのです。

戦国時代から江戸時代にかけての頃、世界的なレベルで社会が大きく変わっていきます。そして白山平泉寺の繁栄と衰退は、この大きな歴史の転換を端的に物語るものです。

白山平泉寺の文化的景観は、霊山と宗教拠点と門前町、水陸の交通から成り立ち、世界の宗教都市の最後の繁栄期を代表する存在として、その価値を強く認識すべきであると考えています。

【参考文献】

宇野隆夫「西洋造船・海運史―丸木舟・皮舟・パピルス舟から鋼鉄蒸気船への歩みと社会変革（下）―」『富山大学人文学部紀要』二八号、一九九八年

宇野隆夫『荘園の考古学』青木書店、二〇〇一年

宇野隆夫「王権の空間編成と国家形成―中国歴代の城市遺跡から―」『国家形成の比較研究』学生社、二〇〇五年

宇野隆夫『実践 考古学GIS』NTT出版、二〇〇六年

宇野隆夫『世界の歴史空間を読む』国際日本文化研究センター、二〇〇六年

宇野隆夫編『ユーラシア古代都市・集落の歴史空間を読む』勉誠出版、二〇一〇年

大津忠彦・常木晃・西秋良宏『西アジアの考古学』同成社、一九九七年

岡村秀典『夏王朝』講談社、二〇〇三年

小泉龍人『都市誕生の考古学』同成社、二〇〇一年

黄暁芬『中国古代葬制の伝統と変革』二〇〇〇年

林部均『飛鳥の宮と藤原京』吉川弘文館、二〇〇八年

あとがき

本書は、勝山市が行った講演会などをもとに、平泉寺（へいせんじ）の歴史を多くの方に知っていただくために編みました。

約三〇年前に始まった発掘調査によって、山中に眠っていた中世平泉寺の石畳道や坊院跡が姿をあらわしました。それは、平泉寺の歴史をさらに広い視野でとらえるための大きな一歩となりました。こうした発掘調査を後押ししてくれたのは、地元での郷土史や自治体史などの取り組みでした。

大正一〇年（一九二一）に刊行された『福井県史蹟勝地調査報告　第二冊（若狭及び越前に於ける奈良朝以後の主なる史蹟）』では、全国の史跡調査の先駆者であった上田三平（さんぺい）氏により、平泉寺境内（けいだい）の建物跡の測量や絵図との比較が行われました。翌年の『白山神社壹千貳百年大祭典記念帖』には、平泉寺の沿革が記され、境内の風景や文書などが写真で紹介されています。

大正一三年、『平泉寺文書』上・下巻の発刊により、白山神社（はくさんじんじゃ）と平泉寺村に残る中世から近代までの古文書が整理・公開されました。昭和五年（一九三〇）には各地の史料・研究を網羅して、平泉寺の歴史を精緻に解明した『平泉寺史要』が刊行されました。これらは、現在でも調査・研究のための基本文献です。また、昭和一〇年には、白山神社境内の約一四・六ヘクタールが国史跡「白山平泉寺城跡」に指定されました。

昭和四四年から四六年にかけて、文化庁による白山麓（はくさんろく）の文化財総合調査の成果が『白山を中心とする文化財』にまとめられます。その後も、『勝山市史』や『白山神社史』などで、勝山市の文化財関係者や平泉寺白山神社関係者による研究が進められてきました。

平成九年に「白山平泉寺旧境内」として国史跡の範囲が拡大されると、いっそう研究が活発化してゆきます。地名や旧跡など貴重な情報がまとめられた『平泉寺史要昭和編』、白山や三馬場を軸に白山信仰の歴史を整理した『白山信仰史年表』や『白山比咩神社史』も近年の重要な成果です。

平泉寺の歴史的意義を全国的に高めたのは、都市史・寺院史・考古学など多様な分野の学際的な検討による「山の寺」研究の進展でした。各地の事例との比較によって、平泉寺は境内の規模や都市計画の進展など、日本においてトップクラスの「山の寺」であることがはっきりしました。

平泉寺が天正二年（一五七四）の焼亡後に大きく縮小したように、江戸時代になると、主要都市の座は城下町や宿場町に奪われ、現代都市の大半もこの流れをひきついでいます。そうした意味からいって、武家の城郭や城下町に先行して地域社会の中核施設であった「山の寺」は、日本中世に固有の都市や社会のありかたを復元するための重要な鍵となります。

「山の寺」の実相を伝える多くの史跡のなかで、保存状況や、調査研究の進展による活用の側面において、平泉寺は全国でトップの地位にあります。発掘調査地の整備、デジタル技術による研究・分析、ガイダンス施設「白山平泉寺歴史探遊館まほろば」のオープンなどによって、文化財としての価値が広く認められた結果、観光やまちづくりにおける期待も高くなっています。

今後も平泉寺が史跡の調査・整備・活用の諸分野で全国の最先端を歩み、牽引役となることが求められているといえるでしょう。平泉寺を単なる「観光地」で終わらせないため、調査・研究にねざした歴史や史跡の散策をより多くの方々に楽しんでもらい、地域の活性化にも寄与できるような仕掛けを充実させていく必要があります。

本書の企画は仁木が発案し、執筆者のみなさま、地元平泉寺区、平泉寺白山神社をはじめとする関係者の方々から多大なるご協力を頂戴することで刊行にこぎ着けました。吉川弘文館の堤崇志氏には、本書がかたちとなるまで、さまざまなご配慮をいただきました。御礼を申し上げます。

本書を手にとっていただいた方には、ぜひ現地へ足を運んでいただきたいと願います。自然と人々の暮らしのなかに息づく「山の寺」の歴史を体感するため、勝山へおいでください。

（仁木　宏・阿部　来）

白山平泉寺略年表

年号	西暦	できごと
養老　元年	七一七	泰澄、林泉(平泉寺白山神社御手洗池)で女神より神託をうけ、白山に登り神仏を感得したという(泰澄和尚伝記)
天長　九年	八三二	白山信仰の拠点、越前平泉寺・加賀白山本宮・美濃長滝寺の三馬場が開かれるという(白山之記)
応徳　元年	一〇八四	平泉寺が延暦寺の末寺になったという(霊応山平泉寺大縁起)
久安　三年	一一四七	延暦寺と園城寺が対立。平泉寺は延暦寺側につく(本朝世紀・百錬抄)
寿永　二年	一一八三	木曾義仲、藤島七郷を平泉寺に寄進する。平泉寺長吏の斎明、源義仲軍に参加し、燧城で戦う(平家物語)
建久　元年	一一九〇	源頼朝、藤島荘の公事未済を平泉寺に指示する。これ以前、源頼朝、藤島荘を平泉寺に寄進する(吾妻鏡)
正応　五年	一二九二	時宗二世他阿、越前府中で平泉寺僧に乱暴される(遊行上人縁起絵)
永享一二年	一四四〇	平泉寺、火災のために焼失する(立川寺年代記)
		室町幕府、北陸道七か国の棟別銭を平泉寺造営費用にあてる(室町家成敗寺社御教書)
文明　三年	一四七一	朝倉孝景、平泉寺の臨時祭を始めるという(霊応山平泉寺大縁起)
		本願寺蓮如、吉崎御坊を建立する。諸人が群集して繁盛するのを平泉寺、豊原寺等が妬むという(拾塵記)
		このころ、平泉寺の三光坊(千秋満広)、財蓮(熊太夫)、大光坊幸賢などの面打師が活躍したという(仮面譜)
文明一一年	一四七九	朝倉氏と斯波氏の合戦の中で、平泉寺に斯波方が入る。朝倉方の法師は自坊を焼いて逃れる(大乗院寺社雑事記)
明応　二年	一四九三	平泉寺杉本坊の杉本栄祐、京都で神符と丸薬を販売する(蔭涼軒目録)
大永　四年	一五二四	平泉寺で臨時祭礼があり、流鏑馬神事が奉納される(平泉寺白山神社文書)
天正　元年	一五七三	朝倉義景、織田信長に破れ一乗谷に退く。大野で自刃し、朝倉氏は滅亡(朝倉始末記)
天正　二年	一五七四	平泉寺の衆徒、一向一揆勢の立てこもる村岡山を攻撃するも、一向一揆勢により平泉寺は全山焼亡(朝倉始末記)

天正　八年	一五八〇	柴田勝安、本拠を村岡山より袋田村に移し、勝山と改称するという（斎門六右衛門家文書・藤井寛治家文書）
天正一一年	一五八三	顕海が美濃より帰還し、平泉寺を再興する（霊応山平泉寺再興縁起）
慶長　六年	一六〇一	福井藩主結城秀康、白山御供田として平泉寺村のうち二〇〇石を寄進する（平泉寺白山神社文書）
寛永　元年	一六二四	徳川家光、白山社領として平泉寺村のうち二〇〇石を安堵する（平泉寺白山神社文書）
寛永　三年	一六二六	福井藩主松平忠昌、白山社領として野中村（永平寺町）のうち一〇〇石を寄進する（平泉寺白山神社文書）
寛永　七年	一六三〇	勝山藩主松平直基、白山社領として平泉寺村より三〇石を寄進する（平泉寺白山神社文書）
寛永　八年	一六三一	平泉寺、上野寛永寺末となる。また、一山衆徒心得を決定する（平泉寺史要・平泉寺白山神社文書）
寛文　八年	一六六八	白山麓一六か村と尾添・新谷村、幕府領となる（白山争論記）
元禄　四年	一六九一	小笠原貞信、美濃（岐阜県）高須から勝山へ移封され、勝山藩が成立（大野郡誌）
元禄一五年	一七〇二	勝山藩主小笠原貞信、平泉寺村のうち三〇石を安堵する（平泉寺白山神社文書）
享保一四年	一七二九	平泉寺と牛首・風嵐村との間に、白山領の境界について争論が生じる（平泉寺白山神社文書）
享保一七年	一七三二	白山争論。白山天嶺は平泉寺境内と、幕府が裁許する（平泉寺文書）
寛保　二年	一七四二	平泉寺と美濃長滝寺、石徹白村との間に争論。翌年、平泉寺が勝訴する（平泉寺文書）
明治　三年	一八七〇	平泉寺の領地がすべて没収される。平泉寺の名称を廃し、白山神社となる（平泉寺史要）
明治　六年	一八七三	白山天嶺の三社が白山比咩神社の本社となる（白山復古記）
昭和　五年	一九三〇	白山神社旧玄成院庭園、国指定名勝となる。『平泉寺史要』刊行
昭和一〇年	一九三五	白山神社境内、約一四・六ヘクタールが国史跡「白山平泉寺城跡」として指定される
平成　元年	一九八九	平泉寺坊院跡などの発掘調査が開始される
平成　九年	一九九七	「白山平泉寺旧境内」として、約二〇〇ヘクタールに史跡の範囲が拡大される

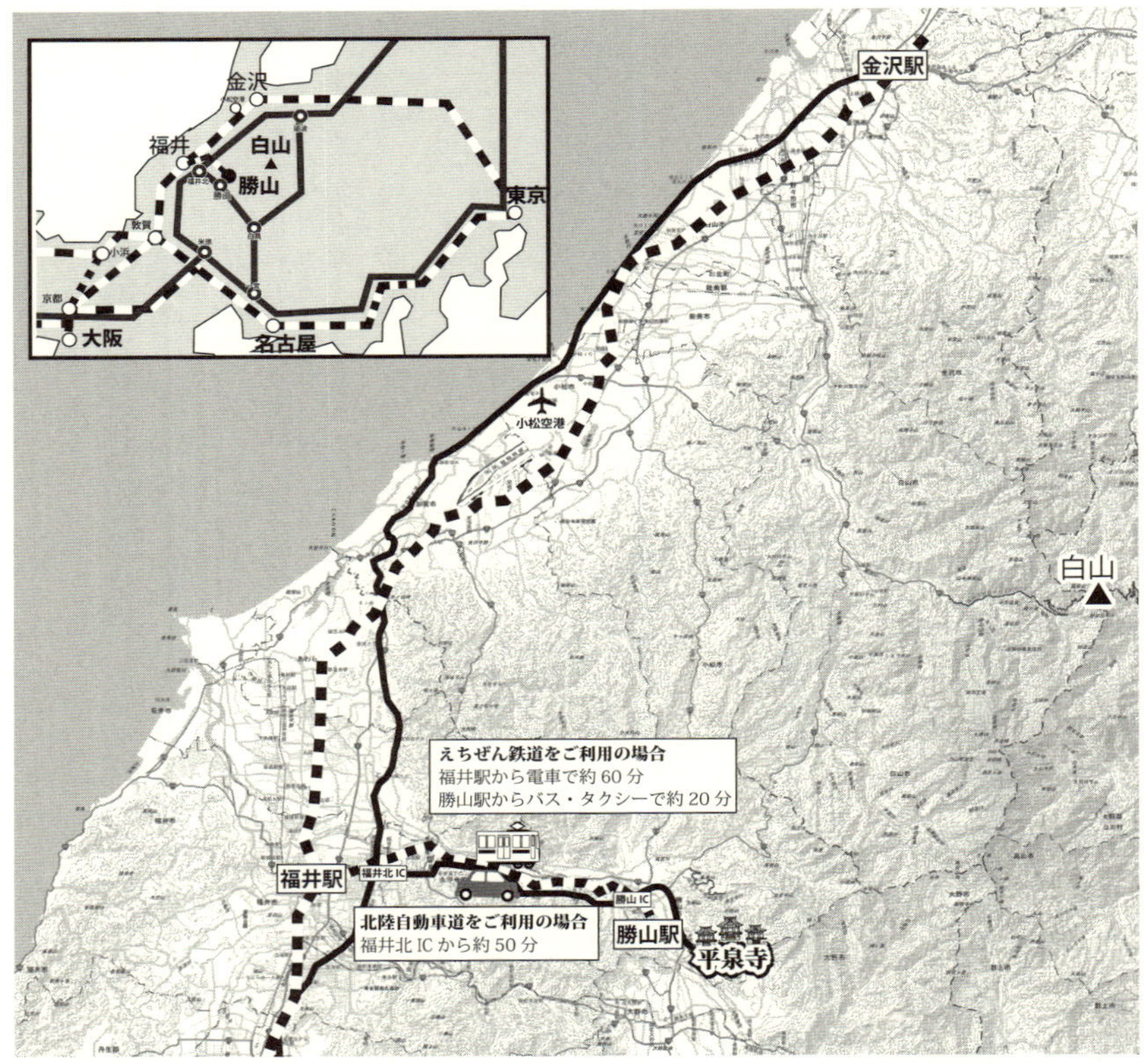

【お問い合わせ先】
白山平泉寺歴史探遊館　まほろば
〒911-0822 福井県勝山市平泉寺町平泉寺66－２－12
電話：0779-87-6001

白山平泉寺の情報はこちら

パノラマツアーも！

【自動車をご利用の場合】
北陸自動車道 福井北ICから中部縦貫自動車道 勝山ICを経由して、約50分

【電車をご利用の場合】

JR福井駅下車、えちぜん鉄道勝山永平寺線「勝山行き」乗車（約１時間）
→勝山駅下車、コミュニティバスまたはタクシーにて約20分

【各所からの所要時間】

東京から　［東海道新幹線の場合］JR福井駅まで約３時間、福井駅でえちぜん鉄道にお乗り換え下さい。

［北陸新幹線の場合］JR金沢駅経由、福井駅まで約４時間、福井駅でえちぜん鉄道にお乗り換え下さい。

大阪から　［JR北陸本線の場合］JR福井駅まで約２時間、福井駅でえちぜん鉄道にお乗り換え下さい。

名古屋から［JR北陸本線の場合］JR福井駅まで約１時間30分、福井駅でえちぜん鉄道にお乗り換え下さい。


【空の便をご利用の場合】

小松空港からJR福井駅まで空港連絡バスで約1時間。JR福井駅でえちぜん鉄道にお乗り換え下さい。

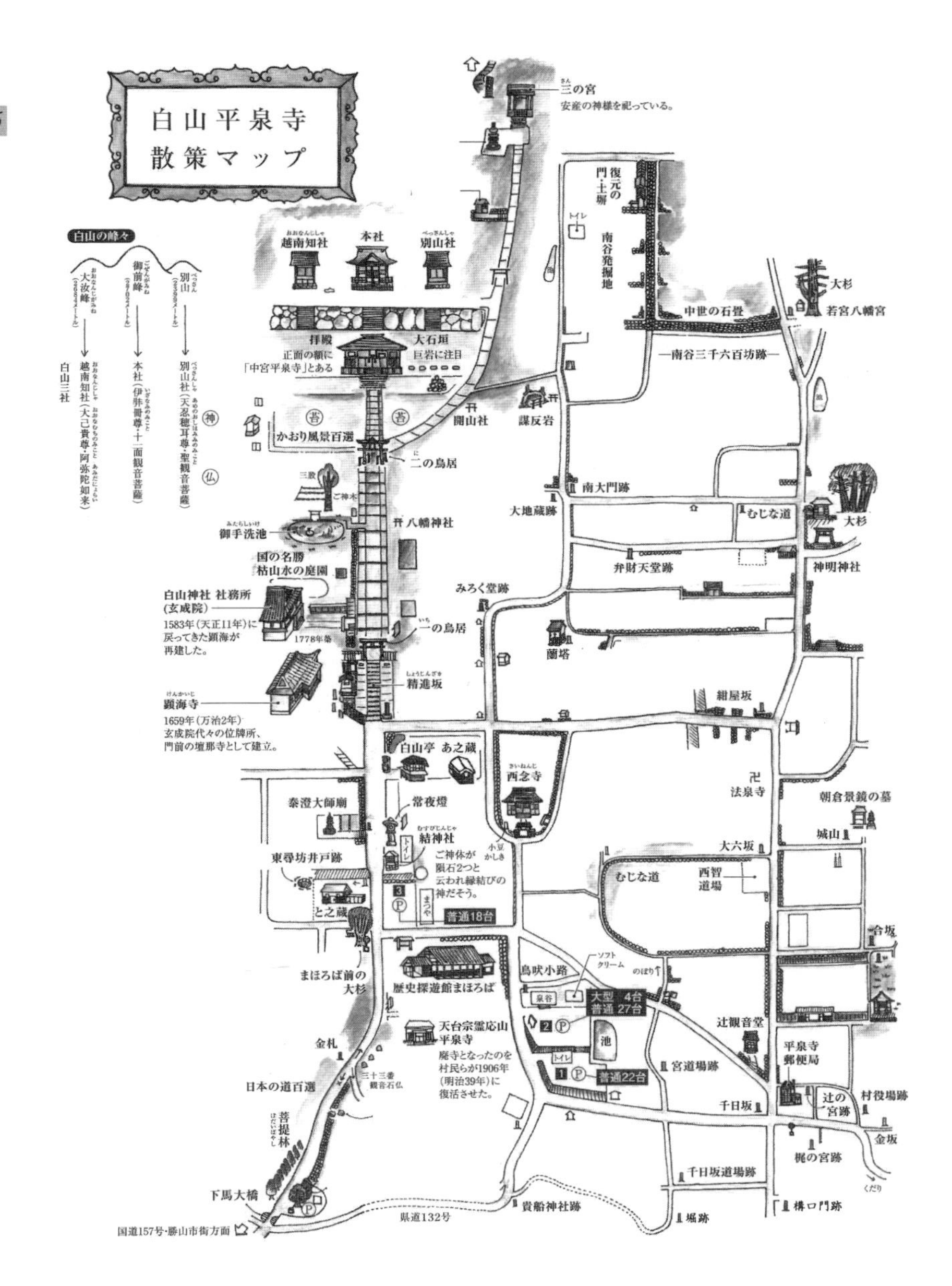
白山平泉寺
散策マップ
白山の峰々
大汝峰
御前峰
別山
越南知社（大己貴尊・阿弥陀如来）
本社（伊弉冊尊・十一面観音菩薩）
別山社（天忍穂耳尊・聖観音菩薩）
白山三社
三の宮
安産の神様を祀っている。
越南知社
本社
別山社
拝殿
正面の額に
「中宮平泉寺」とある
大石垣
巨岩に注目
開山社
謀反岩
かおり風景百選
二の鳥居
八幡神社
御手洗池
国の名勝
枯山水の庭園
白山神社 社務所
(玄成院)
1583年（天正11年）に
戻ってきた顕海が
再建した。
1778年築
一の鳥居
精進坂
顕海寺
1659年（万治2年）
玄成院代々の位牌所、
門前の壇那寺として建立。
復元の
門・土塀
南谷発掘地
中世の石畳
大杉
若宮八幡宮
―南谷三千六百坊跡―
南大門跡
大地蔵跡
むじな道
大杉
弁財天堂跡
神明神社
みろく堂跡
蘭塔
紺屋坂
白山亭
あ之蔵
西念寺
法泉寺
泰澄大師廟
常夜燈
結神社
ご神体が
隕石2つと
云われ縁結びの
神だそう。
朝倉景鏡の墓
城山
大六坂
東尋坊井戸跡
むじな道
西智
道場
と之蔵
普通18台
合坂
まほろば前の
大杉
歴史探遊館まほろば
鳥吠小路
ソフト
クリーム
大型 4台
普通 27台
池
辻観音堂
天台宗霊応山
平泉寺
廃寺となったのを
村民らが1906年
（明治39年）に
復活させた。
宮道場跡
普通22台
平泉寺
郵便局
金札
三十三番
観音石仏
日本の道百選
千日坂
辻の
宮跡
村役場跡
菩提林
金坂
梶の宮跡
千日坂道場跡
下馬大橋
貴船神社跡
県道132号
構口門跡
堀跡
国道157号・勝山市街方面

執筆者紹介（五十音順）

浅野良治	（あさの・よしはる）	福井県永平寺町教育委員会生涯学習課
阿部　来	（あべ・らい）	福井県勝山市史蹟整備課世界遺産推進室
宇野隆夫	（うの・たかお）	国際日本文化研究センター名誉教授・帝塚山大学教授
川畑謙二	（かわばた・けんじ）	石川県小松市経済観光文化部文化創造課
小阪　大	（こざか・ゆたか）	石川県白山市教育委員会文化財保護課
佐々木伸治	（ささき・しんじ）	福井県大野市役所商工観光振興課
下坂　守	（しもさか・まもる）	京都国立博物館名誉館員
春風亭昇太	（しゅんぷうてい・しょうた）	落語家・城郭ファン
千田嘉博	（せんだ・よしひろ）	奈良大学教授
中井　均	（なかい・ひとし）	滋賀県立大学教授
仁木　宏	（にき・ひろし）	大阪市立大学教授
東四柳史明	（ひがしよつやなぎ・ふみあき）	金沢学院大学名誉教授・石川県立図書館史料編纂室長
藤本康司	（ふじもと・こうじ）	福井県勝山市史蹟整備課世界遺産推進室
宝珍伸一郎	（ほうちん・しんいちろう）	福井県勝山市史蹟整備課世界遺産推進室長
松浦義則	（まつうら・よしのり）	福井大学名誉教授
山岸正裕	（やまぎし・まさひろ）	福井県勝山市長
山口欧志	（やまぐち・ひろし）	奈良文化財研究所埋蔵文化財センター遺跡・調査技術研究室
山田安泰	（やまだ・やすひろ）	勝山山岳会
吉岡泰英	（よしおか・やすひで）	福井県立一乗谷朝倉氏遺跡資料館元館長

白山平泉寺
よみがえる宗教都市

二〇一七年(平成二十九)三月三十一日　第一刷発行
二〇一八年(平成 三 十)三月 二 十 日　第三刷発行

編　者　勝山市（かつやまし）

発行者　吉川道郎

発行所　株式会社 吉川弘文館
郵便番号一一三—〇〇三三
東京都文京区本郷七丁目二番八号
電話〇三—三八一三—九一五一(代)
振替口座〇〇一〇〇—五—二四四番
http://www.yoshikawa-k.co.jp/

印刷＝株式会社 精興社
製本＝株式会社 ブックアート
装幀＝河村 誠

© Katsuyama City 2017. Printed in Japan
ISBN978-4-642-08316-4